Peter Denk

LÜGENPRESSE

Peter Denk

LÜGENPRESSE

j-k-fischer-verlag

1. Auflage
11 /2015

J.K.Fischer Verlag GmbH
Herzbergstr. 5–7
63571 Gelnhausen/Roth
Tel.: 06051 / 47474 0
Fax: 06051 / 47474 1

Besuchen Sie uns im Internet unter
www.j-k-fischer-verlag.de

Die Folie des Hardcovers sowie die Einschweißfolie
sind PE-Folien und biologisch abbaubar.
Dieses Buch wurde auf chlor- und säurefreiem Papier gedruckt.

Satz/Umbruch, Bildbearbeitung, Umschlaggestaltung:
J.K.Fischer Verlag GmbH
Druck & Bindung: CPI MORAVIA
ISBN 978-3-941956-29-2

Inhalt

Vorwort 7

Das Wort „Lügenpresse“ 32

Die Erzeugung eines Spin 43

Die Macht der Bilder 58

Der Absturz von German Wings 4U9525 70

PEGIDA – der Hort des Bösen? 93

Wem gehören die Medien? 111

Wie erfolgt die Steuerung innerhalb der Massenmedien? 129

Der Sündenfall der Massenmedien: 9/11 124

Die Kritiker 152

Der Sport als Politikum 185

Die Quellen der Massenmedien 194

Das neue Feindbild Russland und sein Diktator 200

Der Flug MH17 – der finale Absturz der Massenmedien 227

Pressefreiheit und Demokratie 252

Das Fazit 271

Quellenverzeichnis 290

Vorwort

Dieses Buch hat einen Titel, der polarisiert. Der Begriff „Lügenpresse" bezeichnet zunächst einmal nur einen angenommenen Sachverhalt, nämlich den, dass die Presse lügt. Das ist zu beweisen oder zu widerlegen. In einer moderneren Version müsste es eigentlich „Lügenmedien" heißen, denn gedruckte Erzeugnisse wie Zeitungen und Zeitschriften verlieren schon seit Jahrzehnten immer mehr an Wichtigkeit im Verhältnis zum Fernsehen und dem Radio. Das Internet verstärkt und beschleunigt diese Entwicklung nur.

Ich werde in diesem Buch anhand vieler Beispiele aufzeigen, dass der Sachverhalt einer Presse, die in unterschiedlicher Form die Wahrheit verdreht und manchmal auch ganz frech lügt, nachgewiesen werden kann. Normalerweise müssten die betroffenen Medien nun auch ihrerseits versuchen nachzuweisen, dass ihre Berichterstattung und ihre Aussagen nachvollziehbar wahr und nach bestem Wissen und Gewissen recherchiert wurden. Genau das passiert aber nicht, es wird vielmehr versucht, die Kritiker, welche dieses Wort verwenden, zu diskreditieren und in eine bestimmte, meist äußerst rechte politische Ecke zu drängen. Voraussichtlich wird das dann auch mit diesem Buch versucht werden.

Deshalb möchte ich hier eine klare Aussage direkt an den Anfang stellen: Dieses Buch ist kein politisches Buch, es soll weder die rechte noch die linke Seite unterstützen. Wir werden an einer Reihe von Beispielen sehen, dass durch die Kritik an der offiziellen Linie der Medien – sowie meist auch der Politik – im Umkehrschluss die entgegengesetzte politische Richtung assoziiert wird. Wenn ich hier nachweise, dass in dem Fall X die Wahrheit verdreht wurde, heißt das aber noch lange nicht, dass ich mich automatisch mit politischen Gruppen solidarisiere, welche die gleiche Kritik üben.

Ich gehe an dieser Stelle deshalb so ausführlich auf diese grundsätzliche Haltung ein, da voraussichtlich genau dies versucht werden wird. Wie wir noch sehen werden, gehört dieses Vorgehen zum Standardrepertoire der Spin-Doktoren in den Massenmedien. Es gibt eine Vielzahl von Beispielen dieser Art des

Vorgehens aus der Vergangenheit. Sehr häufig wird dieses Verfahren angewendet, wenn sachliche Argumente gegen die berechtigte Kritik Mangelware sind.

In diesem Buch soll nicht pauschal allen Medien und den dort arbeitenden Menschen unterstellt werden, dass sie generell die Unwahrheit wissentlich berichten würden. Es gibt viele Themenbereiche, da machen Reporter, Redakteure und andere Medienschaffenden immer noch einen durchaus guten Job. Die Themengebiete, in denen das aber nicht mehr der Fall und auch wohl nicht mehr möglich ist, haben in den letzten Jahren jedoch bedenklich in Anzahl und Breite zugenommen.

Es ist ziemlich offensichtlich, dass die Massenmedien über diese Themen nicht mehr neutral berichten, auch wenn deren Vertreter bei jedem derartigen Vorwurf unmittelbar laut aufschreien. Die Zuschauer und Leser stimmen aber schon länger „mit den Füßen" ab, denn sie wollen sich nicht mehr mit Propaganda überschütten lassen – „Propaganda", auch so ein Wort, das angeblich doch nur noch in der Vergangenheit und bei Unrechtsregimen seinen berechtigten Platz hat. Leider wurde hierzulande nur das Wort verbannt, nicht aber die Methoden, wie wir noch sehen werden.

Ich werde in diesem Buch zwei wichtige weltgeschichtliche Ereignisse der jüngeren Vergangenheit ausführlich behandeln. Das ist zum einen der berühmte 11. September 2001, der einen Wendepunkt in der Geschichte, aber auch im Verhalten der Massenmedien darstellt. Zum anderen erfahren wir viel über den Abschuss des Fluges MH17 über der Ukraine. Hier haben eine Reihe von Massenmedien jegliche Maske fallen lassen und die hässliche Fratze der Propaganda ganz öffentlich gezeigt. Ich werde diese beiden Ereignisse und deren Hintergründe auch deshalb so ausführlich erläutern, da die Leser dieses Buches mit sehr unterschiedlichem Hintergrundwissen ausgestattet sein dürften. Um die Versäumnisse und Falschaussagen der Massenmedien hier erkennen zu können, ist ein bestimmtes Hintergrundwissen notwendig, das ich an dieser Stelle dann vermitteln möchte. Mit diesen beiden Ereignissen kann man aber sehr gut zeigen, welche sich unmittelbar aufdrängenden Fragen eine freie Presse eigentlich hätte stellen müssen. Diese Fragen wurden und werden aber als „Verschwörungstheorie" abgekanzelt, wobei Fragen zunächst per definitionem erst einmal gar keine Theorie definieren. Stattdessen hörten wir reine Propaganda, die teilweise sogar grottenschlecht ausgearbeitet war; aber jeder, der dieser nicht folgte, wurde und wird unmittelbar der modernen Ketzerei angeklagt. Das geschieht nicht vor einem Gericht, aber in den Massenmedien.

Ich werde in diesem Buch kaum Namen nennen; ich mache dieses ganz bewusst so. Es geht mir nicht darum, auf einzelne Menschen zu schießen, denn wenn diese nur ausgetauscht würden, gäbe es keine Veränderung der gesamten Lage. Das entbindet diese Personen natürlich nicht von ihrer Verantwortung oder gibt ihnen eine Absolution für ihr teilweise schändliches Verhalten. Die Namen können Sie sowieso bei deren Beiträgen erfahren, sei es in der Presse oder im Fernsehen. Es gibt auch andere Bücher, auf die ich zu sprechen komme, in denen konkrete Namen aufgeführt wurden.

Der Begriff „Lügenpresse" wird auch deshalb von den Massenmedien derart verfemt, weil er aussagt, dass die Presse grundsätzlich immer und überall lügen würde. Das ist natürlich eine Verallgemeinerung, die so pauschal sicher nicht richtig sein kann. Allerdings wende ich mit diesem Titel nur genau dieselbe unzulässige Verallgemeinerung auf diejenigen an, die das gerne und umfangreich selbst gegenüber anderen machen. Die Massenmedien sind sehr schnell dabei, kritische Stimmen als „Verschwörungstheoretiker", „Putin-Versteher", „Trolle" oder auch „Rassisten" zu bezeichnen. Wenn sie aber selbst Ziel einer derartigen Verallgemeinerung werden, heulen sie laut auf. Dass diese Bezeichnung in einer Reihe von Bereichen aber durchaus angebracht ist, werden wir im Laufe dieses Buches an vielen Beispielen sehen.

Ich habe im Anhang eine große Anzahl von Quellenverweisen angegeben. Ich habe dabei gezielt versucht, wenn immer es möglich ist, direkt unsere Massenmedien aufzuführen, auch bei solchen Sachverhalten, die man besser in den alternativen Medien erklärt bekommen würde. Es gibt Themenbereiche, bei denen auch in den Massenmedien manchmal versteckt hochinteressante Aussagen zu finden sind. Durch die Angabe genau dieser Quellen möchte ich dem zu erwartenden Kritikpunkt die Grundlage nehmen, dass nur „unglaubwürdige Quellen aus dem Internet" als Nachweise verwendet würden. Dieser Vorwurf kommt normalerweise reflexartig von den Massenmedien bei Büchern, die nicht dem Mainstream entsprechen. In diesem Fall würden sie damit aber ein klassisches Eigentor schießen.

Ab und zu werden Sie zudem wikipedia.org als Quelle finden. Auch im Internet gibt es natürlich Lenkung von Inhalten, und Wikipedia ist eines der am schärfsten kontrollierten Medien überhaupt. Dabei fing es so gut an, jeder konnte etwas zu einem Thema schreiben, und so entstand eine zunächst freie Enzyklopädie. Im Laufe der Zeit bildete sich aber eine Gruppe von „Wächtern“, die akribisch darauf achten, dass kein „Unsinn“ nach ihrer Definition geschrieben wird. Zunächst einmal folgerichtig gingen diese aber immer mehr zu einer gnadenlosen Zensur über, wenn jemand bei bestimmten Themen den Mainstream verließ. Ich habe das selbst mehrfach erlebt; selbst vorsichtigste und gut belegte Informationen werden innerhalb von wenigen Minuten wieder herausgelöscht, eine Diskussion in dem dazugehörigen Forum ist vollständig sinnlos.

Es kommt natürlich immer auf den entsprechenden Begriff an. Über den Feldhamster oder Ihren Wohnort können Sie zunächst schreiben, was Sie möchten. Sobald aber der politische oder auch wissenschaftliche Mainstream auch nur leicht angekratzt wird, schlägt die Zensur unmittelbar zu. Es ist offensichtlich, dass die Zensoren automatische Nachrichten bei einem neuen Eintrag zu überwachten Begriffen erhalten, denn sie reagieren sehr schnell. Wikipedia ist mittlerweile zu einem der meistgenutzten Nachschlagewerke avanciert, bei Google erscheint es zu vielen Begriffen an erster Stelle, sodass man hier offensichtlich eingreifen musste. Bei unstrittigen Themen kann man Wikipedia aber durchaus benutzen, deshalb erscheint es hier auch manchmal als Quelle. Ein sehr ähnliches Vorgehen können wir übrigens auch bei den Massenmedien beobachten, wie wir noch sehen werden. Es gibt „gute“ und „böse“ Themenbereiche.

Das Wort „Lügenpresse“

Das Wort „Lügenpresse“ wurde Ende 2014 zum „Unwort des Jahres“ gewählt, da nicht sein kann, was nicht sein darf. Zunächst einmal ein paar Worte zu der Aktion „Unwort des Jahres“, die jedes Jahr ein Wort zum „Unwort“ kürt: Dieses „Unwort des Jahres“ gibt es seit 1991 und wurde bis 1994 im Rahmen der Gesellschaft für deutsche Sprache bestimmt. Danach kam es zu einem Bruch, und seitdem verselbstständigte sich diese Gruppe, deren Jurymitglieder sich aus ständigen und kooptierten Mitgliedern zusammensetzen. Die Mehrzahl der Jurymitglieder kommt üblicherweise aus dem universitären Bereich, häufig sind auch Journalisten Teil der Jury. In manchen Jahren finden sich aber auch durchaus prominente Menschen dort wie beispielsweise Dr. Heiner Geißler. Die Zusammensetzung ist laut eigener Darstellung derart, dass vier Sprachwissenschaftler und ein Journalist plus ein wechselndes Mitglied die Jury bilden. Dieses wechselnde Mitglied kommt häufig auch aus dem Medienbereich.

Es wird Wert darauf gelegt, dass die Bürger sich beteiligen könnten, da diese Vorschläge unterbreiten dürfen. Den Statistiken zufolge geschieht das auch in größerem Umfang, ca. 1.000 bis 2.000 Einsendungen mit Vorschlägen gehen jedes Jahr dort ein. Daraus resultieren dann zwischen 400 und 1.200 mögliche Wörter. Danach kommt die Jury ins Spiel und wählt aus diesen eingegangenen Vorschlagswörtern das oder die Unworte des Jahres aus.

Leider erfährt man aber über das eigentlich Auswahlverfahren nur sehr wenig; es gelten lediglich die Grundsätze, dass infrage kommende Wörter gegen die Menschenwürde oder Prinzipien der Demokratie verstoßen, alternativ die Diskriminierung gesellschaftlicher Gruppen beinhalten oder irreführend sind.[1] Ein entsprechendes Wort muss eine bestimmte Aktualität besitzen und die Verwendung belegt sein. Explizit wird darauf hingewiesen, dass die Anzahl der Unterstützer eines Vorschlags keine Rolle spielt.

Schaut man sich die Unworte des Jahres seit 1991 an, stellt man zunächst fest, dass sie durchaus sehr unterschiedliche Hintergründe haben – allerdings mit einer klaren Tendenz zu politischer Korrektheit. Normalerweise würde ich die Relevanz dieser Wahl als sehr gering betrachten, jedoch spricht das Medienecho bei bestimmten Unworten eine deutlich andere Sprache. Natürlich hat das Unwort des Jahres 2014 „Lügenpresse" einen besonders großen Widerhall in den Massenmedien gefunden. Von den ebenfalls gerügten Begriffen „Erweiterte Verhörmethoden" und vor allem „Russland-Versteher" hörte man dort aber nur wenig. Ich frage mich, welches Medienecho wir gehabt hätten, wenn Letzteres zum Unwort des Jahres gekürt worden wäre?

Kommen wir aber zu dem Auswahlverfahren zurück. Die Jury setzte sich 2014 aus vier Sprachwissenschaftlern und zwei Journalisten zusammen. Somit wurde ein Drittel der Jury durch dieses Wort direkt angegriffen. Die vielfach betonte „Unabhängigkeit der Jury" war in diesem Fall also wohl eher nicht gegeben und die Entscheidung somit nicht sehr überraschend. Schauen wir uns einmal den offiziellen Pressetext mit der Begründung zur Wahl an:

„Das Wort „Lügenpresse" war bereits im Ersten Weltkrieg ein zentraler Kampfbegriff und diente auch den Nationalsozialisten zur pauschalen Diffamierung unabhängiger Medien. Gerade die Tatsache, dass diese sprachgeschichtliche Aufladung des Ausdrucks einem Großteil derjenigen, die ihn seit dem letzten Jahr als „besorgte Bürger" skandieren und auf Transparenten tragen, nicht bewusst sein dürfte, macht ihn zu einem besonders perfiden Mittel derjenigen, die ihn gezielt einsetzen. Dass Mediensprache eines kritischen Blicks bedarf und nicht alles, was in der Presse steht, auch wahr ist, steht außer Zweifel. Mit dem Ausdruck „Lügenpresse" aber werden Medien pauschal diffamiert, weil sich die große Mehrheit ihrer Vertreter bemüht, der gezielt geschürten Angst vor einer vermeintlichen „Islamisierung des Abendlandes" eine sachliche Darstellung gesellschaftspolitischer Themen und differenzierte Sichtweisen entgegen zu setzen. Eine solche pauschale Verurteilung verhindert fundierte Medienkritik und leistet somit einen Beitrag zur Gefährdung der für die Demokratie so wichtigen Pressefreiheit, deren akute Bedrohung durch Extremismus gerade in diesen Tagen unübersehbar geworden ist."

Es ist leider sehr deutlich eben keine „differenzierte“ Sichtweise bei dieser Erklärung zu erkennen, eher diejenige, die innerhalb der Medienvertreter vorherrschen dürfte. Eindeutig ist zu erkennen, dass die PEGIDA-Bewegung und deren Ableger pauschal in eine fremdenfeindliche Ecke gedrängt und ins Unrecht gesetzt werden. Das ist genau diese Pauschalisierung, gegen die man sich eigentlich angeblich stemmt. Pauschalisierung hängt zunächst einmal nicht von dem dahinterliegenden Thema ab, sondern lässt keine alternative Meinung zu. Wir werden uns mit dem Thema PEGIDA noch in einem späteren Kapitel ausführlich beschäftigen.

Man gibt zu, dass es natürlich auch negative Ausnahmen in der Medienwelt gäbe, aber wie selbstverständlich wird von der Grundannahme der bei uns angeblich existierenden „Pressefreiheit“ ausgegangen. Genau die genannte „fundierte Medienkritik“ ist leider in Deutschland (nur hier kann ich es beurteilen, in vielen anderen westlichen Ländern dürfte es aber nicht viel anders aussehen) nur noch in den alternativen Medien möglich, und sie wird in keinster Weise in den größeren Medien selbst praktiziert, wie wir noch sehen werden. Ich stimme der Jury dahingehend zu, dass es in den Massenmedien auch immer noch Menschen gibt, die nach wie vor versuchen, einen ausgewogenen und guten Job zu machen, allerdings werden diese immer mehr entfernt oder haben es extrem schwer. Es hängt sehr stark von dem Thema ab, das sie bearbeiten.

Kommen wir aber zurück zu dem Wort „Lügenpresse“, das in heutiger Zeit eigentlich besser „Lügenmedien“ heißen müsste. Verwendet wurde es primär in 2014 von den PEGIDA-Anhängern, die eben feststellen mussten, dass die Berichterstattung in den Massenmedien über sie völlig verzerrt wurde. Als Reaktion darauf besann man sich auf dieses alte Wort, und es hat seine Wirkung offensichtlich auch nicht verfehlt. Der Aufschrei der Getroffenen zeigt es deutlich.

Die Jury schreibt durchaus korrekt, dass dieses Wort vor dem Ersten Weltkrieg und auch von den Nationalsozialisten benutzt wurde. Deshalb wurden von einer Reihe von Massenmedien die Benutzer dieses Wortes auch unmittelbar wieder in die äußerste rechte Ecke ewig Gestriger gestellt. Die Geschichte dieses Wortes ist aber tatsächlich hochinteressant, denn sie gibt einen deutlichen Eindruck, auf welches Szenario wir uns in naher Zukunft zu bewegen.

Entgegen der häufigen Simplifizierung in den Medien, dass dieses Wort von Joseph Goebbels benutzt wurde und somit jeder, der es auch verwendet, automatisch mit diesem sympathisieren müsse, hat dieses Wort eine lange Geschichte. In der Tat hat es auch Goebbels im Hinblick auf die nichtnationalsozialistische Presse verwendet, obwohl die von ihm überwachte deutsche Presse zur damaligen Zeit natürlich als Allererstes diesen Titel verdient hatte.

Der Gebrauch des Begriffs im Ersten Weltkrieg richtete sich gegen die ausländische Presse, die damals als Kriegspropaganda eine Reihe von frei erfundenen Schauergeschichten über die deutschen Truppen verbreitet hatte. Damit kommen wir dem Hintergrund dieses Begriffs „Lügenpresse" schon ein deutliches Stück näher, denn er hängt eng mit dem Begriff „Kriegspropaganda" zusammen. Nicht umsonst heißt es: „Im Krieg stirbt zuerst die Wahrheit!"

Das galt und gilt allerdings für alle Seiten, nicht nur für die totalitären Systeme. Auch Sie können einmal selbst nachforschen, wann dieses Wort das erste Mal in größerem Umfang verwendet wurde und zu welchen Zeiten es besonders populär war. Der Suchmaschinengigant Google hat sich zur Aufgabe gemacht, nicht nur alle digitalen Inhalte zu erfassen, sondern auch die gedruckten. Dazu hat man begonnen, Bücher zu digitalisieren und zu erfassen. Google ist hierbei bereits ziemlich weit gekommen, und deshalb kann man nun auf Knopfdruck eine Statistik über das Vorkommen bestimmter Wörter oder Suchbegriffe erzeugen. Wir sehen, dass kurz nach 1840 dieses Wort „Lügenpresse" bereits in nennenswerter Größenordnung auftaucht. Das geht einher mit der Verbreitung des neuen Mediums der Zeitung, das seit Beginn des 19. Jahrhunderts immer populärer wurde. Erfindungen wie die Schnellpresse 1812 und die Rotationsmaschine 1845 führten dazu, dieses Medium in immer größeren Mengen und kleineren zeitlichen Abständen an den Mann zu bringen. Auch sank der Preis in Regionen, in denen sich auch wenig begüterte Menschen eine Zeitung leisten konnten, so sie denn lesen konnten.

1835 wurde die erste Nachrichtenagentur *Agence française de Presse*, kurz darauf dann *Agence France-Presse* (AFP) gegründet, 1848 in New York City die bis heute größte Agentur *Associated Press* (AP).

Natürlich weckte die Möglichkeit, eine große Menge Menschen gleichzeitig erreichen zu können, unmittelbar auch Begehrlichkeiten der Mächtigen und Einflussreichen, denn damit konnte man gut die Massen im eigenen Sinne beeinflussen. Diejenigen, welche dann darunter leiden mussten, sahen die Presse schnell in einem deutlich anderen Licht. Somit ist es keine Überraschung, dass sich dieser Begriff schnell ausbreitete.

Kommen wir aber zurück zu Google. Wir erkennen sehr schnell Maxima bei der Verwendung dieses Begriffes in Publikationen der folgenden Jahre: 1849, 1869, 1914, 1940.

Zunächst einmal beweist es, dass dieser Begriff bei Weitem nicht nur mit dem Ersten Weltkrieg und den Nationalsozialisten in Verbindung steht.

1848/49 war die Zeit der Revolutionen in Europa und besonders auch in Deutschland. Die Presse wurde hierbei erstmalig auf verschiedenen Seiten gezielt eingesetzt, um Stimmungen zu verbreiten.

1869 wurde die Sozialdemokratische Arbeiterpartei (SDAP) Deutschlands von August Bebel und Wilhelm Liebknecht (heute SPD) gegründet, die heftigsten Gegenwind durch Bismarck und das Establishment erhielt. Für diesen wurde natürlich die Presse genutzt, was auf der Seite der Arbeiterbewegung viel Unmut erzeugte und eine pressekritische Haltung hervorrief.

1914 brach der Erste Weltkrieg aus. Es gab Kriegspropaganda auf allen Seiten, die Verwendung des Wortes „Lügenpresse" war die Reaktion der jeweiligen Gegenseite.

1940 war der erste Abschnitt des Zweiten Weltkriegs, der Begriff „Lügenpresse" wurde natürlich nicht nur von Goebbels verwendet.

Wir stellen fest, dass dieser Ausdruck immer dann besonders in deutschsprachigen Publikationen verwendet wurde, wenn große politische Auseinandersetzungen und Revolution oder Krieg angesagt waren. Es ist davon auszugehen, dass Untersuchungen mit ähnlichen Begriffen in englischer oder französischer Literatur vergleichbare Ergebnisse bringen dürften. Natürlich könnte man nun davon ausgehen, dass dieser Vorwurf einer lügenden Presse haltlos erhoben worden wäre, aber auf allen Seiten lässt sich leicht das Gegenteil nachweisen. Kriegspropaganda nimmt keine Rücksicht auf die Wahrheit, schließlich muss man einen Krieg gewinnen, und das beginnt zu allererst bei der Einstellung der eigenen Bevölkerung.

Wenn sich die Situation stabilisiert hatte oder der jeweilige Krieg vorbei war, sank auch die Häufigkeit der Verwendung des Wortes „Lügenpresse" wieder deutlich. Übrigens wurde dieses Wort keinesfalls nur von „rechten" oder „nationalen" Kreisen verwendet, Von 1968 bis Mitte der Siebziger Jahre griff beispielsweise auch die linke Studentenbewegung gerne auf diesen Begriff zurück, um sich gegen die Berichterstattung verschiedener Blätter zu wehren.

Es sollte uns zu denken geben, dass dieses Wort plötzlich wieder sehr aktuell ist. Dabei ist das Wort an sich nicht bedeutend, und natürlich ist dieser Vorgang auch nicht auf Deutschland beschränkt. Es gibt eine massive Medienkritik in der gesamten westlichen Welt, und diese kommt nicht von ungefähr. Wie wir noch sehen werden, spielt man derzeit ein extrem gefährliches Spiel, das leicht erneut in einen Weltkrieg münden könnte. Aber auch in jüngerer Vergangenheit konnten wir bereits in den Golfkriegen, dem Krieg gegen Serbien oder in Afghanistan sehen, dass „Kriegspropaganda" in den Medien und der Politik leider kein Phänomen der Vergangenheit darstellt. Es ist nach wie vor hochaktuell. Deswegen passt das aktuelle Aufkommen des Begriffes „Lügenpresse" sehr gut zu der Historie, auch wenn PEGIDA ihn zunächst in einem anderen Kontext verwendet hat.

Letztendlich sagt dieser Begriff aus, dass ein großer Teil der Massenmedien die Unwahrheit berichtet, Dinge gezielt auslässt oder verdreht und mehr oder weniger „gleichgeschaltet" wurde. So – jetzt haben wir gleich den nächsten Begriff, bei dem die Medienvertreter aufheulen werden, denn „Gleichschaltung" gab es natürlich auch im Dritten Reich. Auch dieser Begriff oder besser das Vorgehen, welches dahintersteht, ist aber nicht exklusiv auf diese Zeit und diesen Teil der Welt exklusiv anzuwenden. Totalitäre Systeme führen eine Gleichschaltung der Medien sehr häufig durch. Nur in Demokratien passiert so etwas natürlich nicht, oder?

Wir werden im Verlauf dieses Buches feststellen, dass es zwar heute etwas anders gemacht wird als früher, das Ergebnis ist aber letztendlich dasselbe.

Die Geschichte der Presse

Es ist sinnvoll, an dieser Stelle einen kurzen Überblick über die Geschichte der Presse und somit das Nachrichtensystem für große Gruppen von Menschen zu geben. Die technischen Voraussetzungen zur Entstehung eines Massenmediums wurden 1445 in Deutschland mit der Erfindung des Buchdrucks geschaffen. Während zuvor Bücher in minimalen Auflagen per Hand abgeschrieben werden mussten, konnte man mit dem Druck verhältnismäßig schnell relativ hohe Auflagen erzeugen. Dadurch konnte viel mehr Menschen auf einmal Wissen zur Verfügung gestellt werden. Neben den Büchern kamen dann aber auch sehr schnell sogenannte Einblattdrucke heraus, die bestimmte wichtige Ereignisse zum Inhalt hatten. Teilweise waren diese sogar schon mit Holzschnitten oder Kupferstichen illustriert. Natürlich erschienen diese Drucke noch nicht regelmäßig, aber man kann sie durchaus als eine Vorform der Zeitung betrachten. Der Begriff „Zeitung" kam auch sehr bald auf, allerdings waren damit zunächst eher die Nachrichten als das Medium gemeint.

Das änderte sich dann Anfang des 17. Jahrhunderts, als auch die ersten echten Zeitungen erschienen. Während zuvor Flugblätter und auch mehrseitige Flugschriften unregelmäßig verteilt wurden, kamen zu diesem Zeitpunkt in verschiedenen Ländern erstmalig regelmäßig erscheinende aktuelle Zeitungen heraus. In Deutschland waren das *Aviso* (am 15. Januar 1609 in Wolfenbüttel das erste Mal erschienen) oder auch die ca. 1615 gegründete *Frankfurter Postzeitung*, die über Postillione verteilt wurde und immerhin 250 Jahre lang Nachrichten und amtliche Bekanntmachungen wöchentlich überregional verbreitete. In vielen anderen Ländern erschienen auch im 17. Jahrhundert Zeitungen erstmalig, das 18. Jahrhundert führte dann aber zu einem ersten Boom, denn es wurden viele

Zeitungen und Zeitschriften gegründet, die teilweise bis heute noch existieren. Der Schritt zum Massenmedium erfolgte im 19. Jahrhundert, denn nun war ein deutlicher Fortschritt in der Drucktechnologie zu verzeichnen. Es kamen neue Verfahren und im Rahmen der Industrialisierung auch Maschinen hinzu, die deutlich größere Auflagen und eine schnellere Produktion erlaubten. Schnellpresse (1812), Rotationsmaschine (1845) oder die Linotype-Setzmaschine (1886) ermöglichten nun eine Produktion von Druckerzeugnissen, die zu günstigen Preisen und in sehr großen Mengen ausgeliefert werden konnten. Im Gegensatz zu früheren Zeiten waren nun immer mehr Normalbürger des Lesens mächtig, sodass auch die Anzahl der potenziellen Kunden in die Höhe schoss. Während um 1750 in Deutschland nur knapp 10 Prozent der Bevölkerung Lesen und Schreiben konnte, waren es 1871 schon 88 Prozent.

In dieser Zeit formten sich auch unterschiedliche Ausprägungen von Zeitungen, wie beispielsweise die reißerische Boulevardpresse. Der *New York Herald*, der 1835 das erste Mal erschien, gilt als die erste moderne Zeitung nach heutigen Maßstäben. Dort wurden Reporter in festen Arbeitsverhältnissen angestellt, die aus verschiedenen Städten der USA, dem Kongress und von der Wall Street berichteten. Reportagen und Interviews waren dort ein wichtiger Teil des Inhalts.

Den Gipfel ihrer Bedeutung erreichten Zeitungen und Zeitschriften in den Zwanziger Jahren des letzten Jahrhunderts. Die Technologien waren ausgereift, die Methoden der Redaktionen ausgearbeitet, und ein Großteil der Bevölkerung konnte lesen und sich auch die Blätter leisten. Das neue Medium Radio begann gerade erst, sich zu etablieren, die notwendigen Geräte waren noch sehr teuer. Das änderte sich aber bereits in den Dreißiger Jahren, in denen das Radio ebenfalls zu einem Massenmedium wurde und den Presseerzeugnissen nun Konkurrenz machte. Fernsehen gab es als Technologie zwar auch bereits in dieser Zeit, es wurde aber erst in der Nachkriegszeit ebenfalls zu einem Massenmedium und setzte der Presse dann auch mehr und mehr zu. Die Presse hatte zwar nicht mehr die Bedeutung wie noch in den Zwanziger Jahren, als sie quasi eine Monopolstellung genoss, aber bis zum Ende des Jahrtausends behauptete sie eine gute Stellung im Rahmen der Nachrichtenverbreitung und

Meinungsbildung. Viele Menschen wollten nach wie vor lieber Texte lesen, als sie im Radio zu hören oder Dinge filmisch dargeboten zu bekommen. Es gab ein gutes Miteinander der drei Medien, bis eine Revolution in der Informationsbrache ausbrach: das Internet.

So unterschiedlich Presse, Radio und Fernsehen in technischer Hinsicht auch sind, sie haben eine Gemeinsamkeit. Es konnte nicht „jemand einfach mal" eine Zeitung gründen oder einen Radio-/Fernsehsender ins Leben rufen. Man musste beachtliche finanzielle Mittel zur Verfügung haben, zumindest, wenn eine große Anzahl von Menschen erreicht werden sollte. Hinzu kamen Gesetze, welche die Einrichtung eines Radiosenders scharf regelten. Gegen sogenannte Piraten-Radiosender wurde scharf vorgegangen, selbst wenn sie nur auf sehr lokaler Ebene agierten.

Das Internet bot nun die Möglichkeit, mit sehr geringem Aufwand selbst Informationen zu verbreiten; und das praktisch für jedermann. Einen eigenen Blog können Sie völlig kostenlos ins Leben rufen, eine eigene Webseite kostet wenige Euro im Monat, und selbst einen eigenen Internetradiosender können Sie ohne großen Aufwand betreiben. Portale wie Youtube erlauben Ihnen, Ihre Videos kostenlos einem Milliardenpublikum anzubieten. Zum großen Leidwesen der etablierten Massenmedien und der Kräfte dahinter machen das auch weltweit Abertausende von Menschen. Damit ist das Informationsmonopol der alten Massenmedien gefallen. Geht man nun nach den etablierten Massenmedien, sind das aber alles nur blutige Amateure, die keinesfalls irgendeine Art von „Qualitätsjournalismus" anbieten können, wie es doch die etablierten Medien tun würden. Nun ist tatsächlich in dem umfangreichen Angebot auch viel Fragwürdiges enthalten. Auf der anderen Seite bekommt man dort aber auch ungefilterte Informationen direkt vom Ort eines Geschehens, es schreiben ausgewiesene Experten aller Fachgebiete ohne Maulkörbe ihre Analysen, und es gibt in Online-Medien noch echte Reporter, die sehr tief und umfangreich recherchieren und wirklich auch nachweisbare Dinge ans Licht bringen.

Natürlich ist es ein Problem für die etablierten Massenmedien, dass vieles im Internet kostenlos angeboten wird, sie aber Geld verdienen müssen. Diese Tatsache spielt sicher eine gewisse Rolle bei dem aktuellen Niedergang der konventionellen Massenmedien, ist aber bei Weitem nicht der wichtigste Grund. Wenn die Qualität der Berichterstattung so hoch wäre, wie die Protagonisten der Massenmedien dieses selbst gerne sehen, gäbe es zwar wohl auch Einbußen in Verkaufzahlen und Quoten, aber nicht annähernd in dem Maße, wie es seit ein paar Jahren passiert. Während früher ein Großteil der Konsumenten kaum eine Chance hatte, eine andere Sichtweise eines Sachverhalts kennenzulernen, wenn sich die großen Massenmedien in der Darstellung einig waren, braucht es heute nur wenige Klicks dazu.

Häufig sind dann die Argumente und Erklärungen in den alternativen Medien im Internet schlüssiger und nicht selten auch tatsächlich besser recherchiert, sodass den Menschen auffällt, dass auf der anderen Seite nicht die Wahrheit erzählt wird. Häufig wird im Internet schnell eine Falschinformation der Massenmedien unzweifelhaft nachweisbar widerlegt. Wir werden solche Beispiele noch sehen. Auch fällt sofort auf, wenn wichtige Tatsachen weggelassen oder verschwiegen werden, denn im Internet bekommt man die fehlenden Stücke unmittelbar geliefert.

Das Internet untergräbt die Meinungsführerschaft und die Meinungsmacht der Massenmedien. Diese wurde schon immer gerne und ausgiebig genutzt und das nicht nur von Diktatoren und Unrechtssystemen, sondern auch in den „freien Demokratien" des Westens. Dazu gehen wir nun wieder in die Geschichte zurück. Natürlich ist den Mächtigen schnell aufgefallen, wie man die Menschen über Massenmedien in die gewünschte Richtung bewegen kann. Deshalb ist die Manipulation der Medien und der Presse praktisch so alt, wie die Medien selbst.

1609 schreibt der Verleger Johann Carolus in seinem Blatt *Relation Straßburg* durchaus wahrheitsgemäß über den Besuch türkischer Gesandter am Hof Kaiser Rudolfs II. in Prag. Vor der Abreise war es damals üblich, dass die Gesandten ein Wegegeld für den Rückweg erhalten, was aber in diesem Fall nicht passierte, da das Geld nicht zur Verfügung stand. Carolus schrieb dies und bekam deshalb kurz darauf größte Schwierigkeiten mit den Behörden, in diesem Fall mit einer Kammer des Straßburger Rats, die den Anschein, der Kaiser könnte in finanziellen Problemen stecken, keinesfalls ausgebreitet sehen wollte. Man ließ Carolus alsbald relativ unmissverständlich wissen, dass man die weitere Herausgabe dieser Zeitung verbieten könnte, wenn er sich nicht angemessener äußern würde. Carolus konnte sich finanziell auch nur ein zeitweiliges Verbot nicht leisten und zeigte sich deshalb kooperativ. Er entschuldigte sich und kündigte an, in Zukunft vorsichtiger zu agieren. Es lag somit kein Fall einer direkten Zensur vor, es war mehr die Aufforderung zur Selbstzensur. Er korrigierte nicht direkt den Artikel, sondern schrieb dann nachfolgend, dass die türkischen Gesandten mit mehr als der zehnfachen ursprünglich genannten Summe nach Hause geschickt wurden. Das entsprach natürlich nicht so ganz der Wahrheit. Auch achtete er später immer darauf, dass er Meldungen nicht ganz wahrheitsgemäß brachte, wenn diese den Kaiser in ein schlechtes Licht setzen könnten.

Dieser historische Sachverhalt wurde in einem Artikel[2] der Zeitung *Die Zeit* beleuchtet, wobei dem Autor dabei wahrscheinlich gar nicht aufgefallen ist, dass ziemlich exakt das die Methode ist, wie auch heute die Kontrolle der Massenmedien durchgeführt wird. Wir werden darauf noch ausführlich eingehen.

Der Staat hatte natürlich immer ein waches Auge auf die Berichterstattung, egal, um welches Land und welches Herrschaftssystem es sich gerade handelt. Die Intensität der Beeinflussung durch den Staat variierte aber beträchtlich. Der Grad der Pressefreiheit korrespondiert häufig mit der Stabilität der aktuellen Regierung und deren Ansehen in der Bevölkerung. Ist Herrschaft und System tief in der Gesellschaft verwurzelt, kann man es sich erlauben, auch kritische Presse zuzulassen.

In Deutschland vor 1933 kann man eine Art Wellenbewegung in der Freiheit der Presse ausmachen, mal wurde sie stärker, mal weniger stark kontrolliert. Die Karlsbader Beschlüsse von 1819 beinhalteten zunächst eine scharfe Pressezensur, die öffentliche schriftliche Meinungsfreiheit wurde faktisch verboten. Alles, was als zu liberal oder zu „aufrührerisch" erschien, wurde unterdrückt. Das war allerdings auch schon ein deutliches Anzeichen dafür, dass eine größere politische Veränderung bevorstehen könnte, die dann mit der Revolution 1848 auch eintrat. In demselben Jahr wurde dann die Pressefreiheit in der Paulskirchenverfassung erstmalig gesetzlich verankert. Man verfiel aber schnell wieder in stärkere Kontrollverfahren, wenn auch nicht mehr in der scharfen Ausprägung wie vor der Revolution. In Deutschland wurde danach durch das Reichspreßgesetz von 1874 die Pressefreiheit zum ersten Mal einheitlich gesetzlich geregelt, war aber jederzeit durch den Reichstag wieder zu ändern. Die Freiheit der Presse erlebte danach aber insgesamt eine gute Phase, bis beim Ausbruch des Ersten Weltkrieges eine strenge Militärzensur die Presse erneut in ihre Schranken wies. Auch in der Weimarer Republik stand es um die Pressefreiheit nicht zum Allerbesten, da Republikschutzgesetze und später Notverordnungen einige Einschränkungen mit sich brachten. In der Verfassung wurde die Pressefreiheit damals nicht verankert. Das vereinfachte natürlich auch die Maßnahmen, die ab 1933 getroffen wurden. Dann begann mit der Machtübernahme der NSDAP und Adolf Hitler das bisher dunkelste Kapitel in der Geschichte der Pressefreiheit in Deutschland.

Es erfolgte die berüchtigte Gleichschaltung der Medien, nach deren vollständiger Umsetzung faktisch keine kritischen Stimmen gegenüber den Machthabern mehr veröffentlicht werden konnten. Dieser Begriff der Gleichschaltung wird ja auch heute wieder auf die Massenmedien angewendet, was dort allergrößte Empörung hervorruft. Natürlich werden die damaligen Methoden heute sicher nicht eins zu eins angewendet. Letztendlich ist aber entscheidend, welches Ergebnis wir verzeichnen können? Wir werden im Laufe dieses Buches feststellen, dass dieser Begriff vollumfänglich heute (noch) nicht zutrifft, aber die Anzahl der Themenbereiche wächst in beängstigender Zahl, bei denen man einen extremen „Gleichklang" der Massenmedien beklagen muss.

Um die Medien ausnahmslos unter Kontrolle zu bringen und das möglichst schnell, gründete man damals extra ein neues Ministerium, das Reichsministerium für Volksaufklärung und Propaganda (Reichspropagandaministerium) unter Leitung von Dr. Joseph Goebbels. Um die Zeitungen unter Kontrolle zu bekommen, wurde am 4. Oktober 1933 das sogenannte Schriftleitergesetz verabschiedet, das die Ausübung des Journalisten- und Redakteursberufs regelte. Damit konnte jeder, der nicht im Sinne der Führung arbeitete, unmittelbar mit einem Berufsverbot belegt werden. Es traf nach dem Inkrafttreten des Gesetzes am 1. Januar 1934 unmittelbar ca. 1.300 Medienschaffende. Das führte direkt zur Schließung vieler Zeitungen, denen einfach das Personal abhandengekommen war. Dadurch musste man viele liberale Zeitungen nicht einmal verbieten, was den Zwangscharakter des Regimes so früh schon deutlicher angezeigt hätte. Die Reichspressekammer wachte über alle sogenannten Schriftleiter, die neben einem Ariernachweis natürlich zur Loyalität gegenüber dem Staat verpflichtet waren.

Man entzog zudem den Verlagen die Kontrolle über die Redaktionen, indem man eigene Chefredakteure platzierte, die darüber wachten, dass keine ungewünschten Inhalte publiziert wurden. Die Anweisungen hierzu wurden in der Reichspressekonferenz ausgegeben, die täglich im Ministerium mit ausgewählten Pressevertretern abgehalten wurde. Die Anweisungen waren geheim und mussten nach der Umsetzung vernichtet werden. Sie waren sehr unterschiedlicher Natur von banal bis ausführlich, am Ende waren es bis 1945 ca. 80.000 bis 100.000 Stück. Allerdings wurde dieses Verfahren nur begrenzt zur direkten Kontrolle eingesetzt, die eigentliche Zensur erfolgte durch Kontrolle der Artikel im Nachhinein und eine entsprechende positive oder negative Bewertung. Natürlich waren die ganz kritischen Redakteure durch Berufsverbot aussortiert, und die verbleibenden wussten sehr genau, was ihnen blüht, wenn sie zu stark von der offiziellen Linie abwichen. Somit konnte durch großen Druck eine starke Selbstzensur etabliert und die radikale klassische Zensur musste nur in bestimmten Fällen angewendet werden.

Neben den inhaltlichen Maßnahmen ging man aber auch daran, die ökonomischen Strukturen der Verlage im Sinne der NSDAP zu gestalten. Man zwang dazu Verleger zum Verkauf ihrer Zeitungen oder enteignete sie gar. Dadurch kam man auch in den Besitz von Produktionskapazitäten für eigene Blätter, besonders durch die Enteignung der Verlage für Zeitungen von KPD und SPD. Am Ende waren zwar nur 36 Prozent aller Zeitungen in direkter Hand der NSDAP, diese erzeugten aber 82,5 Prozent der Auflage im Deutschen Reich.

Im Dritten Reich setzte man aber auch schon sehr stark auf bewegte Bilder in Form der Deutschen Wochenschau, denn man war sich der starken Wirkung bewusst. Filme erzeugen bei den Menschen eine viel größere Glaubwürdigkeit, da diese es ja „mit eigenen Augen gesehen haben". Die Wochenschauen waren eines der Hauptinstrumente der Propaganda.

Der Radiorundfunk wurde sehr schnell in der Reichs-Rundfunk-Gesellschaft vereinheitlicht und danach mit einem Einheitsprogramm versehen.

Warum habe ich nun diese Zeit relativ ausführlich beleuchtet? Wie Sie noch sehen werden, finden wir eine Reihe von Vorgehensweisen und Methoden aus dieser Zeit heute wieder, natürlich in anderer Form und mit (noch) nicht so schlimmen Konsequenzen für diejenigen, die nicht mitspielen wollen. Natürlich ist das Ergebnis der Maßnahmen heute deutlich subtiler und nicht so krass wie im Dritten Reich.

Nun fällt es vielen Menschen aber auch schnell auf, wenn die Medien faktisch keine Kritik am Staat und den Mächtigen mehr äußern können. Direkte staatliche Zensur beispielsweise zugunsten einer politischen Partei führt dann schnell dazu, dass die entsprechenden Medien nicht mehr ernst genommen werden. Die „Aktuelle Kamera" in der DDR ist so ein Beispiel, außer strammen Parteimitgliedern glaubte diese Nachrichten zumindest bei bestimmten Themenbereichen kaum jemand. Deshalb wurden und werden außer in diktatorischen Systemen durchaus Medien mit unterschiedlicher politischer Ausrichtung zugelassen. Die oppositionsnahen Blätter üben dann auch heftige Kritik an den Regierenden. In den USA beispielsweise wurde die Pressefreiheit häufig per definitionem angenommen. Allerdings bedeutet die Tatsache, dass es keine Staatsmedien gibt, nicht schon, dass deshalb die Presse völlig frei wäre. Da gibt es zum einen die Methode, sanften Druck zur Selbstzensur auszuüben, so wie wir es eben an dem historischen Beispiel gesehen haben. Über finanzielle Hebel und Besitzverhältnisse sind private Medien aber noch viel effektiver und unauffälliger zu steuern. Heute ist hier die Sachlage ziemlich eindeutig, wie wir noch sehen werden. Aber auch in der Vergangenheit liefern besonders die USA eindrucksvolle Beispiele, wie die Massenmedien gezielt dazu genutzt wurden, die Bürger zu einer bestimmten Meinung zu bewegen. Auch in Demokratien sind die Massenmedien das Mittel Nummer eins, den Menschen eine Zustimmung zu einem Krieg abzuringen. Legendär ist dabei die Auslösung des spanisch-amerikanischen Krieges 1898. Sehr einflussreiche Zeitungsmogule wie William Randolph Hearst und Joseph Pulitzer hetzten in ihren auflagenstarken Blättern gegen Spanien und nutzten das Sinken des Schiffes Maine im Hafen von Havanna zur Forderung nach einem Krieg. Die Umstände des Sinkens der Maine sind bis heute mehr als fragwürdig. Spanien war es wohl nicht, aber das interessierte damals (wie heute) die Kriegstreiber kaum.

„Denkt an die Maine – Zur Hölle mit Spanien!" („Remember the Maine, to hell with Spain!") konnte man in den großen Zeitungen lesen, und das verfehlte natürlich nicht die Wirkung bei den Massen. Besonders brisant dabei ist die bekannt gewordene Anweisung des Verlegers Hearst an einen seiner Korrespondenten auf Kuba. Letzterer meldete nämlich zunächst in die Redaktion, dass es dort doch gar nichts zu berichten gäbe und ein Krieg eher unwahrscheinlich wäre. Hearst schrieb zurück: „Sie liefern die Bilder. Ich liefere den Krieg." („You furnish the pictures. I'll furnish the war.")

Tatsächlich ist die Macht der Massenmedien so groß, denn einen Krieg kann man nur mit der inneren Zustimmung einer großen Anzahl von Bürgern führen. Die Massenmedien können diese Zustimmung erzeugen, wenn die „passenden" Analysen, Berichte und Schlussfolgerungen geliefert werden. Aber auch wenn bestimmte Eliten meinen, wie eine Wahl auszufallen hat, kann man die Presse sehr gut nutzen, ohne die Wahl an sich manipulieren zu müssen. Auch hierzu gibt es ein schönes historisches Beispiel aus den USA.

Die großen Magnaten John D. Rockefeller, Andrew Carnegie und J. P. Morgan konnten über Jahrzehnte im 19. Jahrhundert in den USA mehr oder weniger ungestört ihre riesigen Wirtschaftsimperien aufbauen. Jeder hatte in seinem Bereich ein Monopol errichtet, und alle waren sie steinreich geworden. Sie versuchten sich dabei meistens gegenseitig zu übertrumpfen und standen teilweise in scharfer Konkurrenz zueinander. Dann kam aber das Jahr 1896 und die dort anstehende Präsidentenwahl. Es trat mit William Jennings Bryan ein Kandidat der Demokraten in den Ring, der den Wählern versprach, die Macht der Mogule einzudämmen und sie deutlich stärker zu kontrollieren. Das kam bei den Wählern sehr gut an, denn die superreichen Mogule waren bei den normalen Bürgern nicht mehr besonders beliebt. Zu sehr hatten sie Ihre Imperien und ihren Reichtum auf dem Rücken der Arbeiter und der Bevölkerung insgesamt ausgeweitet. Bryan hatte also sehr gute Chancen, gewählt zu werden. Das rief die zuvor genannten Mogule auf den Plan, und tatsächlich einigten sie sich darauf, für eine bestimmte Aktion ihre Kräfte zu bündeln: sie mussten verhindern, dass Bryan Präsident wird. Zunächst suchten sie sich „ihren" Kandidaten aus, der für die Republikaner ins Rennen gehen sollte, und fanden ihn in dem Gouverneur von Ohio, William McKinley. Sie finanzierten seine Kandidatur und ihn selbst mit auf heute umgerechnet 30 Millionen US-Dollar. Da diese drei aber auch im Besitz großer und einflussreicher Zeitungen waren, nutzten sie diesen Vorteil ebenfalls aus. Neben der Unterstützung ihres Kandidaten begannen sie dann über ihre Zeitungen, den Gegenkandidaten William Jennings Bryan auf unterschiedlichste Art und Weise zu diskreditieren und teilweise zu diffamieren. Ihm wurde religiöse Verwirrung angedichtet, aber vor allem schrieben die Zeitungen, dass unter ihm als Präsident viele Fabriken der Mogule schließen müssten, da er diesen die Möglichkeiten zum wirtschaftlich rentablen Arbeiten nehmen würde. Das verfehlte seine Wirkung nicht, und er verlor gegen McKinley, der natürlich, nachdem er Präsident war, seine Gönner mit seiner Politik nicht enttäuschte. Rockefeller, Carnegie und Morgan hatten sich tatsächlich „einen Präsidenten gekauft".[3]

Dieses Beispiel zeigt uns schon einmal sehr gut, wozu man mit dem Einsatz großer Geldsummen in der Lage ist. Ganz entscheidend ist aber die Rolle der Presse hierbei gewesen. Es reichten ein paar einflussreiche Zeitungen, um das Blatt zu wenden. Bevor diese Herren aktiv wurden, sah es sehr nach einem Sieg für Bryan aus. Es gab durchaus andere Zeitungen, die zu Bryans Gunsten geschrieben hatten, aber mit dem Einsatz großer finanzieller Mittel und einer Reihe von wichtigen Massenmedien im Rücken kann man sehr viel erreichen.

Gerade in den USA kann man in der Historie sehr gut beobachten, wie Massenmedien eingesetzt werden, um die Menschen zu etwas Gewünschtem zu bewegen. In einer Demokratie ist das essenziell. Aber auch Diktatoren und entsprechende Systeme legten und legen immer größten Wert auf umfangreiche Propaganda. Sie trieben häufig einen sehr großen Aufwand, denn auch in einer

Diktatur mit Zwangsmaßnahmen ist man auf die innere Zustimmung möglichst vieler Menschen angewiesen. Die öffentliche Meinung ist der mächtigste Faktor überhaupt, und den Mächtigen war das schon immer sehr bewusst. Deshalb sind die Medien, mit denen man die öffentliche Meinung beeinflussen und steuern kann, praktisch seit Beginn im Fokus der Eliten gewesen.

Eine ganz entscheidende Rolle spielten sie schon immer, um Kriege bei der eigenen Bevölkerung durchzusetzen. Kriege können auch schnell zu Ende sein, wenn die Bevölkerung durch die Medien auf die negativen Seiten aufmerksam gemacht wird. In den USA passierte dieses zuletzt bei dem Vietnamkrieg. Deshalb betrieb man auch größte Anstrengungen vor dem nächsten großen Krieg, dass so etwas nicht noch einmal passieren kann. Revolutionen sind ebenfalls häufig stark von den Massenmedien abhängig. Aus diesen Gründen ist eine wirklich freie Presse letztendlich fast immer ein frommer Wunsch geblieben, insbesondere auch, weil die Finanzierungsseite immer ein guter Haken ist, an dem man die jeweiligen Verantwortlichen in den Medien packen kann. Nicht immer ist es die aktuelle Regierung, die an dieser Stelle tätig wird. Eine einzelne Zeitung ist selten „unabhängig", auch wenn viele das immer wieder behaupten. Eine einigermaßen akzeptable Pressefreiheit ist gegeben, wenn die Presse insgesamt alle politischen und gesellschaftlichen Schattierungen abdecken kann, ohne von Verbot oder Repressalien bedroht zu werden.

Wenn wir in die jüngere deutsche Vergangenheit schauen und uns auf politische Ausrichtungen beschränken, dann gab es die Springer-Presse mit BILD und *Welt* sowie natürlich andere Verlage, die schon immer sehr nahe an der CDU und entsprechend positiv zu den USA eingestellt waren. Auf der anderen Seite gab es aber auch *Spiegel*, *Frankfurter Rundschau* etc., die eher sozialdemokratische und US-kritische Sichtweisen transportierten.

Selbst das gilt heute aber nicht mehr, wie wir noch sehen werden. Besonders kritisch wird es dann, wenn bei immer mehr Themenbereichen von allen Medien nur noch genau eine Meinung verbreitet wird, obwohl nominell die politische Ausrichtung durchaus unterschiedlich sein sollte. Für ein paar Themen galt das auch schon in der früheren Bundesrepublik, bei denen eine bestimmte Sichtweise als sakrosankt definiert wurde. Das war aber eine relativ beschränkte

Anzahl, und einiges ergab sich natürlich auch aus der Vergangenheit Deutschlands. Heute erleben wir aber, dass bei immer mehr und größeren Themenbereichen diese einheitliche Sichtweise zum Standard wird. Gegensätzliche Meinungen werden nicht mehr zugelassen und sofort verunglimpft. Das ist eine sehr bedenkliche Entwicklung, die wir noch detailliert darstellen werden, denn genau dieses Vorgehen konnten wir bei vielen Diktaturen in der Vergangenheit beobachten.

Bliebe noch die Besatzungszeit in diesem kurzen geschichtlichen Abriss übrig, die natürlich bis heute einen starken Einfluss auf unsere Medienlandschaft ausübt. In der sowjetisch besetzten Zone wurde die Ausrichtung der neuen Presse unmittelbar vorgegeben, es sollte der Sozialismus als unangefochtene Weltanschauung etabliert werden. Von daher gab es dort kaum eine Chance für eine Pressefreiheit. Man tauschte nur die Ideologie aus und etablierte mit neuem Personal recht bald eine erneut streng kontrollierte Medienlandschaft.

Im Westen sollten zunächst alle deutschen Medien unmittelbar verboten werden, da diese ja zwangsläufig im Sinne des nationalsozialistischen Regimes gearbeitet hatten. Es wurde aber nicht vollständig umgesetzt. Man gab dann alliierte Heeresgruppenzeitungen heraus und erteilte Genehmigungen für komplett neue deutsche Zeitungen. Aus diesen Heeresgruppenzeitungen ging später eine Reihe heute sehr bekannter Tageszeitungen hervor. Die Lizenz für neue Zeitungen erhielten überwiegend Menschen, die zuvor nicht bei den Medien in Deutschland gearbeitet hatten. Journalisten, die während des Dritten Reiches tätig waren, sollten durchgängig Berufsverbot erhalten, was aber nur teilweise realisiert wurde. Wie auch in anderen Bereichen war eine derartig strikte Durchsetzung nicht realistisch. Es fehlten zu viele Fachleute.

Am 21. September 1949 endete die einzelne Lizenzvergabe mit der Erteilung einer Generallizenz. Nun konnten auch sogenannte Altverleger wieder Zeitungen herausgeben. Das geschah dann auch mit unterschiedlichem Erfolg.

Die Kontrolle der jeweiligen Verlage unterlag der zuständigen Militärverwaltung. Die westlichen Zonen ließen eine politisch heterogene Presselandschaft wachsen, versuchten aber mehr oder weniger stark und auch erfolgreich, Kontrolle über die Inhalte auszuüben. Nach Gründung der Bundesrepublik Deutschland wurde dann die Kontrolle und Beeinflussung der Presse und der Medien in Deutschland offiziell zurückgefahren. Warum schreibe ich hier „offiziell"? Wie wir noch sehen werden, fand man Mittel und Wege, Kontrolle und Beeinflussung vieler deutscher Massenmedien bis heute besonders vonseiten der USA aufrechtzuerhalten.

Schließlich gibt es auch ernst zu nehmende Hinweise, dass nach wie vor Geheimverträge mit den Alliierten in Kraft sind, die eine von diesen unabhängige Presse ausschließen. Diese Thematik in diesem Buch ausführlich aufzuarbeiten, würde zu weit führen, deshalb nur ein kurzer Exkurs dazu. Es würde aber auch sehr gut erklären, warum sich viele Pressevertreter und auch Politiker heute so verhalten, wie wir es wahrnehmen.

Eng verbunden damit ist natürlich die Frage, ob Deutschland tatsächlich wieder vollständig souverän ist?

Die Antwort darauf ist ein klares Nein!

Gregor Gysi hat im Deutschen Bundestag sehr ausführlich und profund erklärt, weshalb die Aussage so klar getroffen werden kann. Auch der Zwei-plus-Vier-Vertrag von 1990 hat daran nicht wirklich etwas geändert. Was die Kontrolle der Presse betrifft, kommt ein geheimer Staatsvertrag ins Spiel, auch „die Kanzlerakte" genannt. Danach wurde der „Medienvorbehalt der alliierten Mächte über deutsche Zeitungs- und Rundfunkmedien", der vorgeblich mit der angeblichen Erlangung der Souveränität Deutschlands endete, bis zum Jahr 2099 fixiert. Es würde bedeuten, dass mit der Ausnahme von Russland, das tatsächlich alle Rechte aufgegeben hat, die anderen Alliierten jederzeit die Berichterstattung und Inhalte unserer Massenmedien direkt steuern können. Momentan sieht es für den Beobachter auch so aus, als würden primär die USA dieses Recht wahrnehmen.

Die sogenannte „Kanzlerakte" wurde bis vor Kurzem allgemein nur als eine Erfindung von „Verschwörungstheoretikern" angesehen. Diese Vereinbarung beinhaltet unter anderem, dass jeder deutsche Bundeskanzler vor seiner Vereidigung ein Dokument (bzw. drei Dokumente für die jeweiligen westlichen Alliierten) unterzeichnen muss, in dem er sich der Macht der Alliierten unterwirft und auf die Souveränität Deutschlands verzichtet. Das ganze wurde im geheimen Staatsvertrag vom 21. Mai 1949 festgelegt und gilt bis 2099.

Es gibt tatsächlich eine Reihe von sehr glaubwürdigen Aussagen, welche die Existenz dieser Kanzlerakte bestätigen. Zum einen beschreibt diese der ehemalige Leiter des Militärischen Abschirmdienstes (MAD) Gerd-Helmut Komossa in seinem Buch „Die deutsche Karte: Das verdeckte Spiel der geheimen Dienste. Ein Amtschef des MAD berichtet". Er bewegte sich mit Sicherheit in denjenigen Kreisen, die es wissen sollten.

Außerdem kam vor längerer Zeit ein Artikel in *Die Zeit*[4], in dem relativ offen über die Kanzlerakte berichtet wurde. Egon Bahr erzählte dort, dass Willy Brandt sich zunächst geweigert hatte, diese Dokumente zu unterzeichnen. Man hat ihm dann aber wohl „ein Angebot gemacht, das er nicht ablehnen konnte ..." Egon Bahr war ein seriöser und glaubhafter Zeuge und hat diese Aussage noch mehrfach wiederholt. Durch die Aussagen derartig kompetenter Zeugen kann zumindest die Existenz einer derartigen Kanzlerakte als hochwahrscheinlich angesehen werden.

In der *Zeit* wird es dann so dargestellt, dass die Souveränität Deutschlands seit der Wiedervereinigung und den Zwei-plus-Vier-Verträgen wiederhergestellt und die Kanzlerakte deshalb ein Relikt des kalten Krieges sei. Dem dürfte aber aus den oben genannten Gründen definitiv nicht so sein; zudem wurde mittlerweile auch von einigen Staatsrechtlern beschrieben, dass Deutschland nach 1990 immer noch nicht souverän ist. Dies wurde ja auch unlängst durch die Aussage des Finanzministers Dr. Wolfgang Schäuble bei dem European Banking Congress im November 2011 in Frankfurt bestätigt. Er sagte dort: ***„Deutschland war seit 1949 bis zum heutigen Tag zu keinem Zeitpunkt souverän".***[5]

Auch Dr. Schäuble dürfte genau wissen, was er da sagt. Kannten Sie eigentlich das Thema der Kanzlerakte?

Dabei ist es doch sogar in einem großen Massenmedium thematisiert worden, sogar mehrmals. Es ist ein schönes Beispiel dafür, dass einzelne Artikel oder Sendungen nur wenig bei der großen Mehrheit der Medienkonsumenten bewirken. Deshalb kann an der einen oder anderen Stelle durchaus einmal die Wahrheit angekratzt werden. Wir kommen noch einmal darauf zurück.

Zum Abschluss dieses Kapitels folgendes Fazit:

Ohne wirklich freie Medien kann es keine echte Demokratie geben!

Zu stark lässt sich die Mehrheit der Menschen immer noch davon beeinflussen, was ihnen über die Massenmedien vermittelt wird. Deshalb kann darüber die öffentliche Meinung beeinflusst und auch gedreht werden. Es gibt zahllose historische Beispiele dafür, auch und gerade in den westlichen Demokratien. Das Internet bietet nun erstmalig eine Chance, dieses Meinungsmonopol zu durchbrechen.

Die Erzeugung eines Spin

Das Wort „Spin" kommt aus dem Englischen und bezeichnet eine Drehung oder einen Drall im physikalischen Bereich. Ich möchte mich aber in diesem Fall mit dem Begriff des „Spin" in den Medien befassen. In den Massenmedien bezeichnet „Spin" den Vorgang, bei dem eine Aussage oder Wahrheit in eine gewünschte Richtung gedreht wird. Damit einher gehen meistens unterschwellige Manipulationen von Aussagen, Bildern oder Berichten in eine ganz bestimmte Richtung.
Diejenigen Menschen, die derartig gezielt wirken, werden auch gerne als Spin-Doktoren bezeichnet.

In Wikipedia lesen wird dazu:

„Der Begriff Spin-Doctor ist eine aus dem Englischen übernommene Bezeichnung für einen Medien-, Image- oder politischen Berater und Verantwortlichen für Öffentlichkeitsarbeit. Die Bezeichnung wird von den Massenmedien besonders im Bereich der Politik benutzt und hat eine negative Konnotation,[1] da sie andeutet, dass die als „Spin-Doctor" bezeichnete Person Ereignisse „mit dem richtigen Dreh (englisch spin) versieht", indem sie für eine unterschwellig manipulierte Darstellung in den Medien sorge. Im Englischen wird neben „spin doctor" häufig auch der Ausdruck „spinmeister" verwendet.

Im Unterschied zu politischen Propagandisten geht es einem Spin-Doctor weniger um die Vermittlung einer bestimmten allgemeinen Sichtweise, sondern darum, direkt seinen Auftraggeber, dessen Politik, andere Personen oder Ereignisse in einem möglichst positiven bzw. negativen Licht darzustellen und in jeder Situation die bestmögliche öffentliche Aufmerksamkeit zu verschaffen. Er arbeitet mit Bildern, Inszenierungen (zum Beispiel Fototerminen, Events für die Kameras der Presse) sowie mit PR und nutzt die Medien für seine Ziele, zum Beispiel über Agenda-Setting. Dabei bleibt er meist im Hintergrund und taucht selten selbst in Medien auf."

Diese Vorgehensweise ist nicht neu und existiert eigentlich schon so lange wie die Massenmedien selbst. Allerdings gab es natürlich auch hier im Laufe der Zeit eine deutliche Entwicklung und Professionalisierung, die sehr von den immer mehr erweiterten Erkenntnissen aus der Massenpsychologie profitierte. Es gibt vor allem im politischen Bereich durchaus nicht unbekannte Spezialisten; für den aktuellen amerikanischen Präsidenten Obama ist beispielsweise David Axelrod aktiv.

Der Neffe von Sigmund Freud Edward Louis Bernays gilt als einer der ersten Spin-Doctors, und dessen Regeln und Erkenntnisse werden noch heute gerne bei PR-Kampagnen (Public Relations Kampagnen, die harmlosere Variante des Spins) und natürlich auch bei der Erzeugung eines Spins herangezogen. Man könnte ihn vielleicht als den Vater aller Spin-Doctors bezeichnen. Die acht Punkte zur Durchführung einer PR-Kampagne von ihm lauten:

1. Define your objects – Definiere Deine Ziele
2. Conduct research – Führe Nachforschungen durch
3. Modify your objectives based on that research – Passe Deine Ziele auf der Basis deiner Forschungen an
4. Set a strategy – Lege eine Strategie fest
5. Establish themes, symbols, and appeals – Erstelle Leitmotive, Symbole und Anreize
6. Create an organization to execute your strategy – Gründe eine Organisation, um deine Strategie durchzuführen
7. Decide on timing and tactics – Entscheide über den Zeitplan und die Taktiken
8. Carry out your plans – Führe deine Pläne aus

Als sehr wichtig erachtete Bernays, dass man prominente Meinungsführer für eine derartige Kampagne gewinnt. Dabei muss diesen die dahinterliegende Kampagne gar nicht bekannt sein. Wahrscheinlich agieren sie sogar viel besser, wenn sie es nicht wissen und selbst davon überzeugt sind, genau das Richtige und Beste zu wollen. Je größer die Gruppe von Menschen ist, die diese Prominenten repräsentieren, desto wirksamer ist das Ganze. Die Anhänger haben in diese Führungspersönlichkeiten ein erhebliches Grundvertrauen und „glauben" diesen viele Dinge ohne lange zu fragen. Sollte jemand sachliche Kritik an dem von der Führungspersönlichkeit vertretenen Sachverhalt äußern, deuten die Anhänger das schnell als persönliche Kritik an ihrem Vorbild und lehnen die sachliche Kritik und deren Fakten in Bausch und Bogen ab. Bernays sagte: *„Wenn man die Führer beeinflussen kann, entweder mit oder ohne deren bewusste Zusammenarbeit, beeinflusst man automatisch deren Gruppe".*

Neben der Einvernahme ganzer Gruppen ist es natürlich auch sehr hilfreich, scheinbar unabhängige prominente Menschen einzubinden. Wenn zunächst unabhängige bekannte Persönlichkeiten oder Organisationen eine bestimmte Sache unterstützen, ist das für den gewünschten Spin extrem fördernd.

Sagt ein großer Pharmakonzern, dass ein neuer Impfstoff zu hundert Prozent wirksam und völlig ungefährlich ist, werden die meisten Menschen noch skeptisch bleiben, denn dieser Konzern will den Impfstoff verkaufen und wird alle weniger positiven Faktoren wohl kaum an die große Glocke hängen. Nebenwirkungen muss er zwar auf dem Beipackzettel aufführen, aber gerade bei Impfungen bekommt der Patient diesen kaum im Vorhinein zu Gesicht.

Sobald aber anerkannte Ärzte und sogar der Gesundheitsminister diesen Impfstoff preisen, weicht die Skepsis vieler Menschen einem positiven Glauben.

Das ist nur ein Beispiel von vielen, warum scheinbar unabhängige Unterstützer der Sache sehr dienen. Ein weiterer sehr wichtiger Schritt ist es, die gewünschten Informationen als neutrale Nachrichten zu positionieren. Nicht zuletzt ist die Auswahl der Sprache und Begriffe entscheidend. Die gewünschten Argumente werden mit positiven Worten und Ausdrücken besetzt, die kritischen mit negativen.

Das bekannteste Buch von Edward Bernays hatte den Titel „Propaganda" und erschien 1928 erstmalig. Gleich am Anfang macht er unverblümt klar, worum es bei der ganzen Sache eigentlich geht:

„Die bewusste und intelligente Manipulation der organisierten Gewohnheiten und Meinungen der Massen ist ein wichtiges Element in der demokratischen Gesellschaft. Wer die ungesehenen Gesellschaftsmechanismen manipuliert, bildet eine unsichtbare Regierung, welche die wahre Herrschermacht unseres Landes ist. Wir

werden regiert, unser Verstand geformt, unsere Geschmäcker gebildet, unsere Ideen größtenteils von Männern suggeriert, von denen wir nie gehört haben. Dies ist ein logisches Ergebnis der Art, wie unsere demokratische Gesellschaft organisiert ist. Große Menschenzahlen müssen auf diese Weise kooperieren, wenn sie in einer ausgeglichen funktionierenden Gesellschaft zusammenleben sollen. In beinahe jeder Handlung unseres Lebens, ob in der Sphäre der Politik oder bei Geschäften, in unserem sozialen Verhalten und unserem ethischen Denken werden wir durch eine relativ geringe Zahl an Personen dominiert, welche die mentalen Prozesse und Verhaltensmuster der Massen verstehen. Sie sind es, die die Fäden ziehen, welche das öffentliche Denken kontrollieren."

Beachten Sie bitte, dass er hier von einer „demokratischen Gesellschaft" schreibt. Natürlich bedienten und bedienen sich totalitäre Systeme auch dieser Mechanismen und Techniken. Allerdings ist dort vielen Menschen durchaus bekannt, dass sie Propaganda hören und glauben bei einem gewissen kritischen Abstand zum Regime deren Aussagen nicht.

In der Demokratie gab und gibt es ein Grundverständnis, dass pluralistische Meinungen vorherrschen würden und jede Sichtweise die gleichen Möglichkeiten bekäme, sich darzustellen. Leider ist genau das nicht der Fall, was viele Menschen aber nicht wahrnehmen. Sie hören eine bestimmte Meinung besonders oft und von bekannten Protagonisten, die Gegenmeinung nur vereinzelt am Rande. Somit kommen viele Menschen, die sich nicht intensiv mit Fakten auseinandersetzen möchten, schnell zu der Meinung, dass diese laute und häufig verbreitete Variante wohl die richtige sein muss. Gibt es prominente Führungspersönlichkeiten, die eine gewünschte Meinung postulieren, so wird diese häufig von dessen Anhängern ebenfalls ungeprüft in derselben Form verbreitet, und man hat einen starken Multiplikationseffekt.

Das Buch von Bernays wird heute noch verlegt und ist jederzeit auch in deutscher Sprache zu kaufen. Ein weiterer wichtiger Punkt, den er ausdrücklich empfiehlt, ist über Bande zu spielen. Ein Beispiel: wenn Sie Fabrikant von Schaufeln sind, können Sie mit „Kauft mehr Schaufeln" werben oder aber versuchen, die Menschen dazu zu animieren, mehr zu graben. Sie können das Geld für Werbung besser in einer PR-Kampagne zur Goldsuche einsetzen. Das ist ein relativ simples Beispiel, aber genau so wird heute besonders im politischen Bereich gearbeitet. 1928 beklagt Bernays in seinem Buch noch, dass Unternehmen bereits diese Vorgehensweise verstanden hätten, die Politik aber noch nicht. Das hat sich deutlich geändert. Wenn man heute beispielsweise politisch mehr Überwachung und Einschränkungen der Freiheit bei den Bürgern durchsetzen möchte, bewirbt und fordert man das nicht direkt – nein, man erzeugt zunächst Angst vor Terrorismus. Das geschieht entweder durch geglückte oder gerade noch verhinderte Anschläge. 9/11, „Schuhbomber", „Unterhosenbomber" verfehlten ihre Wirkung nicht.

Eine klassische PR-Aktion wurde auch in Begleitung des ersten Kriegs der USA gegen den Irak gefahren. Es wurde die PR-Agentur Hill & Knowlton beauftragt, herauszufinden, was die amerikanische Bevölkerung denn am ehesten dazu bewegen könnte, einen Krieg zu befürworten. Das Ergebnis war, dass misshandelte und getötete Kinder an erster Stelle stehen würden. Also erfand man die Geschichte von den Säuglingen, die von irakischen Soldaten aus den Brutkästen gerissen wurden, präsentierte eine „Krankenschwester", die weinend davon berichtete, und schon hatte man die UNO und die amerikanische Bevölkerung hinter sich und konnte anfangen.

Die damals fünfzehnjährige Tochter des kuwaitischen Botschafters Saud Nasir as-Sabah in den USA gab vor einem informellen Menschenrechtskomitee des US-Kongresses unter Tränen eine Erklärung ab: Sie habe als kuwaitische Hilfskrankenschwester freiwillige Arbeit im Al-Adnan-Krankenhaus in Kuwait-Stadt geleistet und sei dabei Zeugin des Eindringens irakischer Soldaten geworden. Sie sagte: „Ich habe gesehen, wie die irakischen Soldaten mit Gewehren in das Krankenhaus kamen ..., die Säuglinge aus den Brutkästen nahmen, die Brutkästen mitnahmen und die Kinder auf dem kalten Boden liegen ließen, wo sie starben." Sie gab lediglich ihren Vornamen mit „Nayirah" an und verschwieg ihre familiäre Herkunft. Ihr Vater saß während ihrer Aussage vor dem Kongress-Komitee als Zuhörer im Publikum.[6]

Die Geschichte war vollständig erfunden und nur ein Teil der PR-Kampagne dieser Agentur zum Irakkrieg. Diese Dinge werden heute von offiziellen Stellen gar nicht mehr abgestritten – wussten Sie davon? Auf jeden Fall haben die Massenmedien kein großes Aufheben darum gemacht, schließlich haben sie diese erfundene Geschichte damals ja auch als Wahrheit mit verkauft, somit Kriegspropaganda verbreitet und diesen schlimmen Krieg erst ermöglicht. Mittlerweile ist diese Sache sogar Mainstream geworden und wird nicht mehr geleugnet. Es ist ein sehr gutes Beispiel, wie Propaganda aufgebaut und durchgeführt wird.

Viele Menschen im Westen glauben heute tatsächlich immer noch, dass Propaganda und die Erzeugung von Spins nur oder primär in totalitären Systemen und hier vor allem in der Vergangenheit betrieben wurden. Das Gegenteil ist der Fall, und die Methoden werden natürlich immer mehr verfeinert und verbessert. Weiterhin hat man heute auch noch viel bessere Medien zur Verfügung. An der Spitze steht hierbei das Fernsehen. Auch kann man heute durch elektronische Auswertungen viel besser und schneller die Wirkung eines Spins beurteilen und die Maßnahmen gegebenenfalls korrigieren.
Es gibt heute neben einzelnen Experten eine Reihe von spezialisierten Firmen, die sich Public Relations auf die Fahnen geschrieben haben und im Auftrag gezielte Spins erzeugen. Burson-Marsteller, Edelman, Ketchum oder BSMG sind nur einige Namen, die normale Menschen kaum kennen, die aber in Fachkreisen bestens bekannt sind.

Wer lässt heute Spins erzeugen?

Natürlich sind Politiker nach wie vor gute Kunden für Spin-Doctors aller Art. Große Firmen und Konzerne nutzen deren Dienste ebenfalls ausführlich. Aber insbesondere bestimmte Herrschaften im Hintergrund geben die großen Spins vor, welche größere Teile der Menschheit in eine bestimmte Richtung lenken sollen. Das geht weit über einzelne Länder hinaus und zeigt sich auch in der Gleichzeitigkeit der Aktionen in mehreren Ländern.

Ein gutes Beispiel ist die Erzeugung eines bestimmten Spins zum Thema Masernimpfung, der im Januar/Februar 2015 fast zeitgleich in den USA und Deutschland zu beobachten war. Man kann an diesem Beispiel sehr gut erkennen, wie ein neuer Spin aufgebaut wurde, wahrscheinlich als Reaktion auf einen zunächst gescheiterten Ansatz.

Masern sind im Gedächtnis vieler Menschen ab einem bestimmten Alter nach wie vor eine relativ harmlose Kinderkrankheit. Zunächst versuchte man das zu verändern und den Masern eine deutlich größere Gefährlichkeit anzuhängen. Das „neutrale" Robert-Koch-Institut spricht nun von „einer Letalität von einem Todesfall pro 1.000 Masernerkrankte."

Wir nehmen jetzt das sehr hilfreiche Webarchiv archive.org zu Hilfe und stellen fest, dass die Aussage zu der Letalität von Masern drei Jahre zuvor auf ein und derselben Seite noch deutlich anders lautete:

„Nach Literaturangaben entfällt auf etwa 10.000–20.000 Masernerkrankungen eine Erkrankung mit tödlichem Ausgang. Nach Angaben des Statistischen Bundesamtes aus der Todesursachenstatistik gab es seit dem Jahr 2000 pro Jahr 1–2 Masernsterbefälle (mit einer Ausnahme: 2007 wurde kein Sterbefall registriert)."

Die Letalität von Masern hat sich also urplötzlich verzehn- bis verzwanzigfacht. Diese Änderung erfolgte am 14. September 2014, wie man in archive.org nachvollziehen kann. Das dürfte mit hoher Wahrscheinlichkeit den Zeitpunkt markieren, als man mit der Erzeugung des Spins begonnen hat. Das RKI wird in Deutschland als eine „der" neutralen Institutionen bei diesen Themen angesehen und dürfte hier besonders auf sich informierende Ärzte zielen. Nicht umsonst finden wir diese Informationen auch dort unter dem Titel: „Masern – RKI-Ratgeber für Ärzte". Viele Ärzte werden mit hoher Wahrscheinlichkeit nach der gesteigerten Medienpräsenz des Themas Masern dort einmal nachgesehen haben. Sie werden die dortigen Informationen so hinnehmen und es an ihre besorgten Patienten weitergeben. Der neue Letalitätswert ist schon deutlich bedrohlicher als der alte.

Damit bekommen wir eine große Menge „neutraler" und aus der Sicht der Menschen „kompetenter" Fürsprecher einer Masernimpfung, ohne dass diese sich der eigenen Manipulation bewusst wären. Für die normalen Menschen nimmt man dann noch sogenannte Experten hinzu, die in den Massenmedien ihre Aussagen tätigen. Je neutraler die Sendung daherkommt, desto besser für den Spin. Als Beispiel möchte ich hier den „Arzt und Medizinjournalist" benennen, der in der ZDF-Sendung WiSO zu dem Thema auftrat.

Natürlich suggeriert diese Bezeichnung Neutralität, und der Moderator fragte auch nicht kritisch nach, sondern gab diesem Herrn primär die Stichworte an die Hand. WiSO ist eine Sendung, die aus der Sicht vieler Menschen neutral und durchaus kritisch gegenüber großen Institutionen einzustufen ist. Zudem kommt sie zu einer sehr guten Sendezeit direkt nach den Heute-Nachrichten um 19:25 Uhr.

Was dann dieser „Experte" von sich gab, war ebenfalls sehr genau geplant. Selbst die Letalitätsrate von 1 zu 1000 (0,1 Prozent) klingt noch nicht wirklich bedrohlich. Also sprach dieser Herr von einer Sterblichkeitsrate von 20 bis 30 Prozent in Afrika. Wenn man aber weiß, wie Psychologie funktioniert, bleiben natürlich primär die erschreckenden 20 bis 30 Prozent im Gedächtnis hängen und das Detail „Afrika" nicht. Dort gibt es natürlich noch eine Vielzahl weiterer Faktoren, die für die Sterblichkeit verantwortlich sind. Auch brachte er ganz geschickt das Wort „Ebola" mit ein, das mit Masern nun überhaupt nichts zu tun hat, seine Wirkung aber durch die Medienpräsenz in der zweiten Jahreshälfte 2014 kaum verfehlt haben dürfte. Jegliche Impfkritik wurde mit dem Begriff „Verschwörungstheorien" abgekanzelt.

Sehr gut zu dem Spin der hochgefährlichen Masern passte auch die Tatsache, dass ein anderthalb Jahre altes Kind im Rahmen eines Masernausbruchs in Berlin gestorben war. Die Botschaft in den Medien war einhellig, dass es „an Masern" verstorben war. Es wurde zwar später am Rande eingeräumt, dass dieses Kind auch noch eine weitere Erkrankung hatte, aber gestorben soll es definitiv an den Masern sein. Ich will das gar nicht infrage stellen. Je nach Vorerkrankung kann sogar ein harmloser Schnupfen tödlich enden. Diese Story „Kind an Masern gestorben" wurde vielfach auch in den großen Nachrichtensendungen gebracht. Was gar nicht (oder bestenfalls nur ganz am Rande) berichtet wurde, sind zwei entscheidende Details, die aber dem Spin komplett entgegenliefen:

1. Das Kind hatte eine schwere Herzkrankheit
2. Das Kind war gegen Masern geimpft (es hatte zumindest die erste MMR-Impfung erhalten)

Wären diese Faktoren bei einer neutralen Berichterstattung mit genannt worden, würde nicht nur dieser Todesfall seinen allgemeinen Schrecken verlieren, denn die meisten Menschen würden dann natürlich richtigerweise die schwere Herzerkrankung als eigentlichen Todesgrund ansehen.

Die zweite Tatsache ist für den Spin sogar fatal, denn sie stellt sofort die Frage in den Raum, wie wirksam Impfungen denn überhaupt sind? Ich möchte an dieser Stelle nicht das Thema Impfungen an sich diskutieren, aber die Information, dass eine Impfung keinesfalls einen 100-Prozent-Schutz gewährt (was den Experten durchaus bekannt ist und in vielen Studien nachgewiesen wurde), ist in dem Pro-Impfen-Spin auf jeden Fall zu bekämpfen. Das ist dann halt eine „Verschwörungstheorie".

Neben diesen Maßnahmen erschien es den Spin-Doctors aber scheinbar angebracht, noch einen weiteren Sub-Spin zu erzeugen. Zu stark ist in den Menschen nach wie vor das Gefühl verankert, dass Masern nur eine relativ harmlose Kinderkrankheit darstellt. Man kann nicht genügend Angst um das eigene Kind erzeugen, deshalb wollte man noch eine weitere Begründung für eine Impfung schaffen. Einfach ausgedrückt lautet diese wie folgt:

„Wenn Sie Ihr Kind nicht impfen lassen, töten Sie damit potenziell andere Kinder!"

Dieser Sub-Spin wurde bereits Wochen vor dem Masernausbruch in Berlin lanciert, was auch deutlich zeigt, dass nicht dieser Ausbruch Hintergrund der großen Medienresonanz war. In einer anderen Fernsehsendung wurde bereits damals ein leukämiekranker Junge in den USA gezeigt, den aufgrund der Chemotherapie und des dadurch massiv geschwächten Immunsystems harmlose Krankheiten wie Masern umbringen könnten. Entsprechende Aussagen dessen Eltern zielten auf das Gewissen von impfkritischen Eltern und stellten diese als potenzielle Mörder ihres Sohnes dar. In diese Kerbe schlugen dann später auch weitere Aussagen und Sendungen im deutschen Fernsehen. Wie man lesen konnte, zeigt das wohl durchaus die gewünschte Wirkung, denn impfkritische Eltern bekamen es hierzulande nun vermehrt mit hysterischen anderen Eltern zu tun, die sie ebenfalls als potenzielle Mörder anderer Kinder betrachteten.

Dieser Spin ist sehr perfide, denn er nutzt eine extrem fragwürdige Argumentationslinie, um unmittelbar das Zusammenleben der Menschen und die Freiheit der eigenen Entscheidung zu torpedieren. Es erinnert sehr an die Hexenjagden in früheren Jahrhunderten und soll einen sozialen Druck aufbauen. Diejenigen, welche sich nicht dem Mainstream beugen, sollen ausgegrenzt und stigmatisiert werden.

Auch wenn diese Kausalkette mit den sich ansteckenden schwerkranken Kindern grundsätzlich nicht völlig falsch ist, so spricht die Abwägung aller Faktoren eine deutlich andere Sprache. Zum einen sind Fälle, in denen tatsächlich ein schwerkrankes Kind, das auf einen ungeimpften Maserntr䁧er trifft, erkrankt und dann an diesen Masern stirbt, zwar möglich, aber wohl mit einer Wahrscheinlichkeit von mindestens 1 zu 1.000.000 behaftet. Dafür sollen aber tausende Kinder Impfschäden davontragen und wahrscheinlich mindestens mehrere Dutzend an der Impfung sterben? Diese Zahlen sind bei der großen Anzahl von zu impfenden Kindern durchaus realistisch!

Zum anderen kann sich ein derartiges Kind durchaus auch an einem geimpften Kind anstecken, wie wir nun erneut an dem o.g. Todesfall erkennen können. Wie Sie sehen, besteht also ein Spin aus der Heraushebung und Formung bestimmter Sachverhalte und der Unterdrückung oder Relativierung anderer. Verstärkt wird dabei versucht, Menschen aus dem sozialen Umfeld als „Blockwarte“ mit einzuspannen. Grundsätzlich ist das ein Vorgehen totalitärer Systeme, kommt aber nun in westlichen Ländern an immer mehr Stellen genauso zum Einsatz.

Wer steckt nun hinter diesem konkreten Spin?

Natürlich dürfte die Pharmaindustrie daran beteiligt sein, denn je besser dieser Spin funktioniert, desto mehr Menschen lassen ihre Kinder impfen und desto mehr Impfstoff wird verkauft. Ein erzeugter Spin, der nachweislich Milliardengewinne brachte, war die Schweinegrippe. Große Konzerne haben kein Gewissen, der Gewinn der Anteilseigner (Shareholder Value) ist das Maß aller Dinge. Es ist definitiv kein Zufall, dass dieses Thema der Masernimpfung zeitgleich in den USA und Deutschland hochgepuscht wurde. In beiden Ländern gibt es eine extrem mächtige Pharmalobby und entsprechende Konzerne. Der „Ausbruch“ der Masern in Berlin ist hierbei nur ein willkommener Aufhänger gewesen. 2011 und 2013 waren Jahre mit einer deutlich höheren Zahl an gemeldeten Masernfällen, wie wir sogar aus einer Statistik des Robert-Koch-Instituts erfahren. 2011 und 2013 gab es aber keinerlei besonderes Medieninteresse daran. Grundsätzlich sind diese Zahlen im Verhältnis zu anderen Krankheiten sowieso extrem niedrig. 2014 war sogar ein Jahr mit einer unterdurchschnittlichen Zahl von Masernfällen. Das kann somit nicht der Auslöser für diese Medienkampagne gewesen sein.

Daran können wir gut erkennen, dass wir es hier mit einem gezielt erzeugten Spin zu tun haben. Es wurde aber mit diesem Spin mit Absicht die Diskussion über eine Impfpflicht angestoßen. Natürlich würde sich hier auch die Pharmaindustrie die Hände reiben, wenn so etwas eingeführt würde; es lässt sich aber stark vermuten, dass noch andere Kräfte im Hintergrund beteiligt sind.
Viele derartige Aktionen sind eindeutig gegen die Freiheit der Menschen – natürlich immer „im Dienst der guten Sache" – gerichtet. Wir werden in Zukunft immer mehr Spins sehen, die gegen unsere eigenen freiheitlichen Entscheidungen gerichtet sind. Ein weiterer Trend besteht auch stets darin, das soziale Umfeld mit einzubeziehen. Kritische Stimmen, die nicht dem allgemein postulierten Mainstream folgen, werden auch von ihrem direkten sozialen Umfeld angegriffen und ausgegrenzt.

Die Macht der Bilder

Bildern und in noch größerem Maße Filmen bzw. Videos kommen in den Massenmedien höchste Bedeutung zu. Die meisten Menschen sind visuell gesteuert und behalten sich Sachverhalte viel besser, die sie gesehen haben. Etwas wird sehr schnell als authentisch und wahr eingestuft, wenn man es mit den eigenen Augen gesehen hat. Deshalb beeinflussen Bilder und vor allem bewegte Bilder das Bewusstsein und die Meinung eines Menschen viel stärker als lange Texte. Das wissen natürlich auch die Medienmacher und nutzen es in jeder Hinsicht aus. Schon der gewählte Ausschnitt eines Fotos kann dessen Wirkung und Aussage völlig in das Gegenteil verkehren. Ein bekanntes Beispiel ist das Bild eines auf dem Boden knienden Soldaten mit nach hinten gebeugtem Kopf. Daneben sieht man einen feindlichen Soldaten, der scheinbar Druck und Gewalt ausübt. Bei diesem Bild wird aber nur ein Ausschnitt des gesamten Bildes gezeigt. Im kompletten Bild sieht man nämlich, dass dem knienden Soldaten etwas zu Trinken gegeben wird. Betrachtet man das ganze Bild, erscheinen die gegnerischen Soldaten somit auf einmal in einem völlig anderen Licht. Dabei hatte man bei diesem Bild den direkten Inhalt in keiner Weise manipuliert, man hat nur einen gut gewählten Ausschnitt gezeigt.

Man kann grundsätzlich festhalten, dass keinem Bild oder Film heute noch zu trauen ist. Beginnen wir bei den Bildern. Man kann mit Programmen wie Adobe Photoshop faktisch alles fälschen, wie man es haben möchte. Es ist nicht zu erkennen, bestenfalls hochgradige Spezialisten können diese Manipulationen noch nachweisen, aber zumeist auch nur dann, wenn der Manipulator schlampig gearbeitet hat. Teilweise stehen dafür auch stark automatisierte Funktionen zur Verfügung; beispielsweise einen störenden Menschen rückstandsfrei aus einem Foto zu entfernen, ist eine Sache von Sekunden.

Sie bekommen heute in den Massenmedien praktisch kein Bild zu sehen, dass nicht manipuliert wurde. Da gibt es zunächst die sinnvollen Manipulationen von Kontrast und Farben, Schärfe und anderen Parametern, die den

Bildeindruck verbessern sollen. Dann erfahren viele Bilder Schönheitskorrekturen, wie beispielsweise die Entfernung von Pickeln bei Models. Das ist schon zwiespältiger, denn dadurch werden den Betrachtern der Fotos makellos schöne Gesichter und Körper gezeigt, die es in natura so gar nicht gibt, mit entsprechender Wirkung auf die Psyche vieler Frauen (und Männer).

Ganz kritisch wird es aber dann, wenn Bilder hemmungslos verändert werden, um eine bestimmte Aussage zu erreichen. Da wird dann durchaus z.B. eine Mutter mit ihrem Kind auf dem Arm aus einem ganz anderen Land in eine Kriegsszene in Syrien montiert.

Bei Filmen ist das ganz ähnlich. Viele „unter Lebensgefahr" gedrehte Filme über Bürgerkriege sind häufig nur gestellte Szenen. Man sieht ja immer nur den gewünschten Ausschnitt. Mit entsprechendem technischem Gerät ist aber auch im Film heute praktisch alles problemlos darstellbar, was man möchte. Nehmen Sie einen beliebigen Hollywood-Film, dann sehen Sie, was alles möglich ist. Glauben Sie bitte nicht, diese Verfahren würden nur in Hollywood angewendet!

Ein Bild oder ein Film beweist heutzutage gar nichts mehr, wenn dessen Authentizität nicht durch andere Beweise bestätigt wurde. Bei Bildern oder Filmen im Internet, die nicht der Mainstream-Meinung entsprechen, wird grundsätzlich eine derartige Fälschung unterstellt. Natürlich gibt es dort Fälschungen, aber dass es zwingend eine Fälschung sein muss, ist natürlich auch nicht nachgewiesen.

Auf der anderen Seite wird aber häufig von den Zuschauern ein in der Tagesschau gezeigter Filmbericht automatisch als authentisch angesehen, denn die Tagesschau würde doch nie vorsätzlich lügen …

Tatsache ist, dass sowohl im Fernsehen als auch in den Printmedien immer wieder klar nachweisbar manipulierte und gefälschte Bild- und Filmdokumente gezeigt werden. Die Tatsache, dass es im ZDF kommt oder im Spiegel gezeigt wird, garantiert noch lange keine Authentizität. Machen Sie sich das bitte immer klar, wenn Sie die Massenmedien konsumieren! Dabei muss nicht unbedingt jedes Mal die ganz große Manipulationsmaschine angeworfen worden sein, die Auswahl des Ausschnitts und der Schnitt reichen völlig aus, um das gewünschte Ergebnis zu erzielen. Peinlich wird es immer nur dann, wenn jemand anderes die komplette Szene aufgenommen hat. Ich möchte Ihnen hier zwei Beispiele nennen.

Da gab es beispielsweise eine Demonstration in der Ostukraine, bei der angeblich Zehntausende von Bürgern für Kiew protestierten und sich dann in einem Stadion versammelten. Die klare Botschaft in den Tagesthemen lautete dann auch, dass die Mehrheit dort gar nicht von Kiew unabhängig werden will. Wir haben folgendes Bild aus einem Stadion gezeigt gekommen:

Wenn man allerdings Privatvideos von dieser Veranstaltung anschaute, schrumpften die „Zehntausende" auf ein kleines Häuflein in einem ansonsten leeren Stadion zusammen.

Dann haben sie natürlich von dem schlimmen Video des Islamischen Staates (IS) gehört, bei dem der bedauernswerte Journalist James Foley geköpft wurde. Aus den USA kam dann auch gleich aus Regierungskreisen die Bestätigung, dass dieses Video authentisch sei. Nun, der gesamte Vorgang war dort nie zu sehen. Später ist ein weiteres Video aufgetaucht,[7] das genau dieselbe Szene auch zeigt, nur aus einer Perspektive viel weiter hinten. Es ist durch die Hackergruppe Cyberberkut enthüllt worden und stammt angeblich von einem USB-Stick des US-Senators McCain. McCain hat nachweislich beste Kontakte zum IS (ISIS). Man sieht, dass die gesamte angebliche Köpfungsszene in einem Studio gedreht wurde und natürlich wurde das Opfer auch nicht geköpft, denn diese Kamera lief weiter, nachdem das Originalvideo stoppte. Es war eine reine schauspielerische Darbietung in einem beliebigen Studio irgendwo auf der Welt – wahrscheinlich in den USA. Nun könnte natürlich auch das Video, welches die Fälschung aufdeckt, ebenfalls gefälscht worden sein. Es wäre mit deutlich höherem Aufwand verbunden, aber natürlich durchaus möglich. Es würde sich dann aber die Frage stellen, wer das finanziert hat, für „Spaßvögel" wäre es zu teuer.

Ich will an dieser Stelle gar nicht versuchen, abschließend zu klären, welche Videos nun echt sind und welche nicht; die Wahrscheinlichkeit, dass das Ursprungsvideo gefälscht wurde, ist aber deutlich höher als die Fälschung des Studiovideos. In unseren Massenmedien wurde über das Studiovideo nie berichtet, das Originalvideo aber als authentisch dargestellt und gezeigt. Was heißt das nun für den Fall James Foley? Ich werde das in diesem Buch nicht aufklären können. Allerdings gibt es bei diesem Fall einen weiteren Vorgang, der uns zeigt, dass wir hier praktisch nur unwahre Dinge gezeigt bekommen.

Damit kommen wir zu einer Manipulation, die ich bisher in deutschen Medien noch nicht ausmachen konnte, was aber natürlich nicht ausschließt, dass es diese auch geben könnte. In den USA ist man hier schon wieder ein ganzes Stück weiter.

Am eindrücklichsten wirken im Fernsehen natürlich echte Menschen auf die Zuschauer, die einen schweren Verlust zu beklagen oder gerade schlimme Dinge gesehen oder erlebt haben und mit tränenerstickter Stimme darüber berichten. Wer möchte diesen Menschen unterstellen, dass sie lügen?

Zumindest in den US-Medien ist dieses aber nachweisbar, denn sie bedienen sich des Öfteren sogenannter „Crisis-Actors", auf Deutsch „Krisenschauspielern". Da diese natürlich absolut vertrauenswürdig und verschwiegen sein müssen, gibt es derer nicht so viele, deshalb setzt man sie mehrfach ein. Damit kommen wir zurück zu dem Fall James Foley. Von Yahoo Live! Wurde nämlich seine angebliche Schwester Katie Foley interviewt. Zweifelsfrei genau dieselbe Frau konnte man einige Zeit zuvor aber auch schon unter dem Namen Alex Israel bei CNN als ehemalige Klassenkameradin des Amokläufers des Shootings in der Sandy-Hook-Grundschule vom 14. Dezember 2012 Adam Lanza bewundern. Das wirft natürlich ein deutliches Licht auf den Wahrheitsgehalt der gesamten Foley-Story und natürlich auch auf die des angeblichen Sandy Hook-Amoklaufs. Zu Letzterem gibt es noch eine Vielzahl weiterer schwerwiegender Hinweise, dass dieser (glücklicherweise) ein reiner Medienevent war.

Diese Dame ist aber auch kein Einzelfall für mehrfach eingesetzte Schauspieler in den USA. Es gibt weitere Beispiele, am eindrucksvollsten ist eine unbekannte Dame, die das „Pech" hatte, gleich bei drei schlimmen Ereignissen betroffen gewesen zu sein. Sie war bei dem Anschlag in Boston, beim Amoklauf von Sandy Hook und auch bei dem Kino-Shooting von Aurora anwesend und war natürlich jedes Mal total verzweifelt.

Die gezeigte Frau sehen Sie im folgenden Bild links bei dem Anschlag in Boston, in der Mitte beim Amoklauf von Sandy Hook und rechts bei dem Kino-Shooting von Aurora. Zumindest in den USA deutet einiges darauf hin, dass ganze Amokläufe oder Anschläge nur in den Massenmedien passiert sind. Man macht sich dabei die Tatsache zunutze, dass sich viele Menschen nicht vorstellen können, eine Regierung und Medien zu haben, die derartig unverschämt lügen,

nur um eine bestimmte Agenda durchzusetzen. Dabei geht es häufig um die Verschärfung von Waffengesetzen. Interessant ist in diesem Zusammenhang, dass der Bostoner Police Commissioner in einem Interview am Tag des Anschlags wörtlich von „Actors“ (Schaupielern) sprach.[8]

Ich kann im Rahmen dieses Buches das Thema nicht weiter ausdehnen, aber letztendlich zeigt es sehr gut, dass wir grundsätzlich erst einmal gar nichts sicher wissen, wenn wir nur über die Medien einen Sachverhalt präsentiert bekommen. Es kann stimmen, es kann aber auch komplett künstlich produziert worden sein. In den USA scheint man hier keinerlei Skrupel zu haben, und ja – man kann so etwas auch mit den richtigen Maßnahmen geheim halten. Hier kommen erneut die Massenmedien ins Spiel. Sie können im Internet noch so viele Beweise liefern, solange es nicht prominent in den Massenmedien stattfindet, wird es der Großteil der Menschen nicht wahrnehmen. Ich kann Ihnen an dieser Stelle nur die geniale Komödie „Wag the Dog“ mit Dustin Hofmann empfehlen. Dort wird ein kompletter Krieg gefälscht. Es steckt aber viel Wahrheit darin, und auch die Eckpunkte einer derartigen Kampagne werden gut herausgearbeitet.

Wir können mit Bildern extrem manipuliert werden. Glauben Sie, dass an 9/11 Flugzeuge in die Türme des World Trade Centers geflogen sind?

„Selbstverständlich" werden die meisten Menschen sagen, sogar diejenigen, die ansonsten der offiziellen Story sehr kritisch gegenüberstehen. Zu den wichtigsten Gründen, warum gerade dieses Detail kaum angezweifelt wird, gehören natürlich die mehrfachen Filme, die den Einschlag besonders des zweiten Flugzeugs zeigen.

Es haben alle mit ihren eigenen Augen im Fernsehen gesehen. Also muss zumindest das wahr sein. Ich möchte jenes Detail von 9/11 an dieser Stelle gar nicht final diskutieren und sicher behaupten, dass es nicht so gewesen wäre. Zu dem Fall 9/11 komme ich später auch noch einmal ausführlich zurück. Grundsätzlich wäre es aber kein Problem, diese Filme zu fälschen. Ich will nun nicht auf eine Reihe von Hinweisen eingehend, die nahelegen, dass hier auch tatsächlich gefälscht wurde. Das kann man durchaus konträr diskutieren. Sie sollten aber in diesem Zusammenhang wissen, dass es auch offizielle Filme von dem Einschlag gibt, bei denen relativ klar ersichtlich ist, dass dort kein Flugzeug, sondern etwas in der Größe und Form eines Marschflugkörpers eingeschlagen ist. Wichtig ist hierbei, dass ein derartiger Beitrag lange auf der Seite des Urhebers, des US-Senders WNBC, anzusehen war und außerdem in vielfacher Version aus unterschiedlichen Quellen verfügbar ist, darunter auch solchen, die eigentlich keinen Zweifel an dem Flugzeug implizieren. WNBC hatte einen Hubschrauber mit der Bezeichnung „Chopper 4" in der Luft, und man sieht ein Fluggerät heran fliegen und einschlagen, das aber viel zu klein ist und bei der Vergrößerung keine großen Tragflächen aufweist.[9] Natürlich könnte auch dieser Film von WNBC gefälscht worden sein, aber warum? WNBC steht wie alle Massenmedien auf der Seite der offiziellen Geschichte. Es verhärtet sich hier eher der Verdacht, dass man es als nicht nötig ansah, dort auch ein Flugzeug hinein zu montieren. Zu wenige Menschen machen sich die Mühe einer Vergrößerung.

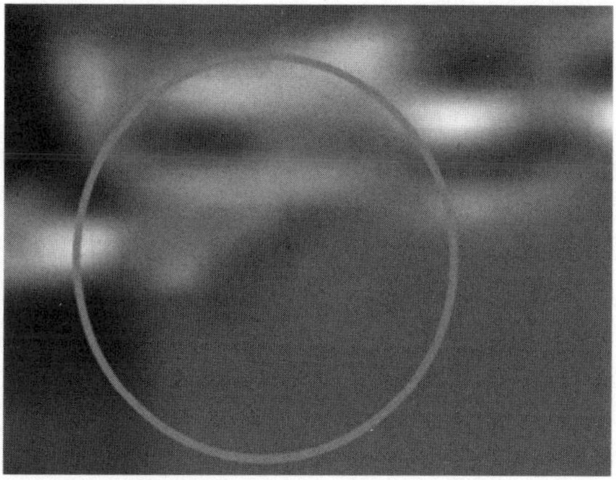

Das ist die Vergrößerung der Szene, bei der der Flugkörper der Kamera am nächsten ist, bevor er hinter dem Turm verschwindet. Sehen Sie dort irgendwelche Tragflächen?

Nun gibt es natürlich zusätzlich zu den Filmen auch eine Vielzahl von Zeugenberichten, die das Fluggerät und angeblich auch den Einschlag gesehen haben. Das macht die offiziellen Filme natürlich sehr glaubhaft, beweist aber auch nicht abschließend deren Richtigkeit. Zunächst einmal können Zeugen natürlich vom Geheimdienst sein. Die sagen genau das aus, was sie aussagen sollen. Es waren allerdings auch zu viele zufällige Zeugen unterwegs. Jeder Jurist kennt aber das Problem von Zeugenaussagen. Menschen, die exakt dasselbe gesehen haben müssten, sagen sehr unterschiedliche Dinge aus.

Nun ist in die Türme des World Trade Centers ziemlich sicher etwas eingeschlagen, die allermeisten Menschen würden aber in der Kürze der Zeit und aus einer naturgegebenen großen Entfernung nicht unterscheiden können, ob es tatsächlich ein großes Flugzeug war oder vielleicht nur ein kleiner Marschflugkörper, der wie ein Flugzeug ausgesehen hat. Dieser Verdacht wird durch zwei Fotos verstärkt, die natürlich ebenfalls eine Fälschung sein könnten – es wäre dann aber eine sehr gut gemachte Fälschung. Warum bemalt die US-Airforce Marschflugkörper wie ein Verkehrsflugzeug und auch noch genau von derjenigen Airline, deren Flugzeuge in das World Trade Center einschlugen?

Ich habe diese Bilder eingehend untersucht und konnte keine Spuren einer Fälschung feststellen. Ein derartiges Bild kann auch wohl kaum ein Mitglied der US-Airforce unter seinem Namen veröffentlichen.

Ich möchte es an dieser Stelle damit bewenden lassen und Ihnen nur zeigen, dass auf Bilder und Filme auch und besonders in den Massenmedien keinesfalls Verlass sein kann. Sie können bestenfalls weitere Hinweise auf einen Sachverhalt geben, aber nur dann, wenn es viele andere belastbarere Nachweise und Beweise gibt. Bei 9/11 braucht man eigentlich nicht über Bilder zu diskutieren, wie Sie später noch sehen werden.

Im Fernsehen wird mit Bildern und Filmen extrem gezielt manipuliert, das ist nachweisbar. Manchmal nimmt man auch einfach nur alte Filme aus einer ganz anderen Gegend und behauptet dann, es wäre jetzt und an einem anderen, gerade passenden Ort geschehen. Besonders schön ist es in deutschen Nachrichtensendungen, wenn dann beispielsweise angebliche Filme aus Syrien gezeigt und mit dem Kommentar begleitet wurden, dass die Herkunft des Filmes nicht verifiziert werden konnte. Natürlich zeigt man ihn trotzdem, wenn er gut zu dem gewünschten Spin passt. Damit meint man aus dem Schneider zu sein und wenn sich ein derartiger Film später dann als ein uralter Streifen aus dem Irak herausstellt, gibt man sich natürlich völlig unschuldig. Man hat doch darauf hingewiesen, dass dieser Film nicht authentisch sein könnte. Es wird dabei allerdings erneut die Tatsache ausgenutzt, dass die meisten Menschen den Inhalt des Films verknüpft mit Syrien im Kopf behalten, den kleinen Nebensatz aber nicht. Die Aufklärung erfolgt in solchen Fällen natürlich im Internet und auch das eventuelle Eingeständnis des Senders. Ein Großteil der Zuschauer des ursprünglichen Beitrags wird dieses nie erfahren – Mission erfüllt!

Ende August 2015 begann im Fernsehen in Deutschland eine unglaubliche Medienkampagne zu dem Flüchtlingsthema. Dort wie auch in den Printmedien bekam man überwiegend Kinder und Frauen oder auch Familien gezeigt. Insgesamt kommen aber über 70 Prozent Männer in die EU – das sind die offiziellen Zahlen von Eurostat für 2014, und diese wurden mit Sicherheit nicht dramatisiert, eher im Gegenteil.[10] Mit Bildern von kräftigen jungen Männern kann man aber nicht so gut einen Mitleids-Spin durchsetzen, also zeigt man diese nur sehr selten. Mit Kindern kann man hingegen jeden, der auch nur ansatzweise Kritik an der Asylpolitik übt, unmittelbar in ein schlechtes Licht rücken. Hier wird also die Macht der Bilder ebenfalls ganz extrem ausgenutzt, um eine bestimmte politische Linie durchzusetzen.

Der bisherige Tiefpunkt in dieser Hinsicht geschah am 3. September 2015, als das Bild eines toten Kindes am Strand von Bodrum in der Türkei, das aus einem Flüchtlingsboot stammen und angeschwemmt worden sein soll, großflächig in den europäischen Massenmedien verbreitet wurde. Dieses Kind wurde gnadenlos instrumentalisiert. Es gibt eine Reihe von Fragen zu der Authentizität dieses Bildes, aber ich möchte an dieser Stelle gar nicht behaupten, dass es eventuell gestellt wurde. Es gibt Hinweise darauf, dass es Wochen älter sein könnte, als angegeben, aber Beweise dafür kamen mir bisher auch nicht unter. Letztendlich ist das aber auch zweitrangig. Die Tatsache, dass Kinder bei der Flucht sterben, ist nicht zu bestreiten, und jedes dieser Kinder ist definitiv ein Kind zu viel – Kinder sterben aber auch regelmäßig bei Drohnenangriffen unserer US-amerikanischen Freunde. Wo ist da der Aufschrei der Massenmedien, und wo sind die Bilder auf den Titelseiten dazu? Daß gerade in Syrien Familien zu einer derartig abenteuerlichen Flucht gezwungen werden, liegt an einem Konflikt, den nachweislich der Westen und besonders die USA erzeugt haben, und die meisten hiesigen Massenmedien lieferten eifrig Unterstützung. Es wäre also an der Zeit, einmal die eigene Rolle bezüglich der Förderung dieser Kriege durch die eigene Kriegspropaganda gegen Syrien oder Libyen infrage zu stellen. Dieses Bild wird aber gnadenlos dazu genutzt, die Forderung nach unbegrenzter Einreise implizit zu unterstreichen, und spielt natürlich extrem mit den Gefühlen der Leser, ist am Ende aber absolut pietätlos und überschreitet klar eine Grenze. T-Online schreibt auch gleich auf seiner Webseite, warum dieses Bild gezeigt wird – natürlich, um die „rechten Hetzer zu entlarven"!

„Liebe Leserinnen und Leser,
wir haben uns dazu entschieden, Ihnen dieses schockierende Foto zu zeigen. Nicht, weil wir damit Klicks machen wollen. Sondern weil es wie kein anderes Bild zeigt, dass direkt vor unserer Haustüre Menschen sterben: Männer, Frauen und Kinder. Und weil wir als Redaktion, wie Sie auch, wütend darüber sind, dass so etwas im reichen Europa des Jahres 2015 passieren kann. Die Wucht dieses Bildes soll aufrütteln – und die rechten Hetzer als menschenverachtend entlarven.
Ihre t-online.de-Redaktion"[11]

Ich bin T-Online sehr dankbar für diese Aussage, denn damit leisten sie unmittelbar den Offenbarungseid. Wenn es wirklich darum ginge, diese schlimmen Vorgänge zu stoppen, könnten unsere Massenmedien zunächst einmal die Unterstützer und Finanzierer der Schlepperbanden entlarven, die diese Katastrophen verursachen. Es ist mittlerweile relativ klar, wer dafür verantwortlich ist, aber hier hören wir absolut nichts in unseren Massenmedien. Wenn genügend Menschen in den westlichen Ländern die Hintergründe kennen würden, wäre damit nämlich schnell Schluss. Wir kommen zu diesem Thema noch ausführlich, aber diese Art, mit derartigen Bildern eine sehr fragwürdige politische Linie zu unterstützen, ist menschenverachtend und unterstes journalistisches Niveau.

Ich möchte an dieser Stelle aber auch nicht verschweigen, dass sich manche Medien löblicherweise entschlossen hatten, dieses Bild nicht zu bringen, was zeigt, dass noch nicht allen jedes Mittel recht ist. Die entsprechende Kampagne wurde, ob mit oder ohne Bild, aber in fast allen Massenmedien gefahren. Die Gründe, warum dies angeblich getan wird, fielen auch durchaus unterschiedlich aus. Von der völlig indiskutablen Begründung von T-Online bis hin zum Druck, den man auf die Politik ausüben möchte, um diese Katastrophe zu beenden, war alles vorhanden. Tatsache ist, dass dieses Bild – und dadurch auch das Geschehen an sich – zeitlich extrem passend in den Medien aufgetaucht ist. Wir haben in den Wochen und Tagen zuvor eine eindrucksvolle regelmäßige Steigerung der Berichterstattung zu der Flüchtlingskatastrophe sehen können bis hin zu ganzen Tagen, die Sender wie RTL dem Thema widmeten. Es versteht sich von selbst, dass natürlich immer derselbe Spin verbreitet wurde, der klar darauf abzielte, jeden Kritiker der Asylpolitik in eine rechte oder zumindest extrem menschenverachtende Ecke zu stellen. Es geschah dann aber etwas subtiler, als zuvor. Folgende Entwicklung nahm diese Kampagne seit August 2015:

1. Schon seit längerem wurde immer wieder über die Rettung von Bootsflüchtlingen aus Afrika berichtet. Zudem wurde jeder Brand in einem Flüchtlingsheim hochgespielt.
2. Danach begann die Phase, in der gegen die angeblichen rechten Hetzer mit voller medialer Härte vorgegangen wurde. Politik, Medien und auch Prominente wurden hierzu eingesetzt.
3. Daraufhin begannen Ungarn und auch Österreich, die Flüchtlinge nach Deutschland ohne Kontrollen durchzulassen, das Dublin-Abkommen der EU wurde Makulatur. Interessanterweise wurde das aber von den Medien berichtet.
4. Die Kampagne erreichte nun ihren Höhepunkt, über Tage wurde man aus sämtlichen Massenmedien mit dem Thema bombardiert.
5. Als letzte Steigerung kam dann, zeitlich exakt passend, dieses Bild.

Sie müssen schon zugeben, dass hier vieles gut aufeinander abgestimmt geschieht, aber natürlich passiert das alles genau so „rein zufällig" ... Wenn man aber genau hinsieht, würde man einen Spin zur Ausgrenzung jedes Menschen, der keinen unbegrenzten Zuzug möchte, genau so aufbauen. Wir haben zuvor bei der PR-Kampagne zum Irakkrieg bereits erfahren, dass tote Kinder am besten dazu geeignet sind, gewünschte Ziele bei den Massen durchzusetzen. Deshalb zeigt dieses Bild auch ein kleines totes Kind. Es musste auch aus Syrien sein, denn dort gibt es keine Zweifel an den Gründen, warum die Familien eine derartig risikoreiche Flucht auf sich nehmen. Bei den afrikanischen Flüchtlingen, bei denen leider auch Kinder ertrinken, bleibt die Frage im Hintergrund, warum die Eltern dieses Risiko nur für ein materiell besseres Leben eingehen? Diese Frage stellt sich nicht bei Flüchtlingen aus einem Land, in dem der IS wütet. Was dieser alles für Schrecken anrichtet, bekommen wir ebenfalls seit Monaten in allen Details von unseren Massenmedien präsentiert. So baut eines auf das andere auf, was wir in den Massenmedien nach und nach präsentiert bekommen. Ganz nach dem Altmeister Bernays gewann man dadurch Prominente, aber auch ganz normale Menschen, als Unterstützer dieser Kampagne, ohne dass diesen das bewusst gewesen wäre.

Bei dem besagten Beispiel zeigte aber ein Interview mit der in Kanada lebenden Tante des toten Kindes, dass diese Familie gar nicht vor dem IS aus Syrien geflohen ist. Sie lebte seit 2012 sicher in der Türkei und riskierte die gefährliche Überfahrt aus rein materiellen Gründen. Dieses Interview wurde auf Skynews gesendet,[12] also sogar in einem offiziellen Massenmedium. Ansonsten hörte man nichts über diesen Sachverhalt, der den Tod des kleinen Aylan nicht weniger schlimm macht, aber natürlich die Verantwortung dafür in ein ganz anderes Licht rückt. Dem gewünschten Spin würde diese Information natürlich einen schweren Schlag versetzen, weshalb sie kaum verbreitet wurde. Die FAZ beispielsweise erwähnt zwar in einem langen Artikel am 3. September 2015 im Zusammenhang mit dem Vater des Jungen und der Vergangenheit die Verwandtschaft in Kanada, erweckt aber weiterhin den Eindruck, die Familie wäre aus Syrien vor dem IS geflohen.[13] Nur beiläufig wird erwähnt, dass *„die türkische Regierung keine Ausreisevisa ausgestellt hätte."* Die eigentliche Sachlage wurde aber erneut nicht aufgeklärt, der Hintergrund, der sich aus den Aussagen der Tante ergab, vollständig verschwiegen. Dieser Artikel ist eine manipulative Meisterleistung. Letztendlich wird nicht frech gelogen, sondern der Leser durch geschickte Formulierungen und Weglassen von wichtigen Zusatzinformationen dahingehend gesteuert, dass er annehmen muss, die Familie wäre unmittelbar aus Syrien mit der Hilfe von Schleppern vor dem Krieg geflüchtet.

Es wird nun wieder Menschen geben, die mich dafür verurteilen, dass ich bei diesem Unglück die Medien und diesen besonderen Vorfall so seziere. Nicht ich instrumentalisiere aber dieses Kind und dessen arme Familie, die Massenmedien tun es. Wenn diese es bei anderem Unrecht, wie den Tausenden getöteten Kindern im Irak, in Afghanistan, in Pakistan, in Libyen oder den durch Uranmunition verkrüppelt geborenen Kinder, die alle nicht einmal durch ein Unglück, sondern durch gezielte Aktionen der „westlichen Wertegemeinschaft“ zu Schaden gekommen sind, genauso machen würden, wäre ich der Erste, der ihnen dafür ein Denkmal setzen würde. So eine Kampagne wie die zu Aylan in den westlichen Massenmedien über die Folgen des Einsatzes von Uranmunition – und morgen wäre diese geächtet und verboten! Hier ist aber Schweigen im Walde, und das zeigt ganz klar, dass es eben nicht um die Kinder geht, diese werden nur gnadenlos instrumentalisiert.

Die Frage, was man damit genau erreichen möchte, wird die Zukunft zeigen. Ich gehe gleich noch einmal darauf ein. Die Schlagkraft dieses Bildes ist aber außergewöhnlich und zeigte auch in meinem Umfeld eine beeindruckende Wirkung. Es geht ebenfalls durch die alternativen Medien und erzeugt dort einen extremen Druck auf jeden, der nur einmal ein paar berechtigte kritische Fragen stellt. Natürlich wird genau wie auch in den Massenmedien keine Differenzierung vorgenommen, ob es um syrische Familien geht oder um junge Männer aus Afrika oder vom Balkan. Wenn dieses Bild nicht gekommen wäre, man hätte es erfinden müssen, denn es erzielte die aus bestimmten Kreisen gewünschte, optimale Wirkung.

Der Spruch „Ein Bild sagt mehr als tausend Worte“ bewahrheitet sich leider in den Massenmedien nur allzu gut, und diese nutzen dieses Prinzip auch ausgiebig für ihre Spins, oft ohne Grenzen des Anstands zu ziehen.

Der Absturz von German Wings 4U9525

Am 24. März 2015 geschah ein Unglück, das Deutschland erschütterte. Der Flug German Wings 4U9525 stürzte auf seinem Weg von Barcelona nach Düsseldorf in den französischen Alpen ab. Bei dem gesamten Vorgang gab es eine große Anzahl von Ungereimtheiten, die darauf schließen lassen, dass der Öffentlichkeit nicht die Wahrheit über den Hergang und die Ursache erzählt wurde. In diesem Buch möchte ich natürlich auf die Rolle der Presse und den Massenmedien eingehen, denn dieser Fall ist zum einen ein sehr gutes Beispiel für die sehr enge Steuerung der Massenmedien, ausgerichtet auf einen bestimmten Spin. Zum anderen stellt dieses Unglück aber auch eine Art Wendepunkt in der deutschen Medienlandschaft dar, denn es hat vielen Menschen die Augen geöffnet.

Sehr interessant war gleich die Berichterstattung am Tag des Unglücks, denn hier gab es eine erstaunliche Entwicklung. Zunächst wurde in vielen großen Massenmedien wie N-TV oder CNN berichtet, dass aus dem Cockpit der Maschine kurz vor dem Absturz noch ein Mayday-Notsignal abgesetzt wurde. Dann kam über verschiedene Sender die Meldung, dass das Wrack des Flugzeugs noch mit den Flügeln verbunden wäre. Diese Meldungen waren aber nur in der ersten Stunde nach Bekanntwerden des Absturzes zu sehen und zu hören. Danach verschwanden sie und wurden durch eine neue Aussage ersetzt. Den Notruf gab es nicht mehr, und das Flugzeug soll in Tausende kleine Einzelteile zersprungen sein, die über eine große Fläche verstreut wurden. Ich komme später noch einmal auf diese Veränderungen in der Berichterstattung zurück.

Zu dem Zeitpunkt abends am 24. März 2015, an dem praktisch alle Fernsehprogramme darüber berichteten, konnte man sicher noch keine genauer bestimmte Ursache des Unglücks favorisieren. Gehen Sie bitte einmal von dem an diesem Tag bestehenden Wissensstand aus: Man konnte zu diesem Zeitpunkt auch nicht viel eindeutig ausschließen, zu wenig Daten lagen bis dahin vor. Allerdings wurde genau dieses quer durch die Massenmedien getan.

Es war kein Terror!

Manche Experten schlossen dies aus, andere nannten es unwahrscheinlich, nur ganz selten wurde es zumindest als Möglichkeit eingeräumt, ohne aber auch nur ansatzweise darauf einzugehen. Dagegen erfuhren wir viel über den möglichen Ausfall von Sensoren und die Kritikpunkte an der Fly-by-wire-Steuerung.

Hier passte etwas definitiv nicht zusammen. Ein Faktum drängte sich eigentlich nach den bereits vorliegenden Daten förmlich auf: die Piloten waren entweder ausgeschaltet oder hatten überhaupt keine Möglichkeit mehr, irgendwie einzugreifen. Ein funktionierender Autopilot fliegt aber gegen keinen Berg, so die Aussage eines A320-Piloten in den alternativen Medien. Selbst wenn alle Höhenmesser versagen – es war bestes Wetter, und ein Blick aus dem Fenster hätte den Piloten gesagt, dass sie im Hochgebirge zu niedrig fliegen.

Hinzu kommt, dass sie nicht mehr kommunizierten; so zumindest zu diesem Zeitpunkt die offizielle Aussage. Sie wurden von der Flugsicherung mit Sicherheit auch angefunkt, als sie die Normhöhe verließen, denn es gefährdet den gesamten Flugverkehr. Wenn wir eine Stresssituation von Sekunden annehmen würden, wäre es verständlich und logisch, dass die Piloten keine Zeit gehabt hätten zu kommunizieren, da dann die Rettung der Maschine oberste Priorität hat. Es handelt sich aber um einen Zeitraum von acht Minuten, und da hätte einer der beiden Piloten auf jeden Fall Zeit finden müssen, mit der Flugsicherung zu sprechen. Wenn beispielsweise beide Triebwerke ausgefallen wären, hätten sie das aus eigenem Interesse gemeldet, damit die Flugsicherung den Flugraum freiräumen und andere Flugzeuge warnen kann.

Aus irgendeinem Grund konnten die Piloten nicht kommunizieren, und als Ursachen kommen vor allem drei Möglichkeiten in Frage:

1. Ohnmacht, eventuell durch plötzlichen Druckabfall
2. „Irgendjemand“ hinderte die Piloten an der Kommunikation
3. Der/die Pilot(en) wollten nicht kommunizieren

Grund Nummer zwei würde auf Entführung oder Terror hinweisen und war an diesem Tag bereits die wahrscheinlichste Erklärung, wurde aber von den Massenmedien praktisch ausgeschlossen. Allein das Wort „Entführung“ wurde in den Massenmedien nie auch nur in den Mund genommen. Eine weitere Möglichkeit wäre natürlich der komplette Ausfall sämtlicher Bordelektronik inkl. Funkelektronik. Allerdings schien der Transponder ja bis zum Absturz zu funktionieren, was definitiv dagegen sprach. Außerdem flog das Flugzeug bis zum Ende stabil, eine Reihe von Systemen muss also funktioniert haben.

Bei dem offiziellen Informationsstand am Abend des Absturztags war demnach ein Terrorakt oder eine unglücklich geendete Entführung nicht nur nicht auszuschließen, sonder sogar die wahrscheinlichste Variante. Trotzdem tönte es einheitlich von allen „Experten“ in allen Kanälen, dass es ja keinesfalls Terror gewesen sein könnte. Letztendlich haben sich alle diese „Experten“ damit selbst diskreditiert; natürlich muss man davon ausgehen, dass sie derartige Aussagen wider besseres Wissen getätigt hatten. Sie müssen zwangsläufig einen „Maulkorb“ erhalten haben. Diese Aussagen widersprachen so deutlich jeglicher normalen Logik, dass man sie als Beweise dafür anführen kann, einen ganz engen, verordneten Spin in den Massenmedien erlebt zu haben. Alternativ dazu hätten alle diese „Experten“ Idioten sein müssen, und das kann ich mir nicht vorstellen. Sie wurden ja auch bereits einen Tag später Lügen gestraft und waren dann alle „völlig überrascht“, genau wie die Vertreter der Massenmedien selbst.

Wir haben hier ein sehr anschauliches Beispiel für die gezielte Steuerung der Massenmedien gesehen und auch, dass diese über alle Sender und Presseorgane einheitlich funktioniert. Es wird ja häufig bezweifelt, dass dies überhaupt möglich sei. Wie gesagt, wenn jemand diese Steuerung der Medien bezweifelt, sagt er automatisch, dass jene Aussagen durch reine Dummheit zustande gekommen wären. Das kann ich nun wirklich nicht glauben. Soviel Kompetenz traue ich den Mitarbeitern und Fachleuten in den Massenmedien schon zu. Der normale TV-Konsument hört aber von angeblichen Experten, dass diese Gründe unwahrscheinlich oder sogar ausgeschlossen sind, und wenn er nicht selbst logische Überlegungen anstellt, wird er diese Aussage übernehmen und glauben.

Es wurde dann immer, insbesondere im Hinblick auf die merkwürdigen acht Minuten, darauf hingewiesen, dass sich jegliche Spekulationen ja verbieten würden – nur, um dann über mögliche technische Problematiken umso stärker zu spekulieren. Dass der Schutz der Opfer nur am Rande interessierte, zeigte die extreme Medienpräsenz an der Schule in Haltern, wo ständig versucht wurde, Aussagen von Schülern usw. zu erhalten. Von dort kamen ja sechzehn Schüler und zwei Lehrerinnen, die sich in dem Flugzeug befanden. Es wurde also gezielt versucht, eine nähere Beschäftigung mit diesen ominösen acht Minuten, die eine Schlüsselphase des ganzen Unglücks darstellen, als unmoralisch abzustempeln. Dies wurde gebetsmühlenhaft von Politikern und Kommentatoren wiederholt; wir könnten im besten Fall zunächst annehmen, dass man diesen Spin tatsächlich aus Pietätsgründen generiert hat. Die Politik hat sich in diesem Fall auch besonders auffällig verhalten. Der NTV-Kommentator sagte, dass er in dreißig Jahren noch nie erlebt hätte, dass aufgrund eines Flugzeugabsturzes drei Regierungschefs (Hollande, Merkel, Rajoy) gemeinsam vor Ort waren und dort eine Pressekonferenz abgehalten haben.

Wir erleben diese Art von ganz enger Steuerung sehr häufig, aber in diesem Fall wurde es bereits kurze Zeit später offensichtlich, denn dann wurde der Spin in die Gegenrichtung gedreht mit dem Copiloten als Täter. Normalerweise bleibt ein derartiger Spin offiziell bestehen, und es wird noch Jahre danach behauptet, es sei die Wahrheit.

Die Wende kam interessanterweise aus den USA in Form eines Vorabberichtes der Auswertung des Voicerecorders durch die *New York Times*. Diese neue Aussage wurde kurze Zeit später durch den ermittelnden französischen Staatsanwalt in einer Pressekonferenz bestätigt. Nun war es auf einmal der „verrückte und (aus Sicht der Medien glücklicherweise) auch tote Einzeltäter“, was aber auch ganz gut mit den offiziell bekannten Daten zusammenpasste.

Dann gab es Augenzeugenberichte am Boden über drei Mirage-Kampfflugzeuge, die beim Absturz zugegen waren. Grundsätzlich ist das völlig normal, denn sobald ein Flugzeug nicht mehr kommuniziert und zudem die vorgegebene Route verlässt, steigen Jäger auf, um die Situation vor Ort zu klären. Das ist ein Standardverfahren. Hier kamen sie unter Umständen zu spät, aber die hochinteressante Frage ist, warum diese Abfangjäger in den Massenmedien nicht ansatzweise ein Thema waren? Die Piloten der Kampfflugzeuge dürften auch zumindest irgendetwas gesehen haben, was uns offensichtlich vorenthalten wird.

Vereinzelte Meldungen über zumindest ein Mirage-Kampfflugzeug gab es ja, wie beispielsweise in dem britischen *Independent*. Das lag auch daran, dass die französische Transportministerin Ségolène Royal zugegeben hatte, dass zumindest ein Kampfflugzeug aufgestiegen, allerdings zu spät vor Ort gewesen wäre.[14]

Es bleibt die Frage, warum nur eine Mirage zugegeben wird, obwohl die nun deutlich glaubwürdigeren Zeugen drei gesehen haben, was dort vor Ort wohl auch sehr ungewöhnlich ist. Ein Irrtum scheint kaum möglich zu sein. Es gab mehrere diesbezügliche Aussagen, darunter die des Bürgermeisters von dem Dorf in unmittelbarer Nähe. Aber selbst das eine Kampfflugzeug fand in sämtlichen anderen Massenmedien außer dem *Independent* kaum Erwähnung, obwohl doch in anderen Bereichen jedes kleinste Detail ans Licht gezerrt wurde.

Besonders interessant ist in diesem Zusammenhang, dass zunächst die Zeugenaussage des Gemeindepolitikers Meolans Revelin in der Meldung der Nachrichtenagentur AFP aufgeführt, später aber diese Meldung nachweislich verändert und die Aussage wieder getilgt wurde. Zum Leidwesen der Medienschaffenden vergisst das Internet aber nichts. Warum verändert man denn im Nachhinein eine Nachrichtenmeldung? In den etablierten Massenmedien war diese Meldung verarbeitet und somit abgehakt. Hier gäbe es kaum einen Grund, sie nachträglich noch zu korrigieren. Allerdings gab es eine Reihe von unangenehmen Fragen in den alternativen Medien nach diesen Zeugenaussagen. Hieraus kann man schon eher einen Grund ableiten, warum diese nachträglich verändert wurden. Die Zeugenaussagen widersprechen auch anderen nachträglich lancierten Erklärungen, dass die Jagdflugzeuge den Hubschrauberpiloten geholfen hätten. Die

Mirage-Jäger wurden zeitgleich mit der German-Wings-Maschine beobachtet, als noch keine Hubschrauber vor Ort waren, die nach Wrackteilen suchten. Diese offensichtlich gezielte Ausblendung der Jagdflugzeuge in den Massenmedien zeugt ebenfalls von einem sehr eng gehaltenen Spin in dieser Sache.

Die nächste Merkwürdigkeit betrifft die Wrackteile. Laut der offiziellen Aussage ist das Flugzeug ja in „Tausende kleiner Teile zersprungen", die in einem großen Gebiet weit verstreut herumlägen. Nehmen wir einmal für einen Augenblick an, das würde tatsächlich so stimmen, dann gäbe es trotzdem Gebiete mit vielen Teilen und andere Gebiete, wo nur wenige dieser Teile liegen. In den Massenmedien bekamen wir aber fast ausschließlich einen ganz bestimmten Hang gezeigt, auf dem eine sehr geringe Anzahl dieser Teile zu erkennen war. Normalerweise würde man als Fotoreporter eine Stelle suchen, an der möglichst viel von dem Flugzeug zu erkennen ist. Die Massenmedien haben hier üblicherweise auch keinerlei Skrupel, das beste und aussagekräftigste Bild zu erhaschen. Im Fall der German Wings bekamen wir aber stets nur diesen einen Hang zu sehen, wobei man sich schon anstrengen musste, überhaupt Wrackteile eines Flugzeuges zu identifizieren. Die Massenmedien wären normalerweise bemüht, aussagekräftigere Bilder zu bekommen, die auch existieren dürften.

Warum bekommen wir diese nicht zu sehen?

Der wahrscheinlichste Grund dafür ist, dass auf diesen Bildern etwas zu erkennen wäre, das die offizielle Erklärung der Ursache ad absurdum führt. Vielleicht nicht für einen Laien, aber zum Leidwesen der Massenmedien tummeln sich auch in den alternativen Medien mittlerweile eine Reihe von Fachleuten, die hier entsprechende Schlüsse ziehen könnten.

Wir erinnern uns an die ersten Meldungen, die eher auf ein in großen Teilen erhaltenes Flugzeug hingewiesen hatten. Nach physikalischen Erwägungen ist das durchaus die wahrscheinlichere Variante, wenn das Flugzeug nicht unmittelbar gegen eine senkrechte Felswand geflogen ist, was aber auch die offiziellen Aufnahmen nicht nahelegen. Ich möchte an dieser Stelle nicht tiefer gehend über die eigentliche Absturzursache spekulieren, aber eventuell hätte ein Fachmann anhand der Bilder des Wracks auf eine Bombe oder einen Abschuss geschlossen. Bei Letzterem würde dann auch verständlich, warum man diese Kampfflugzeuge so gerne aus den Köpfen der Menschen heraushalten möchte.

Dafür wurde dann eine Person als Schuldiger präsentiert, der sich nicht mehr dagegen wehren konnte. Der Copilot Andreas L. hatte angeblich die Situation genutzt, als der Pilot auf die Toilette ging, das Cockpit von innen verriegelt und dann in aller Ruhe das Flugzeug bis zum Crash absinken lassen. Diese Version entstand primär aufgrund der angeblichen Aufzeichnungen des Voicerecoders, die von der *New York Times* vorab veröffentlicht und danach von dem französischen Chefermittler bestätigt wurden. Hinzu kommen noch die freigegebenen angeblichen Radardaten. Grundsätzlich ist das sehr dürftig, um ein abschließendes Ergebnis zu erhalten, das auch veritabel ist. Ähnliche Untersuchungen haben sich in der Vergangenheit über Monate oder sogar Jahre hingezogen. Die Voicerecorder-Mitschnitte wurden auch im Internet veröffentlicht, allerdings gibt es dort schwerwiegende Hinweise, dass diese manipuliert wurden. Auch bei den Radardaten gibt es Hinweise, dass die Maschine am Ende ihren Sinkflug stoppte und eine Linkskurve flog. Beides mag erklärbar sein, aber es genügt, um die offizielle Version noch mehr infrage zu stellen.

Was wissen wir denn bis heute (Stand von Juli 2015) wirklich?

1. Uns wurden Radardaten präsentiert, welche den Flugverlauf zeigen sollen.
2. Uns wurden Bilder von einem Berghang präsentiert, auf dem einige wenige kleine Teile verteilt sind, die vermutlich von dem Unglücksflugzeug stammen.
3. Uns hat ein französischer Staatsanwalt erzählt, was auf dem Voicerecorder aufgenommen worden sein soll.

Französische Staatsanwälte sind Staatsbeamte und somit weisungsgebunden. Ich möchte dem französischen Chefermittler nicht unterstellen, dass er die Unwahrheit sagt, aber wenn es gewichtige politische Gründe gäbe, Dinge zu verschweigen, könnte es auf diese Weise durchgeführt werden, ohne irgendwelche Umwege zu bemühen. Das ist in Deutschland ganz ähnlich.

Dazu kam dann noch die sehr ungewöhnliche Geschichte mit dem Flugdatenschreiber. Dieses Gerät zeichnet alle relevanten Daten in einem Flugzeug auf und ist für gewöhnlich die wichtigste Quelle bei derartigen Untersuchungen. Nachdem der Flugdatenschreiber zunächst gefunden war und nur die Datenchips fehlten, wie uns sogar der französische Präsident Hollande berichtet hatte, hieß es dann auf einmal wieder, er wäre noch nicht aufgetaucht. Als daraufhin einige Zweifel an dieser Story aufkamen, wurde er dann doch „gefunden“, allerdings total verbrannt, was erstaunlich ist, denn der Voicerecorder wies hingegen keine Brandspuren auf, obwohl beide Geräte nah beieinander im Heck des Flugzeuges eingebaut sind. Wenig erstaunlich hörten wir dann nach einer extrem kurzen Zeit der Auswertung die Meldung, dass die Daten dieses Flugdatenrecorders natürlich die Variante „Der Copilot war's!“ bestätigen würden.

Letztendlich kennen wir bis heute nur sehr wenige Fakten, was aber niemanden zu stören scheint außer der Pilotenvereinigung Cockpit, denn natürlich wirft die offizielle Variante ein ganz schlechtes Licht auf diesen Berufsstand und erst recht auf German Wings und Lufthansa. Umso erstaunlicher ist es, dass beide Unternehmen das so mit sich machen lassen. Bei dem, was die Massenmedien danach alles über den Copiloten „enthüllten“, müssten sowohl die medizinischen Untersuchungen komplett versagt als auch die Kollegen völlig vertrottelt sein. Angeblich sollte dieser ein psychisches Wrack, das zeitweise nicht mehr richtig sehen konnte, gewesen sein, und es war niemandem aufgefallen. Ich traue sowohl Medizinern zu, dass sie derartige Unregelmäßigkeiten erkennen, auch wenn sie keine explizit psychologischen Untersuchungen durchführen, als auch den Crew-Kollegen, dass sie ein solches Risiko bemerken.

Damit kommen wir aber zu der unsäglichen Berichterstattung der Massenmedien über den Copiloten. Während vorher Details nicht interessiert hatten, wurde nun jede noch so kleine Nebensächlichkeit an die Öffentlichkeit gebracht. Darunter waren Meldungen, die schon nach dem gesunden Menschenverstand falsch sein mussten. Warum sucht ein Pilot im Internet angeblich nach Informationen zu Cockpittüren, wenn die exakte Funktion der Tür eines A320 Gegenstand seiner Ausbildung gewesen ist? Warum informiert er sich über Methoden zum Selbstmord, wenn er ausgerechnet diese Variante kaum finden dürfte. Umso schlimmer ist hierbei, dass nicht nur die Massenmedien, sondern auch die Untersuchungsbehörden diese Dinge berichteten. Es mag ja tatsächlich auf dem Computer/iPad des Copiloten in der Historie des Browsers so vorgefunden worden sein, aber bei einer derartig brüchigen Logik sollte zumindest ein schwerwiegender Anfangsverdacht gegeben sein, dass hier gezielt Beweise platziert wurden, um eine bestimmte Variante zu stützen. Es deutet bei dem gesamten Fall viel auf eine Geheimdienstbeteiligung hin, und für diese Kräfte wäre es überhaupt kein Problem, solche Daten entsprechend zu manipulieren, eventuell sogar online, ohne das Haus betreten zu müssen. Sämtliche Ermittlungen schienen aber nur noch in genau eine Richtung zu gehen: die Schuld des Copiloten.

Dann wurde das angebliche medizinische Profil des vermeintlichen Täters in allen Details ausgebreitet. Dabei nahm man es bei den Massenmedien nicht immer so ganz genau, denn es wurde berichtet, dass Andreas L. in dem Universitätsklinikum Düsseldorf wegen Depressionen behandelt worden wäre. Daraufhin sah sich dieses Klinikum genötigt, eine Richtigstellung herauszugeben: *„Meldungen, wonach Andreas L. wegen Depressionen in unserem Haus in Behandlung gewesen sei, sind jedoch unzutreffend."*

Diese Aussage wurde in den Massenmedien aber nicht oder bestenfalls als kleine Randnotiz veröffentlicht. Ich erspare Ihnen an dieser Stelle die vielen anderen persönlichen Dinge, die ans Licht gezerrt wurden, ich kann nur die Angehörigen von Andreas L. zutiefst bedauern, die zunächst den schrecklichen Verlust und dann auch die Medienmeute mit ihrem Vorgehen ertragen mussten.

Wir hatten also nach dem „Leak" der *New York Times* einen neuen Spin, der auf den angeblich psychisch instabilen Einzeltäter ausgerichtet wurde. Praktischerweise ist er nicht mehr am Leben und kann sich somit auch nicht verteidigen. Die Ausrichtung der Massenmedien und die unglaubliche Ausweidung jedes kleinen Details, solange es nur um den angeblichen Täter ging, dürfte aber nicht nur der Sensationsgier zuzuschreiben sein. Durch die überproportionale Beschäftigung mit dem Copiloten wird im Kopf vieler Zuschauer und Leser zementiert, dass es dieser war, auch wenn sie die Details der Berichterstattung nicht gutheißen. Die Möglichkeit, dass es ganz anders gewesen sein könnte, wird nicht mehr in Betracht gezogen. Dabei ist die Faktenlage eigentlich extrem dünn, wie zuvor beschrieben. Deshalb ist davon auszugehen, dass die Massenmedien hier auch „im Auftrag" agiert haben. Die Aufmerksamkeit wird gezielt auf die gewünschte Variante gelenkt, ob man dabei interessiert mitgeht oder es negativ findet, ist dabei zweitrangig.

Auffällig ist hierbei das Verhalten der Kollegen und der betroffenen Fluggesellschaften. Das gesamte Vorgehen schadet ihrem Ansehen kolossal, und trotzdem begehrt man nicht dagegen auf. Das ist ein Hinweis darauf, dass es im Hintergrund hier um deutlich mehr gehen muss.

Neben dem Wühlen in privatesten Details des Copiloten haben die Massenmedien aber bei diesem Fall noch an anderer Stelle klar die Grenzen überschritten. In dem Flugzeug saß eine Spanischklasse aus dem Ort Haltern, sechzehn Schüler und zwei Lehrerinnen starben bei dem Absturz. Dies führte dazu, dass ein riesiges internationales Medienaufgebot diesen Ort danach heimsuchte. Jeder trauernde Schüler wurde gefilmt, es wurde Geld für Aussagen geboten, oder dafür, heimlich die Trauerfeier in der Schule mit dem Smartphone zu filmen.

In dem Facebook-Auftritt der Stadt wurde hier auch in deutlichen Worten Kritik geübt:

„An die Medienvertreter:

Ja, Haltern ist betroffen und ja, die Seestadt trauert. An einen Alltag ist wirklich nicht zu denken, wie Ihr den ganzen Tag lang stets aufs Neue berichtet (obwohl es ja eigentlich nichts Neues gibt).

Die verstörte Stimmung hat zum Teil aber auch damit zu tun, dass IHR KAMERALEUTE, REPORTER & CO. die Freunde, Angehörigen und Mitbürger in ihrer TRAUER STÖRT!

Wer zum Gedenken eine Kerze abstellen oder einen Moment an der Treppe zum Gymnasium innehalten möchte, fühlt sich wie im Zoo oder auf einem Laufsteg: Vor einer Front aus teilweise über 50 Kameras wird jeder Emotionsausbruch von den geifernden Kameraleuten schnell eingefangen und geht kurz darauf um die Welt und wird von distanzierten Stimmen kommentiert.

Als ob man nicht sehen würde, dass es den Menschen hier schlecht geht!

Selbstverständlich besteht ein großes Interesse der Öffentlichkeit aufgrund der Dimension dieses Unglücks.

Die internationale Anteilnahme berührt uns natürlich sehr. Es tut gut, so viele Trost spendende Stimmen aus der ganzen Welt zu lesen und zu hören.

In Momenten aber, in denen Eure Kollegen KINDERN GELD dafür anbieten, Informationen preiszugeben oder VORGEGEBENE SÄTZE in die Kameras zu sprechen ODER sich eine Fotografenmeute auf einen Mann stürzt, der vor Kummer in der Fußgängerzone zusammenbricht, WIRD HALTERN AM SEE ZUSAMMENHALTEN UND EUCH IN EURE SCHRANKEN VERWEISEN!

An dieser Stelle gilt ein besonderer Dank den freundlichen, pietätvollen und zurückhaltenden Medien. Ihr wisst, wer Ihr seid!"

Wie in diesem Aufruf zu lesen ist, kann man nicht alle Medienvertreter über einen Kamm scheren. Man erkennt aber auch deutlich den Bruch in deren Argumentation, wenn hier jegliche Zurückhaltung aufgegeben wird, wo eigentlich die Angehörigen am meisten geschützt werden müssten. Zuvor wollte man aber genau wegen dieser angeblichen Rücksichtnahme auf Angehörige keinesfalls über bestimmte Ursachen für den Absturz spekulieren. Man sieht daran deutlich, wie verlogen diese letztere Aussage tatsächlich war. Wenn keine Einschränkung aus dem Hintergrund vorgegeben wird, lassen viele Medienvertreter – sicher nicht alle, aber viele – dann auch jegliche Schranken hinter sich, nur um möglichst gutes Material zu erhaschen. Sehr aufschlussreich ist hier der Blog eines der Schüler aus der betroffenen Schule (Mika Baumeister), der die teilweise unglaublichen Vorgänge in Haltern beschrieben und aus der Sicht eines direkt Betroffenen kritisiert hat. Die Reaktionen, die er auf seine bedenkenswerten

Worte erhalten hatte, zeigten deutlich, dass die Berichterstattung über dieses Unglück bei Weitem kein Einzelfall gewesen war.

Allerdings hat man es zumindest bei manchen Herausgebern wohl diesmal endgültig zu weit getrieben, denn bestimmte Zeitungen wurden nach einer derartigen Berichterstattung aus einigen Geschäften verbannt. Dieser tragische Fall dürfte ein weiterer Sargnagel an der Reputation unserer Massenmedien werden.

Der Deutsche Presserat hatte über 430 Beschwerden bezüglich der Berichterstattung zu dem Unglück von German Wings 4U9525 erhalten – ein absoluter Rekordwert.

PEGIDA – der Hort des Bösen?

Seit 2014 macht von Dresden aus eine Bewegung von sich reden, die seitdem in Deutschland und auch mittlerweile in anderen Ländern immer mehr Anhänger findet. Sie hat dort andere Namen, ich möchte an dieser Stelle PEGIDA stellvertretend für alle diese Bewegungen benennen. Diese Bewegung brachte auch das Wort „Lügenpresse" wieder in das Bewusstsein der Öffentlichkeit, was letztendlich zu dem Titel dieses Buches geführt hat. Viele Teilnehmer der Demonstrationen mussten feststellen, dass ihre Aussagen grob von den Massenmedien entstellt waren, wenn etwas von ihnen Geäußertes gebracht wurde. Das führte dazu, dass viele sich gegenüber Reportern gar nicht mehr äußerten und deshalb dann auch den Begriff „Lügenpresse" aufbrachten. Ich möchte mich in diesem Buch weder hinter diese Bewegung noch dagegen stellen. Es ist allerdings auffällig, dass bei diesem Thema die Massenmedien praktisch fast ausnahmslos genau eine Meinung verbreiten, bis hin zu ansonsten durchaus kritischen Kabarettisten. Das ist zunächst einmal verdächtig, deshalb müssen wir uns an dieser Stelle damit auseinandersetzen.

Wenn wir nach dem Mainstream der Massenmedien gehen, dann werden diese Demonstrationen ausschließlich von äußerst rechts eingestellten, extrem ausländerfeindlichen Menschen durchgeführt, die alle Einwanderer aus Deutschland vertreiben wollen, allein weil sie keine Deutschen sind. Dieses Thema ist mehr oder weniger das einzige Anliegen dieser Menschen, die natürlich durchweg Rassisten und geistig nicht ganz auf der Höhe sind.

Es gilt als extrem anstößig, sich überhaupt einmal differenziert mit diesem Phänomen zu beschäftigen, man sympathisiert dadurch laut unseren Medien automatisch mit Neo-Nazis und Ausländerhassern. Leider scheint dies auch bei vielen sonst kritischen Köpfen zu verfangen, weshalb sie sich lieber nicht näher und differenziert damit beschäftigen, um ja nicht auch in diese Ecke gestellt zu werden. Lieber stimmt man in den Chor des Mainstreams mit ein.

Ich möchte an dieser Stelle zunächst eine Klarstellung machen: Mir widerstrebt es zutiefst, Menschen wegen ethnischer Herkunft, Hautfarbe oder Religion in irgendeiner Weise herabzusetzen oder zu beurteilen. Ich kenne Menschen unterschiedlichster Herkunft und Hautfarbe und mache diesbezüglich keinerlei Unterschied zu Landsleuten. Genauso mache ich diesen Unterschied aber auch nicht bei der Verurteilung von Aussagen und Handlungen, die gegen allgemeines Recht und Moral verstoßen.

Ich nenne diejenigen (Gut-)Menschen, die meinen, Intoleranz, Beleidigungen, Diebstahl, Körperverletzung oder sogar Mord müsste „toleriert" werden, wenn der Täter kein Einheimischer ist, „positive Rassisten". Diese Menschen sehen Menschen anderer Ethnien, Hautfarben oder Religionen als höherwertiger an als die Einheimischen. Das ist aber genauso Rassismus, wie der allseits zu Recht verabscheute negative Rassismus. Vom Rassismus kommen wir nur weg, wenn wirklich sämtliche Rechte und Pflichten für alle Menschen gelten, die auf einem Raum zusammenleben, ansonsten findet nämlich eine Diskriminierung der Einheimischen statt, was genauso verwerflich ist, wie die Diskriminierung der Einwanderer. Die Zeiten, in denen diese Einwanderer eine schützenswerte, sehr kleine Minderheit waren, sind auch länger schon vorbei.

Es gibt massive Probleme durch die starke Einwanderung, nicht nur in Deutschland, sondern in großen Teilen Europas. Diese sollen in diesem Buch nicht das primäre Thema sein, aber jeder, besonders in den Massenmedien, der behauptet, diese Probleme würden nicht existieren, macht sich komplett unglaubwürdig. Kriminalstatistiken, die Belegung der Gefängnisse und das tägliche Erleben der Menschen sprechen eine ganz andere Sprache. Sprechen Sie mal mit Polizisten, mit Mitarbeitern der Agentur für Arbeit oder der Sozialämter, mit Leitern von Flüchtlingsheimen, die noch frei reden dürfen, und Sie kommen der Wahrheit deutlich näher. Selbstverständlich gibt es auch eine Vielzahl gut integrierter Einwanderer, die tatsächlich eine Bereicherung für unser Land darstellen. Im Übrigen sehen auch viele genau dieser Einwanderer die anderen Gruppen sehr kritisch, die sich an keine Regeln halten wollen und nur Ansprüche stellen. Es ist also keine Frage der Herkunft, sondern eine Frage des Verhaltens.

Man muss aber auch ganz neutral feststellen, dass Arbeitsplätze auch in unserem Land nur sehr begrenzt vorhanden sind und der Platz langsam eng wird. Allein das schafft Probleme und hilft auch den gutwilligen Einwanderern nicht weiter, die gerne arbeiten und ein neues friedliches Leben aufbauen möchten. Viele sind nun einmal leider nicht die hoch gelobten Fachkräfte. Selbst das klassische Einwanderungsland Kanada hat jüngst seine Einwanderungsbedingungen verschärft, ein Sprachtest war dort schon lange obligatorisch. Ist Kanada deshalb rassistisch?

Momentan gibt es diesbezüglich zwei Gruppen von Menschen: diejenigen, die noch nicht selbst von der Problematik betroffen sind, und die andere Gruppe, die sich damit unmittelbar auseinandersetzen muss. In der ersteren Gruppe sind viele, die glauben, wir könnten und müssten noch viel mehr Menschen bei uns aufnehmen, egal ob es echte Flüchtlinge oder nur Wirtschaftsmigranten sind. Diese Meinung wird in der zweiten Gruppe nicht mehr so stark vertreten. Zu dieser gehören Menschen, in deren Nachbarschaft Flüchtlingsheime oder temporäre Aufnahmestationen eingerichtet wurden, aber auch Polizisten, Mitarbeiter von Ämtern, medizinisches Personal, Ladenbesitzer, usw. Besonders Polizisten stehen in der ersten Reihe und müssen die Folgen der fehlgeleiteten Politik unmittelbar ausbaden. Nicht nur, dass sie mit der Arbeit kaum noch hinterher kommen, in immer mehr Fällen sind Polizisten auch körperlich gefährdet und müssen sich häufig beleidigen lassen. Nach außen ist zumeist ein strenges Kommunikationsverbot erlassen worden. Ein Brandbrief der Polizistin Tania Kambouri bekam viel Zustimmung im Kollegenkreis, und das war schon im Frühjahr 2014.

„Meine Kollegen und ich werden täglich mit straffälligen Migranten, darunter größtenteils Muslimen (Türken, Araber, Libanesen usw.) konfrontiert, welche nicht den geringsten Respekt vor der Polizei haben. Dabei fängt die Respektlosigkeit bereits im Kindesalter an. Man wird täglich auf der Straße beleidigt, wenn man zum Beispiel Präsenz zeigt."

„Die Geschehnisse, die Kollegen oder Medien berichten (zum Beispiel: Streifenwagenbesatzung fährt langsam und wird durch Migranten in Berlin verprügelt), sind unfassbar. Es kann nicht sein, dass wir als Polizeibeamte kaum mehr Rechte haben und fürchten müssen, bei jeder rechtmäßigen(!) Maßnahme, bei der wir uns

gegenüber straffälligen Migranten durchsetzen müssen – sei es auch mit körperlicher Gewalt – sanktioniert zu werden."[15]

Mittlerweile dürfte sich die Situation bei der Polizei weiter verschärft haben. Über diesen Brief wurde auch in Artikeln mancher Printmedien berichtet. Allerdings hat sich seitdem natürlich nichts verändert. Dazu müssten die Medien ihrer Aufgabe nachkommen und entsprechenden anhaltenden Druck auf die Politik ausüben. Das passiert aber in keiner Weise.

Da in immer mehr Städten und Orten zwangsläufig Auffangstellen eingerichtet werden müssen, nimmt die Zahl der Menschen in Gruppe zwei nun ständig zu. Ich beziehe mich aktuell auf die Situation in Deutschland, in Österreich scheint es fast identisch zu sein, aber auch in der Schweiz und vielen anderen europäischen Ländern laufen die Dinge alle in dieselbe Richtung.

Nun wird jeder aktuell unmittelbar in die rechte Ecke gestellt, der es wagt, die Probleme auch nur anzusprechen. Ich gehe aber davon aus, dass sich dies bald verändern wird. Die Massenmedien spielen hier eine ganz entscheidende Rolle, ich komme darauf noch zurück. Grundsätzlich sind beide Ansichten, „Pro-Flüchtlinge" und „Kontra-Flüchtlinge" von den steuernden Eliten erlaubt und erwünscht, auch wenn die zweite Fraktion momentan noch massiv untergebuttert wird.

Es ist erneut ein sehr perfides „Teile und Herrsche"-Vorgehen, das die niederen Instinkte vieler Menschen unmittelbar ausnutzt. Dabei geht es nicht nur um Deutsche gegen Einwanderer und umgekehrt, sondern auch um Einwanderer gegen Einwanderer, wie wir in letzter Zeit immer häufiger in Form von Massenschlägereien in Lagern beobachten können.

Die jeweiligen Fronten sollen aufgebaut und die jeweilige Gegenseite als „Feind" definiert werden. Es ist sehr einfach, die Wut über die Probleme allgemein auf die Zuwanderer zu fokussieren und umgekehrt natürlich auch, die Einheimischen als „die Fremdenfeindlichen" zu sehen, die nur nichts von ihrem großen Reichtum abgeben möchten.

Es findet sich auf beiden Seiten für alle Argumente immer eine Reihe von durchaus existierenden Beispielen. Wir bekommen in den Massenmedien häufig die syrische Familie gezeigt, die vor Tod und Vernichtung geflohen ist und nun hier ein neues Leben aufbauen möchte. Diese Menschen sind weder gewalttätig, noch machen sie den unmittelbaren Nachbarn große Probleme. Diese Familien gibt es, und auch nicht alle von ihnen sind radikale Moslems, die hier die Scharia einführen möchten.

Auf der anderen Seite existiert aber auch eine große Zahl von reinen Wirtschaftsflüchtlingen, zumeist männlich und zwischen 18 und 35 Jahren alt, die sich hier ein schönes Leben machen wollen und ansonsten die Verachtung für die Einheimischen in jeder Art und Weise ausleben.

Ich möchte auf diese Dinge nicht im Einzelnen eingehen. Dafür gibt es von beiden Seiten genügend Material. Ich kann von einer alten Dame in meinem erweiterten Verwandtenkreis berichten, die immer wieder Flüchtlingen hilft, sei es aus Syrien oder auch aus Marokko. Sie ist durchaus resolut, lässt immer wieder einmal auch einzelne junge Männer übergangsweise bei sich wohnen und kann bisher über keine negativen Erfahrungen berichten. Sie muss schon einmal dem einen oder anderen beibringen, wie man putzt, aber dann tun sie das auch. Dem gegenüber stehen natürlich die sehr realen Erlebnisse von Menschen, die ausgesprochen negative Erfahrungen mit Flüchtlingen, hier gerne meist in Gruppen, machen. Die vermehrten Straftaten sind natürlich auch eine (meist verschwiegene) Tatsache.

Was ich damit ausdrücken möchte, ist: Man kann niemals alle Menschen über einen Kamm scheren. Allerdings bringen die Umstände, die Anzahl der Flüchtlinge und ihre Zusammensetzung automatisch Probleme, die auch voraussehbar sind. Wenn Schwarzafrikaner und Menschen vom Balkan zusammengepfercht werden, gibt es Probleme. Wenn Menschen aus einer Kultur kommen, die völlig anders funktioniert als hier, dann gibt es Probleme. Wenn es mit Platz und Versorgung eng wird, dann gibt es Probleme. Zudem gibt es bereits in diesen Lagern ein bisher unter dem Tisch gehaltenes Seuchenproblem, was auch eine zwangsläufige Folge ist. Tuberkulose, Krätze usw. sind wieder auf dem Vormarsch. Es gibt auch nicht mehr genügend Arbeitsplätze für diese Menschen, selbst wenn viele von ihnen durchaus sehr bereit sind, zu arbeiten und redlich ihr Geld zu verdienen.

In bestimmten Branchen fehlen durchaus noch Fachkräfte oder überhaupt Menschen, die eine entsprechende Ausbildung machen wollen. Bäcker oder

Baufirmen können ein Lied davon singen. Leider ist aber auch ein Großteil der Zuwanderer nicht dafür geeignet. Hier gibt es durchaus Bedarf, der, wenn die Politik einigermaßen sinnvoll agieren würde, auch mit den richtigen Zuwanderern gedeckt werden könnte. Eine sinnvolle Greencard-Regelung könnte hier Abhilfe schaffen.

Das bedeutet aber auch, dass der Migrant zuvor ein paar Bedingungen erfüllen muss, bevor er diese bekommt. Klassische Einwanderungsländer wie Kanada oder Australien praktizieren das schon lange, gelten diese deshalb als ausländerfeindlich? Bei uns sind die Politik und die Behörden aber völlig überfordert, wenn dann mal jemand abgeschoben wird, ist es nicht selten ausgerechnet einer, der bereits arbeitete und gut integriert war.

Deutschland kann auf eine geregelte Einwanderung letztendlich nicht verzichten, die Betonung liegt aber auf „geregelte". Aktuell ist wenig bis nichts geregelt – die eigentlich klaren Gesetze, wer wirklich ein verfolgter Flüchtling und wer nur ein Wirtschaftsmigrant ist, sind vorhanden, es fehlt aber der Wille, diese auch anzuwenden. Die fehlenden Ressourcen in den Ämtern lasse ich hier nicht als Ausrede gelten, da könnte man bei entsprechendem Willen Abhilfe schaffen. Man könnte mehr Beamte dafür abstellen, vielleicht 2.000 neue Stellen schaffen und vor allem das Verfahren so vereinfachen, dass ein Antrag innerhalb kurzer Zeit bearbeitet und abgeschlossen werden kann.

Die Probleme erscheinen nicht mehr wirklich lösbar und werden nun bald zunächst dort eskalieren, wo beispielsweise Zeltstädte errichtet wurden. Sobald es kälter wird, können die Zeltstädte nicht mehr funktionieren, es dürfen kaum genügend Heizungsanlagen zur Verfügung stehen. Die dort einquartierten Flüchtlinge, die größtenteils zudem auch noch aus warmen Ländern kommen, werden dann schnell sehr unruhig werden.

Als Beispiel für die aktuelle Situation hier eine Zeugenaussage von hartgeld.com aus Dresden (Stand August 2015):

„Die Schlägerei im Lager wurde von Kosovoalbanern angezettelt, welche sich im Lager selbst wahllos bei Syrern, Afghanen usw. bedienten, sprich hemmungslos ihre mittraumatisierten „Flüchtlinge" beklauten. Die Afghanen haben einen Clanführer mit dabei, der rief seine Leute zusammen und die Albaner wurden angegriffen. In das Gemenge kamen paar Syrer rein, und dann hab ich den Überblick verloren,

denn auch syrische Clans mischten dann ordentlich mit. Wegen offener Tuberkulose und Krätzefällen wurden an die Polizei (und später auch an uns) Atemschutzmasken verteilt und von unserem Einsatzleiter der Hinweis, möglichst jeden Körperkontakt zu vermeiden. Das Lager ist inzwischen abgeriegelt, da genau diese gerade angekommenen Asylbewerber in der Umgebung Drogen vertickten und es massive Beschwerden der Anwohner wegen Diebstahl und Übergriffen gab. Die eigentlich links geprägte Friedrichstadt Dresdens brodelt … es wird sogar über die Aufstellung einer Bürgerwehr nachgedacht! Noch vor 3 Monaten undenkbar in diesem Viertel. Auf ihre Webseite wurde ich bereits vor Jahren aufmerksam gemacht. Muss da um Verzeihung bitten, denn ich habe das sehr lange in die Kategorie Verschwörungstheorien abgetan.“

In einem Artikel der österreichischen Kronenzeitung werden die Situation in Traiskirchen und die Folgen für die Anwohner geschildert.

„Ausnahmezustand ist hier zum Alltag geworden. Das Flüchtlingslager ist heillos überfüllt. Das überfordert die Menschen drinnen, aber auch die draußen.“ [16]

Wenn es genügend normalen Wohnraum für diese Menschen gäbe, hätte man ihn bereits genutzt. Das führt nun dazu, dass sogar ein Politiker wie der grüne Ministerpräsident von Baden-Württemberg Winfried Kretschmann diese Probleme zur Kenntnis nimmt und natürlich aufgrund der Wahlen im nächsten Jahr nervös wird. Für einen Politiker erstaunlich ist die Rede des bayrischen Ministerpräsidenten Horst Seehofer im Landtag vom Juli 2015, die deutlich zeigt, dass nun das Fass am Überlaufen ist. Wie man hört, schlägt Seehofer in internen Kreisen noch ganz andere Töne an.[17] Wir können daran erkennen, dass diesen Herren durchaus klar ist, wohin das alles führen wird.

Gehen wir nun einmal davon aus, dass die Versorgung dieser Flüchtlinge aufgrund größerer Krisenereignisse, die definitiv sehr bald anstehen, finanziell nicht mehr gewährleistet werden kann. Da man auch diesen Menschen kaum vorschlagen kann, einfach zu verhungern, werden sie sich aufmachen und mit Gewalt holen, was sie benötigen. Auch diese Entwicklung ist vollständig vorhersehbar.

Es ist immer eine Frage der Menge. Bis zu einer bestimmten Anzahl sind Zuwanderer verwaltbar und tatsächlich auch eine Bereicherung. Man kommt dann sogar kriminellen Elementen darunter bei. Es gibt in jedem Land aber eine Grenze, was es verkraften kann, und die dürfte schon lange überschritten worden sein. Die Frage, die sich nun stellt, ist, ob die verantwortlichen Politiker das nicht sehen wollen oder vielleicht dürfen?

Nun, bereits vor vielen Jahren wurde in den USA relativ offen ausgesprochen, dass man auf diese Weise Europa klein halten und mit Problemen beschäftigen werde. Die wirklichen Flüchtlinge kommen aus Syrien, Afghanistan und dem Irak – alles Staaten, bei denen die USA ursächlich dafür verantwortlich sind, dass diese zu „Failed States" geworden sind. IS(IS) ist eine Schöpfung der USA, wofür ja mittlerweile sogar Beweise in Form von Pentagon-Papieren aufgetaucht sind. Die EU ermöglichte den ungehinderten Zuzug aus Osteuropa, von wo ausschließlich Wirtschaftsmigranten kommen. Zudem kommen viele Menschen vom Balkan; die dortige Situation ist immer noch eine Folge der Jugoslawienkriege, die auch ursächlich vom Westen angeheizt wurden. Verfolgt wird dort zwar keiner mehr, aber wirtschaftlich kommen diese Staaten nicht richtig auf einen grünen Zweig.

Dann haben wir natürlich noch die große Anzahl von Wirtschaftsmigranten aus Afrika. Hier wurde die primäre Auffangstelle Libyen auch vorsätzlich in einen Failed State verwandelt; Oberst Gaddafi prophezeite genau diese aktuelle Entwicklung, als ihm klar war, dass der Westen ihn entfernen wollte. Dazu kommen gezielte „Werbemaßnahmen" der Schlepper, für die jeder „Flüchtling" ein großes Geschäft bedeutet. Es würde mich überhaupt nicht wundern, wenn irgendwann einmal herauskommen wird, dass viele dieser Schlepper einen Geheimdienstbezug haben.

Ein Insider aus dem österreichischen Geheimdienst hat zumindest schon einmal ausgepackt, dass die USA häufig diese Schlepper bezahlen:

„Es gibt Erkenntnisse darüber, dass Organisationen aus den USA ein Co-Finanzierungsmodell geschaffen haben und erhebliche Anteile der Schlepperkosten tragen. Nicht jeder Flüchtling aus Nordafrika hat 11.000 Euro in cash. Fragt sich niemand, woher das Geld kommt?" Es herrsche eine strikte Nachrichtensperre über entspre-

chende Zusammenhänge. „Auch das HNAA (Anm.: Heeres-Nachrichtenamt) hat keine Informationen bekommen oder darf sie nicht weitergeben. Es muss aber an die Öffentlichkeit. Es sind dieselben Brandstifter am Werk, die vor einem Jahr die Ukraine ins Chaos gestürzt haben.“ [18]

Damit bestätigt dieser Informant, was auch Vladimir Putin ganz öffentlich sagte.[19] Ach ja, ich vergaß: „Putin ist ja ein böser Diktator und lügt grundsätzlich.“ So würden nun die Massenmedien auf dieses Argument antworten.

Im Juli 2015 erschien im Internet auf einmal eine merkwürdige Webseite www.fluchthelfer.in, die nicht weniger als die Anstiftung zu einer Straftat beinhaltet. Dort wird dazu aufgefordert, Flüchtlinge bei ihrer illegalen Migration nach Deutschland zu helfen. In einem sehr professionell gemachten Werbespot zeigt man ein älteres Ehepaar, das offensichtlich einen schwarzafrikanischen Migranten aus Südeuropa in ihrem Auto mitnimmt. Auf der Webseite wird ausführlich auf Details wie mögliche rechtliche Konsequenzen eingegangen.

„In den meisten Fällen dürften Fluchthelfer.innen, selbst wenn sie erwischt werden sollten, nach unserer Einschätzung straffrei bleiben, oder zumindest mit einer Geldstrafe davon kommen. Vor allem das erste Mal.“

Es gibt Tipps & Tricks, und es wird unverhohlen zum Gesetzesbruch, natürlich für eine „gute Sache“, aufgerufen.

„Haltet die Augen offen! Es gibt viele Orte, wo Fluchtwillige anzutreffen sind, beispielsweise in Norditalien. Viele halten sich vor allem an Bahnhöfen, an denen Züge Richtung Norden abfahren, auf. Es gibt aber auch andere Hotspots, zum Beispiel das französische Calais oder die ungarische Grenzregion zu Serbien.“

Die gesamte Gestaltung der Webseite und auch mehrere Videos zeigen, dass hier Profis am Werk waren und auch nicht unerhebliche Geldbeträge investiert wurden. Natürlich gibt es kein eigentlich in Deutschland vorgeschriebenes Impressum, sondern nur eine Mobiltelefonnummer und eine nichtssagende Email-Adresse.

Nun kann man über „who-is"-Dienste im Internet aber abfragen, wer diese Internetdomain registriert hat und betreibt. Wir stoßen hierbei auf einen C. Piqochet von dem „The Ayn Rand Institute", 2121 Alton Parkway, Suite 250 Irvine. Dieses ist – oh Wunder – in den USA beheimatet. Ein weiterer Hinweis darauf, dass aus den USA in Europa gezielt mit dem Flüchtlingsproblem agitiert wird. Wer oder was ist aber dieses Ayn Rand Institute?

Es handelt sich um einen sogenannten Think Thank, der sich dem „Objektivitismus" verschrieben hat. Die 1982 verstorbene Namensgeberin Ayn Rand und auch das Programm des Instituts zeugten bisher von einer eher fragwürdigen Weltsicht, besonders bezüglich islamischer Staaten und deren Einwohner. So wurde ein sehr hartes Vorgehen im Krieg gegen den Terror gefordert und Multikulturalismus mit „Rassismus" gleichgesetzt. Das ist eigentlich das genaue Gegenteil von dem, was man angeblich mit der Fluchthilfe beabsichtigt. Das Mitgefühl, mit dem diese Seite versucht, Menschen zu strafbaren Handlungen zu bewegen, ist dieser Organisation nun wirklich völlig fremd.[20]

Es ist schon auffällig, dass gegen die Schlepperbanden nichts oder nur wenig unternommen wird. Auch dem radikalsten Gutmenschen müsste doch einleuchten, dass man die Toten im Mittelmeer nicht dadurch verringern kann, dass man noch mehr Menschen einlädt, diesen Weg einzuschlagen. Zusätzlich kommen viele Flüchtlinge auch bei der Durchquerung der Sahara um, was kein großes Thema in den Massenmedien ist. Damit kann man aber nicht so eindrucksvolle Bilder und Filme fabrizieren wie mit den überfüllten Booten. Australien rettet auch die Bootsflüchtlinge aus dem Meer, schickt sie aber dann wieder zurück und nimmt sie nicht auf. Zusammen mit einer entsprechenden Aufklärung, einem Asylverfahren, das bereits in den Herkunftsländern oder in deren Nachbarstaaten durchgeführt wird, und der konsequenten und schnellen Abschiebung von nicht anerkannten Migranten könnte man die Todesfalle der Bootsflucht schnell beseitigen. Nur so kann man die Menschen davon abhalten, sich auf die gefährliche Reise durch die Sahara und über das Mittelmeer zu begeben. Von dort kommen fast ausschließlich Wirtschaftsmigranten. Wenn es sich herumspricht, dass neben der Todesgefahr die Wahrscheinlichkeit der unmittelbaren Rückführung sehr hoch ist, hätten die Schlepper nur noch wenige Argumente. Das ist aber gar nicht gewollt – im Gegenteil, das Schlepperunwesen wird offenbar gezielt gefördert. Es scheint wieder einmal über bestimmte NGOs oder auch direkt über die CIA abgewickelt werden.

Die CIA hat in einer Studie vor ein paar Jahren „prophezeit", dass es spätestens bis 2020 Bürgerkrieg in Deutschland geben würde.[21] Sie scheinen aktuell alles dafür zu tun, dass ihre Prophezeiung auch pünktlich Realität wird. Ein Schelm, wer das für keinen Zufall hält.

In den Massenmedien beobachten wir seit Monaten einen klaren Spin, dass auch die aktuelle Form der Einwanderung gut und wünschenswert wäre. Jeder, der eine andere Ansicht hat, wird unmittelbar in die rechte Ecke gestellt und pauschal als fremdenfeindlich diskreditiert. Um die Anzahl rechtsextremer Gewalttaten, die es zweifellos gibt und die zu verurteilen sind, zu erhöhen, werden nun aber auch friedliche Demonstrationen als „Übergriffe" gewertet.

Die Krönung ist die im Juli 2015 in manchen Massenmedien ernsthaft aufgestellte Behauptung, die Hälfte aller Zuwanderer hätten ein Studium absolviert. Die Zahlen des Statistischen Bundesamts sagen Folgendes, und das ist auch noch mit einem Fragezeichen zu versehen (Stichprobe von 1 Prozent): Von Menschen im Alter von 25 bis 35 Jahren haben knapp 44 Prozent der seit 2011 Zugezogenen einen Hochschulabschluss. Daraus wurde in manchen Medien „die Hälfte aller Migranten gemacht". Die Zahlen von destatis beziehen sich auf 2014.[22] Seitdem dürfte der Prozentsatz noch einmal deutlich gesunken sein.

Demgegenüber werden Straftaten der Migranten völlig totgeschwiegen oder bei schweren Gewaltverbrechen die Herkunft des oder der Täter gezielt verschwiegen. Wir sehen zumeist in Reportagen immer wieder die berühmte syrische Familie, die sich gut integriert hat und dankbar ist, ein neues Zuhause gefunden zu haben. Die Medien zeigen uns zumeist eine heile Welt, die nur von ein paar bösen Rechtsextremisten gestört wird.

Diejenigen Menschen, die unmittelbar mit den Problemen zu tun haben, wissen aber, dass die Massenmedien hier ein Märchen erzählen, das nur wenig der Realität entspricht. Daher wächst stetig die Wut, insbesondere auch bei der Polizei, was aber genau so gewollt ist.

Die USA sind natürlich nicht der eigentliche Drahtzieher, sondern die „Eliten" im Hintergrund, welche auch die Politiker derartig an der kurzen Leine halten, dass diese den vorgegebenen Weg gehen müssen, wohl wissend, dass sie bei einer weiteren Verschärfung der Lage die volle Wucht des Volkszorns treffen wird.

Diese Eliten möchten ihre Neue Weltordnung einführen. Sie wissen, dass die Menschen diese nur dann akzeptieren, wenn sie völlig verwirrt und verängstigt sind. Dazu muss zunächst ein größtmögliches Chaos geschaffen werden, und wir werden gerade Zeugen davon. Es wird hierbei gezielt die menschliche Schwäche ausgenutzt, Fremde als die Schuldigen zu identifizieren und zu bekämpfen.

Dabei sitzen die wirklich Schuldigen ganz woanders. Für die meisten Menschen sind die Hintergrundeliten aber nur eine „Verschwörungstheorie", denn wenn in den Massenmedien überhaupt einmal etwas zu diesem Thema kommt, dann genau diese Aussage.

Der Hass der Einheimischen in ganz Europa auf die Zuwanderer wird durch die o.g. Entwicklungen immer mehr gesteigert und umgekehrt natürlich genauso. Es bleibt nur noch die Frage, wann die Lage außer Kontrolle gerät und explodiert? Teile und Herrsche! Das Ziel ist Bürgerkrieg und Chaos, und mittlerweile zeigt sich sehr klar, dass wir nicht mehr weit davon entfernt sind.

Letztendlich sind beide Seiten Opfer und lassen sich aber auch gerne zu Tätern machen. Da viele Menschen nicht dazu bereit sind, hinter die Kulissen zu schauen, wird der Plan der Eliten in diesem Fall wohl leider erneut aufgehen.

Die Massenmedien und viele Politiker versuchen weiterhin, die Probleme zu verleugnen und dreschen auf jeden ein, der diese auch nur thematisiert. Interessant war in diesem Zusammenhang ein Kommentar der ARD-Kommentatorin Anja Reschke, die in den Tagesthemen Anfang August 2015 den berüchtigten „Aufstand der Anständigen" forderte.[23]

Sie beklagte sich dort furchtbar über Hetzparolen und schlimme Formulierungen in Internet-Foren oder Kommentaren zu Artikeln bezüglich der Flüchtlingsthematik. Ein versteckter Aufruf zur Zensur und Verfolgung derjenigen kommt dabei klar zum Vorschein. Während früher angeprangert wurde, dass die Kommentatoren sich hinter Pseudonymen verstecken, wird nun lamentiert, dass sie sich mittlerweile trauen können, mit ihren Klarnamen aufzutreten. Natürlich hat dieser Kommentar hohe Wellen geschlagen, im Internet gab es massive Kritik und genauso auch massive Zustimmung.

Zunächst einmal bin ich auch kein Freund von derartigen Hetzparolen und Beschimpfungen, in dieser Hinsicht gebe ich Reschke sogar recht. Allerdings kritisiere ich es mit Nachdruck, wenn jemand zur Verfolgung anderer Meinungen (auch wenn sie unsinnig sein mögen) und Zensur aufruft. Das hatten wir mehrfach in der deutschen Geschichte, aus Sicht der Befürworter war das auch immer gerechtfertig.

Die nächste Frage, die sich stellt, ist, wie viele dieser Hetzparolen durch bezahlte Trolle geäußert wurden? Diese gibt es selbstverständlich nicht nur in Russland, sondern auch im Westen. Jeder, der ein Internetforum oder einen Blog zu kritischen Themen führt und der eine bestimmte Verbreitung erreicht hat, kennt diese sehr genau. Spätestens seit Edward Snowden ist das auch keine „Verschwörungstheorie" mehr, denn Dokumente des britischen Geheimdienstes GCHQ zeigen eindeutig, dass es entsprechende Abteilungen wie die *Joint Threat Research Intelligence Group (JTRIG)* gibt. Agent Provocateurs gibt es nicht nur bei Demonstrationen, sondern durchaus auch im Internet. Die deutschen Geheimdienste dürften dem kaum nachstehen.

Der nächst Punkt ist, dass sich natürlich nicht nur die Gegner der Flüchtlingspolitik im Ton vergreifen, sondern die Gegenseite genauso. Kommentare der von Medien und Politik häufig gehätschelten Antifa sind keinen Deut weniger skandalös.

Am 12. Januar 2015 brachte man in einem Videoaufruf beispielsweise eine „Warnung an Pegida" – hier ein paar Auszüge als Beispiel (Schreibfehler im Original):

„Warnung an das Pegida-Drecksvolk!

ca 25.000 geistige degenerierte PEGIDA NAZISCHWEINE torkeln durch Dresden.

Wenn die PEGIDA Nazis aufmucken, so werden wir die PEGIDA Volkspest vernichten!

Wir werden die PEGIDA Nazis mit einem Seil an einer Porsche 911 Anhängerkupplung befestigen und mit 280 km/h über der A7 das Faschistenpack „schleifen", bis nur noch ein stinkender brauner deutscher Fleischklumpen übrig ist!"[24]

Ich erspare Ihnen den Rest; derartige Sprüche sind auch regelmäßig auf den in den Medien häufig hoch gelobten „Gegendemonstrationen" zu hören. Diese Ausdrücke erinnern mich sehr stark an bestimmte Zeiten aus der deutschen Geschichte. Sie benutzen die menschenfeindliche Ausdrucksweise genau derjenigen aus der Vergangenheit, die sie angeblich so stark bekämpfen wollen. Unsere Massenmedien und viele Politiker scheint das aber nicht im Geringsten zu stören. Im Gegenteil, häufig werden sie sogar noch dafür gelobt, so wie beispielsweise im *Tagesspiegel* am 21. Januar 2014:

„Danke, liebe Antifa!

„Ich bin trotzdem sehr froh, dass es sie gibt. Denn wäre die Antifa nicht da, gäbe es viel mehr Nazis in meinem Leben."[25]

Flüchtlingen wurden T-Shits gegeben, auf denen u.a. stand: „Love sport, hate Germany" – „Liebe Sport, hasse Deutschland".[26] Hier hat die Bild-Zeitung sich immerhin kritisch geäußert, die Flüchtlinge dürften dabei von linken Antifa-Gruppen benutzt worden sein. Großartige Konsequenzen und die Ermittlung der eigentlichen Täter sind mir aber nicht bekannt.

Auch wenn ein Till Schweiger als Entgegnung zu negativen Kommentaren zu seinen Auslassungen bzgl. Kritik an der Flüchtlingspolitik schreibt: „Ihr seid zum Kotzen", „empathieloses Pack" oder „Zeig' mal deine dumme Fresse", zeugt das nicht gerade von Höflichkeit. Weitere Aussagen auf seiner Facebook-Seite sind z.B.: „Irgendwelche Deppen, die lästern und nichts zu tun haben ...! Ich guck auf euch runter, voller Mitleid und Verachtung ...!!!!"[27]

Ja, es gibt inakzeptable Ausdrücke und Hetze aufseiten der Gegner der Flüchtlingspolitik, aber die andere Seite steht diesem in nichts nach. Erneut wird von den Medien gezielt nur eine Seite beschimpft, dasselbe Verhalten auf der vermeintlich „guten Seite" ist hingegen kein Problem. Es wird eindeutig mit zweierlei Maß gemessen. Die skandalöse Bezeichnung von Bürgern als „Pack" durch den SPD-Vorsitzenden Sigmar Gabriel kennzeichnet einen weiteren Verfall des Niveaus der öffentlichen Debatte.

Der wirklich entscheidende Punkt ist aber, dass Politik und Massenmedien ursächlich für eine derartige Zuspitzung verantwortlich sind. Bisher wurde jede noch so vorsichtig formulierte Kritik an der Zuwanderungspolitik und deren Folgen unmittelbar abgelehnt und der-/diejenige direkt oder zwischen den Zeilen als Rassist diffamiert. Wenn aber jemand, der sich zunächst bemüht, sachliche Kritik zu üben, genauso beschimpft wird, als wenn er pöbelt, führt das dann dazu, dass kein Blatt mehr vor den Mund genommen wird. Eine sachliche Diskussion mit Verständnis für die Argumente beider Seiten findet nicht mehr statt. Wenn als nächster Schritt Kritik an der offiziellen Flüchtlingspolitik tatsächlich sanktioniert oder sogar verfolgt wird, wird ein Teil der Kritiker aus Angst zumindest zeitweise sicher verstummen. Ein anderer Teil wird dann aber auch mit Taten seine Meinung zeigen. Wenn Politik und Medien diesen Weg tatsächlich weiter beschreiten, wird ein Teil sich radikalisieren und zu Aktionen übergehen, die kein normaler Mensch wollen kann. Leider gibt es Kreise, die genau dieses möchten, und das kann Tendenzen annehmen, die letztendlich in den Bürgerkrieg führen. Diese Entwicklung ist gewollt, und jeder in Politik und Medien, der ihr Vorschub leistet, ist mit verantwortlich für das, was passiert.

Kommen wir aber noch einmal auf PEGIDA zurück. Dieser Widerspruch zwischen den realen Problemen und der heilen Welt, die uns Politik und Massenmedien hier vorspielen wollen, bringt die Menschen auf die Straße. Darunter tummeln sich sicher auch Rassisten, die Ansichten haben, die klar zu verurteilen sind. Zu großem Teil sind die Demonstranten aber ganz normale Bürger, darunter übrigens auch Einwanderer, die ihrem Unmut Luft machen. Das geschieht in den allermeisten Fällen völlig friedlich und geordnet, ganz im Gegensatz zu den von Antifa-Chaoten durchsetzten Gegendemonstrationen.

Weiterhin sind die Einwanderer bei Weitem nicht das einzige Thema, das von den Demonstranten angeprangert wird. Eine wirklich freie und differenzierte Berichterstattung müßte alle diese Themen aufführen, in einen ernsthaften Dialog mit den Demonstranten treten und dann den genannten Problemen auf den Grund gehen. Wie die Demonstranten aber sehr schnell feststellen mussten, wurden ihre Aussagen gegenüber den Medien entstellt, verfälscht und lächerlich gemacht, weshalb sie diesen dann verständlicherweise gar nichts mehr sagen wollten. Das führte letztendlich auch zu der Bezeichnung „Lügenpresse".

Ist dieses Vorgehen vielleicht aufgrund des Themas bei Medien und Politik einzigartig und eventuell nachvollziehbar, wenn auch nicht zu entschuldigen?

Nein, denn dieses Vorgehen der Massenmedien hat Methode, wie wir noch sehen werden. Ein Beispiel dafür sind die Mahnwachen/Montagsdemos in verschiedenen Städten Deutschlands, die bereits vor PEGIDA Politik und Massenmedien öffentlich und lautstark kritisierten. Dort war eine Vielzahl von unterschiedlichsten Themen in der Diskussion, die allerdings zum größten Teil dem Mainstream und den Sichtweisen von Politik und Massenmedien entgegenstanden. Das Einwanderungsproblem wurde eher weniger behandelt. Auch dort wurde versucht, diese Menschen an den äußeren rechten Rand zu stellen, wahlweise wurden die Teilnehmer als verrückt oder zumindest ausgeflippt verunglimpft. Zum größten Teil versuchte man, diese Bewegung totzuschweigen. Zum Leidwesen der Massenmedien beteiligten sich aber immer wieder auch Prominente und redeten auf diesen Veranstaltungen Klartext. Ein sehr bekanntes Beispiel war der Sänger Xavier Naidoo, der mehrfach auf diesen Mahnwachen auftrat und seine Meinung zu kontroversen Themen kundtat. Ich rechne ihm dies hoch an, denn es war vorhersehbar, was passieren würde. Auch Xavier Naidoo wurde daraufhin in den Massenmedien massiv verunglimpft. Selbst wenn man prominent ist, wird man, sobald man gegen den Mainstream argumentiert, gezielt ausgegrenzt. Es könnten zu viele Menschen auf diese Aussagen hören.

Er wurde auch deshalb in die rechte Ecke geschoben, weil angeblich ein lokaler NPD-Politiker im Publikum war. „Als Vorbild nicht mehr akzeptabel", war noch eine der harmloseren Beschimpfungen, die Naidoo aus den Massenmedien und von der Politik über sich ergehen lassen musste.

Das Vorgehen der Massenmedien gegenüber „unliebsamen" Meinungen ist somit immer wieder ähnlich und keinesfalls nur auf PEGIDA beschränkt. Günther Grass ist im April 2015 verstorben, und es wurden viele Lobreden in den Massenmedien auf ihn gehalten. Wenige Jahre zuvor wurde er aber von einem Großteil der Massenmedien fast zur Unperson gestempelt, nur weil er es gewagt hatte, in einem Gedicht Kritik an Israels Atomwaffen zu üben. Selbst der Literaturnobelpreis hatte ihn nicht davor geschützt.

Der ehemalige Forschungsminister im Kabinett Helmut Schmidt Andreas von Bülow, SPD-Mitglied und Mitglied der parlamentarischen Kontrollkommission der Nachrichtendienste, erdreistete sich, zu den Vorgängen des 11. September 2001 eine andere Meinung zu haben, als die offizielle von den Massenmedien präsentierte. Unmittelbar wurde er von einer Reihe von Massenmedien in die neonazistische Ecke gerückt, da jegliche kritische Frage zu der offiziellen Version der Vorgänge „antisemitisch" sei. Dieses Schicksal teilte von Bülow mit einer Reihe weiterer kritischer Autoren zu diesem Thema. Alle waren natürlich weit entfernt von jeglichem Verdacht, wirklich in diese Richtung zu tendieren. Da allerdings verschiedene rechtsradikale Kreise auch Zweifel an der offiziellen Version haben und auf eine jüdische Verschwörung deuten, nahmen das die Massenmedien zum Anlass, jede kritische Frage als rechtsradikal zu brandmarken. Abgesehen davon besteht immer die Frage, inwiefern diese rechtsradikalen Kreise selbst durch Geheimdienste unterwandert sind, die derartige Theorien dort forcieren. Wie wir an dem gescheiterten ersten NPD-Verbotsverfahren gesehen haben, ist die Frage nicht ganz unbegründet, wieviel Prozent der deutschen rechtsradikalen Szene zumindest in Führungskreisen letztendlich V-Leute der Geheimdienste sind.

Im August 2015 brachte die mächtige Deutsche Presseagentur DPA dann einen Aufruf zur Verbannung des Wortes „Asylkritiker".

„Die dpa wird künftig nicht mehr von »Asylgegnern« oder »Asylkritikern» sprechen, sondern deren »Motive oder Gesinnung in jedem Einzelfall möglichst konkret benennen."[28]

Diese Ankündigung erfolgte auf Twitter von Froben Homburger, den man im Sinne des Buchs „1984“ von George Orwell als „Chef des Neusprech“ bezeichnen könnte. Beachten Sie bitte, dass DPA einen großen Einfluss auf die Massenmedien ausübt, häufig werden deren Meldungen sogar unverändert übernommen.

Die *Zeit* nahm den Ball auch unmittelbar auf und – man kann es nicht anders nennen – hetzt gegen jeden, der hier noch eine andere Meinung vertritt.

„Der ‚Asylkritiker‘ reiht sich ein ins krypto-totalitäre Vokabelheft, wo schon der ‚gesunde Menschenverstand‘ steht, der ‚besorgte Bürger‘, der ‚Islamkritiker‘ und die ‚schweigende Mehrheit‘. Ein ganzes Bestiarium des Volksempfindens.“

„Die Maskerade des ‚Asylkritikers‘ ist der Versuch, Ausländerfeindlichkeit zur legitimen Diskursposition zu erheben, eine Position in die Öffentlichkeit einzuführen und ihre Ideologie zu camouflieren. Eine Art Du-darfst-Rassismus.“[29]

Die Quintessenz: Jeder, der auch nur ansatzweise Kritik übt, ist ein Rassist und somit ein verachtenswertes Subjekt.

„Ob man sie jetzt Nazis nennen will, Ausländerfeinde oder Vollidioten, ist unerheblich. Das Wort ‚Asylkritiker‘ ist ein Signal: Man weiß, welcher Geist einen hier anweht.“

Zu diesem Schlusssatz des Hetzartikels in der *Zeit* kann ich nur antworten: Ja, Herr David Hugendick, bei ihrem Kommentar weiß man wirklich, welcher Geist einen hier anweht. Es ist der Geist überwunden geglaubter Zeiten, in denen die Presse mit ähnlichen Parolen schlimmen Regimen Unterstützung lieferte. Ich bin wirklich erschrocken, welcher Ton in der deutschen Presse wieder Eingang gefunden hat. Merken Sie eigentlich nicht, welche Methoden und Ausdrücke Sie hier verwenden? Die Täter wähnen sich immer auf „der richtigen Seite“. Hetze ist nicht akzeptabel, egal in welche Richtung. Wenn ein paar Rassisten hetzen, gibt Ihnen das in einem Massenmedium keinesfalls das Recht, dies auch zu tun. Schon gar nicht haben Sie das Recht, einen nicht geringen Teil der deutschen Bevölkerung, die keinesfalls Rassisten sind, unmittelbar in diese Schublade zu stecken.

Natürlich begründet man diese Maßnahme damit, dass häufig Rassisten mit diesem Begriff verniedlicht würden. Letztendlich ist es genau umgekehrt aber eine weitere Aktion, um eine sachliche Diskussion auf jeden Fall zu verhindern, denn normalerweise ist ein Asylkritiker jemand, der nicht unbedingt etwas gegen fremde Menschen hat, sondern nur gegen die aktuelle Politik und die Art und Weise, wie mit dem Thema umgegangen wird. Letztendlich wird damit jeder unmittelbar zum Rassisten abgestempelt, der Kritik an der aktuellen Situation und Politik übt. Das passiert natürlich schon seit Längerem so, aber nun gab es also auch eine „Anweisung" der DPA dazu.

Momentan wird bei jedem Brand in einem Flüchtlingsheim ein ganz großer Medienzirkus veranstaltet und vor der rechten Gefahr gewarnt. Der bei Weitem überwiegende Anteil dieser Brände war in der Vergangenheit auf Unfälle oder Brandstiftung der Bewohner zurückzuführen, aber das passt nicht in das Bild des hässlichen Deutschen, das viele Massenmedien gerne pflegen wollen.[30]

In den Medien findet bei diesen Fällen Hand in Hand mit der Politik zumeist eine klare Vorverurteilung der vermeintlichen Täter statt, während die ermittelnden Kommissare sagen, dass die wirkliche Ursache noch längst nicht geklärt sei, wie in dem Fall Tröglitz im April 2015. Wenn sich dann später herausstellt, dass die Ursache gar keinen ausländerfeindlichen Hintergrund hat, wird das bestenfalls noch als Randnotiz berichtet. Wir erinnern uns an den schrecklichen Wohnhausbrand in Ludwigshafen am 3. Februar 2008, bei dem eine Reihe von türkischen Bewohnern ihr Leben lassen musste. Politik und Massenmedien, in diesem Fall vor allem auch türkische, nährten unmittelbar den Verdacht eines ausländerfeindlichen Anschlages. Obwohl jegliche Ermittlungen in diese Richtung ins Leere liefen und keinerlei derartige Hinweise laut Bundesanwaltschaft und Staatsanwaltschaft zu finden waren, blieb bis heute der Verdacht in den Köpfen vieler Menschen hängen.

Es ist in Deutschland natürlich aufgrund der Vergangenheit – bzw. ihrer Instrumentalisierung durch einflussreiche Kreise – sehr beliebt, unliebsamen Zeitgenossen, die eine nicht konforme Meinung vertreten und auch noch gehört werden, den Stempel „rechts außen“ oder „Nazi-Sympathisant“ aufzudrücken. Allerdings wirkt dies bei der Öffentlichkeit immer weniger. Wenn man immer „Feuer“ ruft und es gar nicht brennt, kommt dann keiner mehr, wenn man „Feuer“ ruft und es wirklich brennt. Es wurden nun schon so viele Menschen als „antisemitisch“ gebrandmarkt, bei denen dies völlig unbegründet war, dass die Warnung vor echten antisemitischen Aktionen und Äußerungen mehr und mehr verhallt.

Der Begriff des „Antisemitismus“ wird inflationär und leichtfertig in den Massenmedien verwendet, obwohl er selten trifft, was angeblich gemeint ist. Auch beispielsweise die Palästinenser sind Semiten. Jegliche Kritik an der israelischen Politik wird gerne mit diesem Begriff belegt, um sie zu tabuisieren.

Wie doppelzüngig die Massenmedien hier agieren, kann man gut auch dann erkennen, wenn echte antijüdische Aktionen ablaufen oder sich Gruppierungen außerhalb von Deutschland ganz klar und offensichtlich auf ihre nazistische Vergangenheit berufen. Werden in unserem Land antijüdische Parolen von Muslimen verbreitet oder sogar entsprechende Taten von diesen durchgeführt, schaut die Presse gerne weg oder hält diese Vorgänge betont klein. Einwanderer machen doch per se keine bösen Dinge. Noch viel deutlicher wird dieses Verhalten der Massenmedien bei den rechtsradikalen Truppen und Gruppierungen in der Ukraine. Diese schmücken sich nicht nur mit den alten Abzeichen, auch der Hitlergruß und deren ganzes Verhalten und Auftreten lassen keinen Zweifel daran, wie ihre Gesinnung aussieht. Auf diesem Auge sind unsere Massenmedien zum allergrößten Teil völlig blind, denn momentan kämpfen diese Gruppen aus Sicht des Westens auf der richtigen Seite, da muss man schon einmal darüber hinwegsehen.

Daran kann man aber sehr gut die herrschende Verlogenheit erkennen, denn es geht nicht mehr um die Sache, sondern um die vorgegebenen Spins und Richtungen, die unbedingt durchgedrückt werden sollen.

Damit möchte ich dieses Thema nun abschließen, wahrscheinlich wird dieses Kapitel dazu führen, dass auch dieses Buch als „rechts“ abgestempelt wird, was natürlich völliger Unsinn ist, aber mittlerweile ist bei den Massenmedien ja alles rechtsaußen, was nicht zu 100 Prozent der linksgrünen Einheitsmeinung entspricht. Dieses Vorgehen würde dann aber nur umso deutlicher zeigen, dass meine Einschätzungen der Medien absolut zutreffend sind.

Eine ehrliche Diskussion der Probleme von allen Seiten wird gezielt nicht zugelassen, was beispielsweise auch häufig kritische Bürger feststellen müssen, wenn eine Gemeinde „Informationsveranstaltungen" zur Einrichtung eines Flüchtlingsheims veranstaltet. Dort herrscht zumeist eine „Basta-Mentalität" vor, und kritische Fragesteller werden abgebügelt und in die rechte Ecke gestellt.

Letztendlich wird, wenn nicht noch ein Wunder geschieht, die Lage massiv eskalieren, übrigens nicht nur in Deutschland. Die Massenmedien tragen hierfür zum großen Teil zusammen mit der Politik die Verantwortung. Auch wenn sie das natürlich weit von sich weisen werden, sie selbst werden am Ende nicht darüber richten. Sie sind willige Helfer einer kleinen Clique superreicher Eliten, die den Bürgerkrieg in Europa gezielt herbeiführen möchten. Opfer werden dabei sowohl die Einheimischen als auch die Flüchtlinge sein. Es ist gut möglich, dass sich die Mainstreammeinung auch noch um 180 Grad drehen wird, wenn die Politik es tut. Damit ist aber nichts gewonnen. Dann werden die Migranten die Leidtragenden sein, und sie werden sich wehren, am Ende aber keine Chance haben.

Ich unterstützte diese Entwicklung keinesfalls, aber wenn diese gezielte Dialektik nicht durchbrochen wird, die aktuell keine wirklichen Lösungen zulässt, ist das leider die logische Folge. Auf der anderen Seite können und werden die europäischen Bürger es nicht zulassen, dass ihre Heimatländer und ihre Kultur gezielt vernichtet werden sollen, wie es zumeist grüne Politiker ja auch ganz offen immer wieder wünschen. Der Druck wird steigen, und irgendwann in nicht allzu ferner Zukunft wird der Kessel platzen. Dann geraten wir in Zeiten hinein, die wir eigentlich nicht mehr erleben wollten. Die Massenmedien sind derzeit zusammen mit der Politik die Steigbügelhalter dafür.

In meinem zweiwöchigen kostenlosen Newsletter[31] habe ich am 3. September 2015 Folgendes geschrieben, das natürlich, wenn Sie dieses Buch lesen, bereits überholt sein könnte. Ich hoffe, dass es nicht so kommen wird, allerdings gibt es eine Reihe von Anzeichen dafür.

„Es gibt teilweise gar keine Kontrollen der Flüchtlinge mehr, das wird uns auch klar in den Massenmedien gezeigt. Jegliche Terroristen vom IS (also bewusst oder auch unbewusst von der CIA gesteuert) müssen sich nur in den Zug setzen und hierher fahren. Sollte nun zeitnah großflächiger Terror geschehen, wird die Stimmung in ganz Europa sehr schnell vollständig kippen. Ich erwarte, dass sich Politik und Massenmedien daraufhin um 180 Grad drehen werden, und dann schnappt die böse Falle für die Eingewanderten zu. Die Massenmedien beginnen bereits, diesen Spin auszurollen: Die Welt: „Das nächste große Schlachtfeld ist Europa". Die gezeigte Karte ist mehr als eindeutig.[32]

Es wird gerade ein ganz perfides Spiel getrieben, das leider nur wenige durchschauen, weshalb die meisten leicht in dem Schwarz-Weiß-Modell Pro-Migrant oder Kontra-Migrant gefangen bleiben. Aus Sicht der Planer ist es egal, auf welcher Seite Sie dort stehen, nur sollen Sie in diesem Spannungsfeld gefangen sein. Deshalb müssen Sie unbedingt außerhalb bleiben."

Dieses Kapitel wird, wie gesagt, wahrscheinlich dazu führen, auch mich in den Massenmedien als mindestens „rechtspopulistisch" oder gar „rassistisch" zu bezeichnen, wenn diese denn überhaupt etwas zu diesem Buch schreiben werden. Das ist natürlich kompletter Unsinn. Deshalb möchte ich nun noch ein paar Zitate von Menschen anführen, die nach der heutigen Diktion der Massenmedien mit diesen Aussprüchen genauso bezeichnet werden müssten:

Willy Brandt (1973):
„Wenn die Zahl der Ausländer, die als Minderheit in einer Nation leben, eine bestimmte Grenze überschreitet, gibt es überall in der Welt Strömungen des Fremdheitsgefühls und der Ablehnung, die sich dann zur Feindseligkeit steigern."

Helmut Schmidt (1981):
„Wir können nicht mehr Ausländer verdauen, das gibt Mord und Totschlag."

Helmut Schmidt (1982):
„Mir kommt kein Türke mehr über die Grenze."

Helmut Schmidt (2005)[33]:
„Wir müssen eine weitere Zuwanderung aus fremden Kulturen unterbinden."
„Als Mittel gegen die Überalterung kommt Zuwanderung nicht infrage."
„Die Zuwanderung von Menschen aus dem Osten Anatoliens oder aus Schwarzafrika löste das Problem nicht, schaffte nur ein zusätzliches dickes Problem."

Gerhard Schröder (1987):
„Wer unser Gastrecht missbraucht, für den gibt es nur eines: Raus, und zwar schnell."

Hans-Dietrich Genscher (1984):
„Wir sind kein Einwanderungsland."

Wem gehören die Medien?

Wie ich schon mehrfach bei unterschiedlichsten Themen festgestellt habe, bestimmen nach wie vor die Massenmedien, was der Großteil der Menschen als „wahr“ oder „falsch“ ansieht. Es ist durch das Internet zwar etwas in Bewegung gekommen, aber Fernsehen, Radio und auch die Printmedien spielen immer noch eine überragende Rolle bei der Meinungsbildung derjenigen, die überhaupt noch an politischen und gesellschaftlichen Themen interessiert sind. Diese Gruppe schrumpft seit vielen Jahren beständig, was durchaus gewollt ist.

Es ist nun aber bei Weitem nicht so, dass ein einzelner Artikel mit sensationellem Inhalt in einem Magazin oder einer Tageszeitung oder auch eine einzelne Fernsehsendung etwas bei der Masse der Menschen bewirken würde. Um eine bestimmte Nachricht oder Enthüllung in die Köpfe der Menschen zu bringen, muss ein Sachverhalt ausführlich in mehreren Hauptnachrichtensendungen gebracht, am besten danach noch in mehreren Talkshows durchgekaut und dazu in mehreren Printmedien behandelt werden, bevor er weitläufig in den Köpfen der Menschen ankommt. Selbst wenn also einmal ein kritischer Artikel erscheint oder eine Sendung mit außergewöhnlichen neuen Sachverhalten gesendet wird, ändert dieses zunächst nur wenig am Wissensstand oder der Meinung in den Massen. Erst wenn in vielen verschiedenen Kanälen, Publikationen und Formaten eine (vermeintliche) Wahrheit verbreitet wird, wird diese auch von der Masse zur Kenntnis genommen und findet ihren Weg in die öffentliche Meinung. Diese Tatsache machen sich die Hintermänner der Massenmedien zunutze. Einzelne kritische Sendungen oder Artikel stören zunächst nicht weiter, zumal diese kaum auf den Hauptsendeplätzen der großen Sender oder den Titelseiten erscheinen. Sollte aber trotzdem eine derartige Sendung zuviel Aufmerksamkeit erregen, insbesondere bei sensiblen Themen, zensiert man dann doch offensichtlich. Ein sehr schönes Beispiel dazu ist eine Reportage von Willy Brunner und Gerhard Wisnewski zum 11. September 2001.

Die beiden hatten eine hervorragend recherchierte Sendung zum 11.9. mit dem Titel „AKTENZEICHEN 11. 9. UNGELÖST – LÜGEN UND WAHRHEITEN ZUM 11. SEPTEMBER 2001“ produziert, die dann auch im Sommer 2003 spätabends im WDR3 ausgestrahlt wurde. Spätabends und in irgendwelchen 3. Programmen oder auf Arte sind üblicherweise die Sendeplätze, auf denen derartige Sendungen, wenn überhaupt, platziert werden. Diese Sendung sollte an den darauffolgenden Tagen noch zweimal auf dem Dokumentationskanal Phoenix wiederholt werden, was dann aber kurzfristig wieder gestrichen wurde. Die offizielle Begründung hieß: „Man wolle zu einem späteren Zeitpunkt das Thema noch einmal ausführlicher behandeln“ – und deshalb werden die Wiederholungen gestrichen?

Was dann aber begann, war eine unglaubliche Hetzjagd gegen die Journalisten, die diese Sendung produziert hatten. In Zeitschriften wie *Der Spiegel* oder Sendungen wie *Panorama* wurden die Journalisten mit Neonazis in eine Schublade gesteckt, und der *Spiegel* behauptete, dass beide nun nicht mehr für den WDR arbeiten dürften, wovon zu diesem Zeitpunkt weder die Journalisten noch der WDR etwas wussten. Normalerweise sind Sendungen des WDR danach dort erhältlich, die Dokumentation von Gerhard Wisnewski zum 11. September ist aber auf „unerklärliche Weise“ aus den Archiven des WDR verschwunden. Diese Sendung hatte aufgrund ihres Inhaltes trotz des unattraktiven Sendeplatzes eine große Resonanz unter den Zuschauern ausgelöst, weshalb man dann offenbar hart gegensteuern musste. Zu diesem Zeitpunkt wurden keine alternativen Sichtweisen auf die Anschläge des 11. September in den Massenmedien zugelassen. Wisnewski ist jemand, der noch in guter alter Reportertradition recherchiert und war beispielsweise für diese Reportage auch in die USA gereist, um dort mit Zeugen zu sprechen und vor Ort seine Untersuchungen durchzuführen. Sollten Sie diese Reportage noch nicht kennen, auf Youtube ist sie nach wie vor verfügbar.

Zumeist wirbeln derartige Sendungen aber nicht soviel Staub auf, weswegen sie immer wieder einmal zugelassen werden. Man kann derartige Beiträge dann auch gut als „Beweise“ für die angebliche Meinungsvielfalt in den Massenmedien anführen. Letztendlich ist es aber entscheidend, wie ein bestimmter Sachverhalt oder eine Sichtweise in den Massenmedien präsentiert wird, um einen nachhaltigen Eindruck in der öffentlichen Meinung zu bewirken. Soll das geschehen, muss dieses Thema mehrfach und über unterschiedliche Kanäle transportiert werden.

Es stellt sich nun die Frage, wie so etwas überhaupt möglich sein kann, da wir doch angeblich eine „unabhängige, freie Presse" haben? Eine „Gleichschaltung" der Massenmedien wäre doch heute gar nicht möglich, wie Medienvertreter gerne als Reaktion auf derartige Kritik verlauten lassen. Nun, heute sitzt tatsächlich in westlichen Staaten kein staatlicher Zensor mehr in einer Behörde, dem alle Erzeugnisse zunächst vorgelegt werden müssen. Die erste Frage, die man sich aber stellen muss, ist die, wie unabhängig die heutigen Massenmedien denn wirklich noch sind?

Wir haben auf den ersten Blick eine unglaubliche Vielzahl unterschiedlichster Tageszeitungen, Magazine, Radio- und Fernsehsender. Beginnen wir einmal bei den Printmedien, stellen wir aber schnell fest, dass der überwiegende Anteil der Publikationen von einer sehr kleinen Anzahl großer Medienkonzerne herausgegeben wird. Der größte Anteil der Printmedien und ein sehr großer Teil von Radio- und Fernsehsendern sind dabei vollständig in privater Hand. Letztendlich muss man also schauen, wem diese gehören, denn die Eigentümer bestimmten letztendlich über Inhalt, Ausrichtung und Programm. Wie dieses genau geschieht, werden wir uns an anderer Stelle noch ansehen. Wenn wir uns die deutsche Presselandschaft anschauen, stoßen wir vor allem auf folgende Namen:

1.	Bertelsmann (Gütersloh)	€ 16,675 Mrd.
2.	ARD (München / Berlin)	€ 6,284 Mrd.
3.	Axel Springer SE (Berlin/Hamburg)	€ 3,038 Mrd.
4.	ProSiebenSat.1 (Unterföhring)	€ 2,876 Mrd.
5.	Hubert Burda Media (Offenburg)	€ 2,617 Mrd.
6.	Bauer Media Group (Hamburg)	€ 2,323 Mrd.
7.	ZDF (Mainz)	€ 2,011 Mrd.
8.	Verlagsgruppe Georg von Holtzbrinck (Stuttgart)	€ 1,719 Mrd.
9.	Funke Mediengruppe (Essen)	€ 0,929 Mrd.
10.	Verlagsgruppe Weltbild (Augsburg)	€ 0,610 Mrd.

Quelle: IfM[34]

Beginnen wir mit dem führenden Medienkonzern in Deutschland Bertelsmann, zu dem eine Reihe von Unternehmen gehört, darunter Gruner & Jahr und die RTL-Group. Gruner & Jahr gibt aktuell weltweit über 300 verschiedene Magazine (darunter *Stern, Eltern, Geo, Brigitte, Schöner Wohnen, Capital, Auto, Motor und Sport* (über Motor Presse Stuttgart) und viele andere heraus. Dazu gesellt sich eine Reihe von Tageszeitungen wie die *Sächsische Zeitung*. Gruner & Jahr ist auch zu 25,5 Prozent (Stand 8/2012) am *Spiegel*-Verlag beteiligt, der ansonsten zu einem weiterem knappen Viertel der Erbengemeinschaft Rudolf Augstein und zu 50,5 Prozent der KG Beteiligungsgesellschaft für *Spiegel*-Mitarbeiter mbH & Co gehört. Der *Spiegel*-Verlag gibt bekanntermaßen das ehemalige Nachrichtenmagazin *Der Spiegel* heraus und ist auch für die gleichnamigen TV-Formate verantwortlich.

Hinter der RTL-Group verbergen sich folgende Sender:

- RTL Television
- Vox
- N-TV
- RTL Living
- RTL Crime
- RTL NITRO
- GEO Television
- Passion
- RTL II (hier hält die RTL Group/Bertelsmann nur eine Minderheitsbeteiligung)
- Super RTL (hier hält die RTL Group 50 Prozent der Anteile, die anderen 50 Prozent gehören Disney)

Zu Bertelsmann gehört weiterhin die Verlagsgruppe Random House in München mit bekannten Verlagen wie Goldmann und Heyne. Wie Sie sehen, haben wir allein durch diesen einen Konzern schon eine beträchtliche Anzahl von Printmedien und Fernsehsendern abgedeckt. Es zeigt sich auch hier, dass diese Medienkonzerne nicht mehr national sind, sondern international agieren. Einen weiteren ganz großen Namen haben wir hier schon gelesen, nämlich den Disney Konzern. Auf diesen werden wir später noch zu sprechen kommen.

Bis wir zum eigentlichen Eigentümer einer Publikation vordringen, müssen wir häufig über eine lange Reihe von Beteiligungen gehen. Als Beispiel möchte ich hier den Sender RTL anführen:

100 Prozent Mediengruppe RTL Deutschland GmbH
  100 Prozent UFA Film und Fernseh GmbH
    100 Prozent RTL Group Deutschland GmbH
      100 Prozent RTL Group Germany S.A.
        100 Prozent CLT-UFA S.A.
          99,72 Prozent RTL Group S.A.
            75,1 Prozent Bertelsmann Capital Holding GmbH
              100 Prozent Bertelsmann SE & Co. KGaA
                77,6 Prozent Bertelsmann Stiftung
                19,1 Prozent Familie Mohn
                3,3 Prozent Bertelsmann Verwaltungsgesellschaft mbH

Quelle: KEK[35]

Am Ende steht häufig, wie auch hier, eine Stiftung, die nur sehr begrenzt über die wirklichen internen Machtverhältnisse Auskunft geben muss. Die Bertelsmann Stiftung ist eine der mächtigsten Organisationen in Deutschland, und kaum jemand weiß es. Immer wieder einmal kamen aber Vorgänge ans Licht, die zeigten, welchen Einfluss diese Stiftung auf Politik und Unternehmen hat. Wussten Sie, dass die berüchtigten Hartz-4-Gesetze zum großen Teil aus der Feder der Bertelsmann Stiftung kommen? Peter Hartz hat primär nur seinen Namen dafür zur Verfügung gestellt. Stiftungen finden wir aber nicht nur bei Bertelsmann. Bei der *Frankfurter Allgemeinen Zeitung* beispielsweise landen wir am Ende dann auch bei der FAZIT-Stiftung. Im Hintergrund von Bertelsmann ist aber nach wie vor die Familie Mohn sehr aktiv mit Elisabeth „Liz" Mohn an der Spitze. Wie wir noch sehen, werden die meisten großen Medienimperien in der westlichen Welt von nur einer Familie oder sogar nur einem einzelnen Mogul gesteuert.

Der nächste große Konzern im Printbereich ist das Haus Springer (Axel Springer SE), das vom Namen her der bekannteste Verlag sein dürfte. Das liegt natürlich primär an seinem bekanntesten Produkten *Bild* und *Welt*. Springer gibt weiterhin eine Reihe von Regional- und Lokalzeitungen heraus, verkaufte allerdings Tageszeitungen wie das *Hamburger Abendblatt* und die *Berliner Morgenpost* an die Funke-Gruppe weiter, wobei die journalistischen Inhalte aber weiterhin wie zuvor von der *Welt* kommen. Im Magazin- und Zeitschriftenbereich ist Springer ebenfalls sehr stark vertreten, darunter natürlich die ganzen Spezialzeitschriften der *Bild*-Reihe, wie *Sport-Bild*, *Auto-Bild*, *Computer-Bild* usw. Auch hier wurde aber bereits eine Reihe von Produkten an die Funke-Gruppe veräußert. Im Fernseh- und Radiobereich hält Springer Beteiligungen an Lokalsendern wie TV Berlin im Fernseh- und FFH, ffn, Antenne Bayern, etc. im Radiobereich und kann dadurch dort gewissen Einfluss geltend machen.

Weiterhin engagierte sich Springer in den letzten Jahren sehr stark im Internet mit Beteiligungen an unterschiedlichsten Unternehmen. Dafür wurden die Printmedien deutlich verringert, der ganz große Einstieg in das TV-Geschäft wurde zwar immer wieder einmal erwartet, lässt aber bis heute auf sich warten. Der Nachrichtensender N24 gehört allerdings über die WeltN24 GmbH zu 100 Prozent zu Springer. Natürlich ist auch der Springer-Konzern im Ausland mit einer Reihe von Publikationen vertreten.

Das Unternehmen Axel Springer SE selbst ist in folgenden Besitzverhältnissen:

51,5 Prozent Axel Springer Gesellschaft für Publizistik GmbH & Co.
40 Prozent Streubesitz
5 Prozent Dr. h.c. Friede Springer
3,3 Prozent Dr. Mathias Döpfner
0,2 Prozent Axel Springer SE (Eigenbesitz)
Quelle: KEK[36]

Der Mehrheitseigner wiederum gehört der Familie Springer:

90 Prozent Friede Springer GmbH & Co. KG
5 Prozent Ariane Springer
5 Prozent Axel Sven Springer
Quelle: KEK[37]

Wie man unschwer erkennen kann, hat Friede Springer mehr oder weniger das alleinige Sagen in dem gesamten Konzern.

Die zweite große Fernsehsendergruppe ist die ProSiebenSat.1 Media AG. Zu ihr gehören über hundertprozentige Tochtergesellschaften u.a. die Programme Sat.1, ProSieben, kabel eins, ProSieben FUN, SAT.1 emotions, kabel eins CLASSICS, sixx, SAT.1 Gold, ProSieben MAXX sowie Newtopia Livestream.

Die ProSiebenSat.1 Media AG hat keinen großen einzelnen Eigner, der eine Aktienmehrheit besitzen würde. Im März 2015 waren 97,7 Prozent der Aktien im Streubesitz, wobei unter den Aktionären eine Reihe bekannter anderer Firmen und Investmentgesellschaften wie Blackrock zu finden sind. Hier dürften also Aufsichtsräte und Vorstände maßgebend für die Ausrichtung der Inhalte sein.

Das nächste Unternehmen auf der Liste ist die Hubert Burda Media, die zusammen mit Partnerverlagen 2014 weltweit 413 Titel publizierte, davon 93 in Deutschland. Als nach eigener Aussage reichweitenstärkster Zeitschriftenverlag erreicht der Konzern knapp die Hälfte der deutschen Leser. Zu den Zeitschriften gehören unter anderem *Die Bunte, Focus, Playboy, TV Spielfilm, TV Today, Freizeit Revue, Super Illu, Chip* und viele mehr. Im Rundfunkbereich ist Burda nur an verschiedenen Stationen beteiligt, mit der Focus TV-Produktions GmbH stellt Burda aber eine Reihe von Sendeformaten für verschiedene Privatsender bereit. Auch im Internet engagiert sich Burda stark durch die Beteiligung an Plattformen wie Xing (52,6 Prozent) Holidaycheck (94 Prozent) oder Elitepartner.

Bei Burda sind die Machtverhältnisse wieder sehr eindeutig:

Hubert Burda Media Holding Kommanditgesellschaft
- 59,98 Prozent Hubert Burda Media Holding Geschäftsführungs GmbH
  - 100 Prozent Burda Betriebsführungsgesellschaft m.b.H.
    - 100 Prozent Prof. Dr. Hubert Burda

Die Bauer Media Group ist der Verlag mit der größten Reichweite in Deutschland. Er gibt primär Magazine und Zeitschriften heraus, bekannt sind besonders die *Bravo, TV14, Revue* oder *Neue Post.* Bauer ist an dem Sender RTL2 und and der Radio Hamburg GmbH & Co. KG beteiligt sowie natürlich auch im Ausland engagiert.

Die Besitzverhältnisse des Unternehmens sind sehr klar: Yvonne Bauer (85 Prozent), Mirja Bauer, Nicola Bauer, Saskia Bauer (jeweils 5 Prozent).

Kommen wir noch zu der Funke-Mediengruppe. Diese hat in jüngerer Vergangenheit einige Zeitschriften und Magazine von anderen Unternehmen übernommen. Wichtigster Zweig der Funke-Gruppe sind aber nach wie vor regionale Tageszeitungen. Der Konzern aus Essen ist einer der größten Regionalzeitungsverlage Europas. *Westdeutsche Allgemeine Zeitung* (WAZ), *Berliner Morgenpost* und viele andere Zeitungen gehören zum Portfolio. Es gibt Minderheitsbeteiligungen an der RTL Group im TV und bei einer Reihe von regionalen Radiostationen. Auch hier gibt es Engagement im Ausland. Die Besitzverhältnisse sind auch hier seit Anfang 2012 sehr eindeutig. Petra Grotkamp, die Tochter des WAZ-Gründers Jakob Funke, besitzt nun 66,6 Prozent des Unternehmens.

Auch wenn sie nicht unter den Top-Ten der deutschen Medienunternehmen erscheint, möchte ich keinesfalls die Deutsche Druck- und Verlagsgesellschaft (DDVG) unerwähnt lassen, die als Holding an einer Reihe von Tageszeitungen, Radiosendern, Druckereien und Buchhandlungen beteiligt ist. Von *Ökotest* über Beteiligungen an Radiosendern wie FFN, Hit-Radio Antenne bis hin zu einem ca. 23 Prozent umfassenden Anteil an der einflussreichen Verlagsgesellschaft Madsack, die wiederum eine Reihe von Tageszeitungen herausgibt, hat diese Holding einen nicht unerheblichen Einfluss auf die deutsche Medienlandschaft. Pikant dabei ist die Tatsache, dass die DDVG zu 100 Prozent einer politischen Partei, der SPD, gehört.[38]

Die SPD ist also an einer Reihe von offiziell „unabhängigen" Medien direkt beteiligt. Bei der Parteizeitung *Vorwärts* lasse ich mir das ja noch gefallen, aber bei Ökotest? Die überregionale Tageszeitung *Frankfurter Rundschau* ging durch die Übernahme von 90 Prozent des Druck- und Verlagshauses Frankfurt am Main ebenfalls in den Besitz der SPD über. Das war dann allerdings der Zeitpunkt, an dem auch öffentlich relativ laute Kritik geäußert wurde, was 2006 zu einem Verkauf der Hälfte der Anteile führte, wohlgemerkt: nur der Hälfte. 2013 ging die *Frankfurter Rundschau* in die Insolvenz und wird nun unter dem Dach des FAZ-Verlags weitergeführt.

Bleiben noch die öffentlich-rechtlichen Medien. Diese „gehören" ja zunächst einmal niemandem – sind sie deshalb aber tatsächlich „frei und unabhängig?"

Nun, beim ZDF wurde ja zuletzt sogar gerichtlich festgestellt, dass die Politik dort einen zu großen Einfluss besitzt.

Es gibt hier als oberstes Steuerungsinstrument den Fernsehrat mit über 70 Mitgliedern. Mehr als dreißig davon kommen momentan noch aus der Politik, ab 2016 soll es dann noch maximal ein Drittel sein. Dazu kommen Gewerkschaftsfunktionäre und Mitglieder unterschiedlichster Interessensgruppen, wirklich kritische Menschen gelangen dort aber kaum hinein oder haben fast keinen Einfluss. Der Fernsehrat wählt den ZDF-Verwaltungsrat, der die eigentliche Steuerung des Senders durchführt wie beispielsweise die Tätigkeit des Intendanten insbesondere in Haushaltsfragen zu überwachen. Der Verwaltungsrat besteht aus 14 Mitgliedern, ihm gehören fünf Vertreter der Bundesländer und ein Vertreter des Bundes an. Weitere acht Mitglieder werden vom Fernsehrat gewählt und dürfen keiner Regierung oder gesetzgebenden Körperschaft angehören.

Momentan sieht die Besetzung wie folgt aus:[39]
Den Vorsitz hat der ehemalige rheinland-pfälzische Ministerpräsident Kurt Beck inne (Mitglied des Verwaltungsrats seit 18. November 1994 als Vertreter der Länder, Vorsitzender des Verwaltungsrates seit 27. August 1999). Die weiteren Vertreter der Länder sind: Matthias Platzeck (seit 4. Juli 2007), Horst Seehofer (seit 2. November 2010), Stanislaw Tillich (seit 1. April 2011) und Olaf Scholz (seit 19. August 2013). Vertreter des Bundes ist der Staatsminister für Kultur und Medien Bernd Neumann (seit 28. März 2006).

Vom Fernsehrat gewählt werden acht Mitglieder, diese sind aktuell:

- Ilse Brusis (SPD), Staatsministerin a.D., im Verwaltungsrat seit 4. März 2005.
- Reinhard Göhner (CDU), Hauptgeschäftsführer der Bundesvereinigung der Deutschen Arbeitgeberverbände, im Verwaltungsrat seit 29. Juni 2012
- Hans-Günter Henneke, Geschäftsführendes Präsidialmitglied des Deutschen Landkreistages, im Verwaltungsrat sei 1. Juli 2012
- Hildegund Holzheid (CSU), Präsidentin a.D. des bayerischen Verfassungsgerichtshofs und des Oberlandesgerichts München, im Verwaltungsrat seit 1. Juli 2002 als vom Fernsehrat gewähltes Mitglied.

- Hans Georg Koch, Ministerialdirigent a.D., im Verwaltungsrat seit 1. Juli 2012
- Michael Schmid-Ospach, im Verwaltungsrat seit 1. Juli 2012
- Barbara Thomaß, im Verwaltungsrat seit 1. Juli 2012
- Gerd Zimmermann (CDU), Rektor der Bauhaus-Universität Weimar, im Verwaltungsrat seit 7. Dezember 2007.

Wie man gut sehen kann, kommt man auch hier, obwohl die acht Mitglieder kein Regierungsamt ausüben dürfen, ohne Parteibuch wohl kaum hinein. Über die „Unabhängigkeit" der Mitglieder dieses Rates, gerade bei kritischen Themen, kann jeder sicher seine eigenen Schlüsse ziehen.

Bei der ARD sieht das kaum anders aus, auch wenn die Struktur hier etwas anders aufgebaut ist, da sich diese aus den einzelnen Landesrundfunkanstalten zusammensetzt. Die Mitgliederversammlung überträgt jeweils für ein Jahr einer ihrer Rundfunkanstalten die Geschäftsführung der ARD. Der Intendant dieser geschäftsführenden Rundfunkanstalt ist in diesem Zeitraum auch Vorsitzender der ARD. Die Wiederwahl für ein weiteres Jahr ist möglich und inzwischen auch üblich.

Neben dem Generalsekretär, der für die strategische Positionierung, die Interessenvertretung nach außen und die Öffentlichkeitsarbeit zuständig ist, gibt es noch den Programmdirektor, der mit den Intendanten der Landesrundfunkanstalten das Programmangebot der ARD erarbeitet und die Programmzulieferung der einzelnen Landesrundfunkanstalten koordiniert. Er wird für mindestens zwei Jahre mit Zweidrittelmehrheit der in der ARD zusammengeschlossenen Landesrundfunkanstalten gewählt. Die Landesrundfunkanstalten sind dann wieder ähnlich aufgebaut wie das ZDF. Der Hessische Rundfunk HR hat beispielsweise einen Rundfunkrat, einen Verwaltungsrat und den Intendanten.

Die ARD leistet sich zudem noch einen Programmbeirat, in dem tatsächlich auch kritische Mitglieder anzutreffen sind. Dieser kritisierte nämlich zuletzt deutlich die Berichterstattung der ARD in der Ukrainekrise und gegenüber Russland. Man konnte dann an der Reaktion der Programmverantwortlichen aber deutlich erkennen, dass dieser Programmbeirat am Ende nichts zu sagen hat. Die Kritik wurde abgebügelt, genauer definierte Prozesse oder Mittel, um eine Veränderung in der Berichterstattung herbeizuführen, hat der Programmbeirat nicht. Er ist nicht mehr als ein Feigenblatt, ein „Muster ohne Wert".

In der Führungsspitze der öffentlich-rechtlichen Medienanstalten befinden sich also auch zum großen Teil Funktionsträger aus Parteien und Politik, die kaum Interesse an einer freien Berichterstattung haben. Deshalb nimmt es kaum Wunder, dass auch diese Medien zum großen Teil „linientreu" berichten. Natürlich wird nie die Meinung nur einer Partei verbreitet. Wenn man sich aber die Berichterstattung über die Linke oder erst recht über die AfD anschaut, wird schnell klar, dass bestimmte Parteien dort deutlich schlechter wegkommen als andere. Das gilt natürlich umso mehr bei Themen, in denen wir in Deutschland nur noch eine Einheitsparteimeinung haben, und diese Themen nehmen täglich zu.

Genauer betrachtet, kommen wir bei dem sehr großen deutschen Medienmarkt mit Hunderten von Zeitungen und Zeitschriften sowie Dutzenden von TV- und Radiokanälen am Ende auf eine kleine Anzahl von Gruppen und tatsächlich von einzelnen Menschen, die hinter alledem stehen. Die Liz Mohn/Bertelsmann Stiftung, Friede Springer und Prof. Dr. Hubert Burda beherrschen zusammen mit den beiden großen Parteien CDU und SPD die deutsche Medienlandschaft. Wenn wir noch Yvonne Bauer und Petra Grotkamp dazunehmen, bleiben nur noch Nischen übrig, die nicht durch diese einstellige Anzahl an Personen und Gruppen kontrolliert werden. Selbst auf den weiteren Plätzen nach den Top-Ten der deutschen Medienunternehmen geht es in dieser Weise weiter. Da finden wir erneut Familien wie Schaub oder Madsack, die eine größere Anzahl von Medien kontrollieren.

Sehen wir uns nun einmal an, wie es in der restlichen westlichen Welt aussieht. Hier ist die Auflistung der zehn größten Medienkonzerne 2014 weltweit:

1.	Comcast (Philadelphia / USA)	€ 51,769 Mrd.
2.	Google Inc. (Mountain View/ USA)	€ 49,681 Mrd.
3.	The Walt Disney Company (Burbank / USA)	€ 35,308 Mrd.

4.	News Corp. Ltd. / 21st Century Fox (New York/ USA)	€ 30,441 Mrd.
5.	DirecTV, LLC (El Segundo/ USA)	€ 24,318 Mrd.
6.	Viacom Inc./CBS Corp. (New York / USA)	€ 20,767 Mrd.
7.	Time Warner Inc. (New York / USA)	€ 20,594 Mrd.
8.	Sony Entertainment (Tokyo / JP)	€ 17,830 Mrd.
9.	Bertelsmann SE & Co. KGaA (Gütersloh/GER)	€ 16,675 Mrd.
10.	Apple Inc. (Cupertino / USA)	€ 13,596 Mrd.

Quelle: IfM[40]

Die Größe der Umsatzzahlen zeigt gut den Einfluss dieser Konzerne. In den letzten Jahren und Jahrzehnten hat hier auch eine ungeheuere Konzentration stattgefunden. Allein über diese zehn Konzerne kann man problemlos die öffentliche Meinung in der westlichen Welt nach Belieben steuern.

Comcast ist das weltweit größte Medienunternehmen und war zunächst primär eine Telefongesellschaft. Über 23 Millionen Kabel-, 17 Millionen Internet- und acht Millionen Mobilkunden gibt Comcast einen US-weiten Marktanteil von 30 Prozent. Mittlerweile besitzt Comcast auch u.a. zwei TV-Senderketten (NBC, die zweitgrößte spanische Senderkette Telemundo), 26 Fernsehstationen und 20 Kabelkanäle, sowie mehrere Produktionsstudios (darunter auch die bekannten Universal Studios). Die übernommene NBC Universal hat weiterhin Anteile an einer großen Anzahl von Sendern außerhalb der USA. Nach eigenen Angaben erreicht NBC dadurch mehr als 70 Millionen Haushalte in 40 verschiedenen Ländern. Comcast ist somit das größte Medienschwergewicht auf diesem Planeten. Die Eigner von Comcast sind relativ gestreut, größere Anteile besitzen große Investmentgesellschaften wie Capital World Investors, Vanguard Group, State Street Corp oder Blackrock.[41]

Während der Name Comcast außerhalb der USA kaum bekannt ist, kennt den nächsten Mediengiganten fast jedes Kind: Disney. Die Eigentümerstruktur der Walt Disney Company, Inc. sieht gleichsam gestreut aus, wie die von Comcast. Die Namen der größeren Anteilseigner sind sehr ähnlich und bestehen aus teilweise denselben Investmentgesellschaften. Steve Jobs Estate und die Familie Walt Disney besitzen ebenfalls größere Anteilspakete von 7 bzw. 5 Prozent. Die

Disney-ABC-Television Group ist weltweit einer der größten Produzenten von Fernsehformaten. Sie betreibt das ABC Television Network, in dem sich viele bekannte Sender wie ABC, die Disney Channel Gruppe und der globale Sportsender ESPN befinden. In Deutschland ist Disney, wie zuvor beschrieben, an dem Sender RTL2 beteiligt und kooperiert auch ansonsten eng mit der RTL-Gruppe. Im Kino finden wir häufig Filme von Disney über die Marken Touchstone Pictures oder Dreamworks Pictures. Weitere bekannte Namen sind Marvel Studios oder Lucasfilm. Im Publishing-Bereich ist Disney natürlich sehr stark bei Comics und Kinderbüchern vertreten und gilt als erfolgreichster Kinderbuchverlag der Welt. Weitere wichtige Geschäftsfelder sind der Musiksektor und Computerspiele.

Weltweit zu den ganz großen Medienzaren gehört natürlich auch Rupert Murdoch. Seine News Corporation ist ein global agierender Medienkonzern, der zahlreiche Beteiligungen an Film- und Fernsehunternehmen, Zeitungs- und Buchverlagen besitzt und viele bekannte Magazine wie die *Sunday Times*, *The Times*, *The Sun*, *Wallstreet Journal* oder Fernsehsender wie Fox Broadcasting Company oder die British Sky Broadcasting betreibt. Im Kinobereich ist die 21st Century Fox der bekannteste Name. Die genaue Struktur des Konzerns ist auch für Experten undurchsichtig. Die Eigentumsverhältnisse hingegen sind sehr klar, Rupert Murdoch und seine Familie haben die Macht durch ihre Anteile und auch über die Aufsichtsratsposten. Ähnlich wie Springer in Deutschland eine Nähe zur CDU nachgesagt werden kann, macht Murdoch wenig Hehl aus seiner Sympathie für die Republikanische Partei in den USA.

DirecTV, LLC ist der führende Anbieter für Satelliten-Pay-TV in den USA. Auch in Lateinamerika ist dieser Konzern stark engagiert. Inhalte produziert er weniger, er ist aber natürlich durch seine Marktmacht dazu in der Lage, gewissen Einfluss zu nehmen. Es ist geplant, dass der US-Telekommunikationsgigant AT&T den Konzern übernimmt.

Viacom Inc./CBS Corp. wird durch den Medienmogul Sumner M. Redstone über seine Holding National Amusements, Inc. kontrolliert, von der er über 70 Prozent der Anteile hält. Im Fernsehbereich finden wir neben dem bekannten CBS Television Network auch Kanäle wie MTV, Nickelodeon oder den britischen Privatsender Channel5. 130 Radiostationen werden von CBS betrieben. Die Paramount Pictures Corporation ist der Hauptträger des Kinofilmgeschäfts. Auch eine Reihe von Verlagen, darunter der US-Großverlag Simon & Schuster, gehören zu diesem Konzern.

Der Time Warner Konzern war einmal der größte Medienriese der Welt, ist aber aktuell auf Platz 7 abgerutscht. Die bekanntesten TV-Kanäle sind CNN, TNT, HBO und das Cartonn Network. Warner Bros., New Line Cinema und DC Entertainment sind beim Film die bekannten Marken des Unternehmens. Der Verlag Time Inc. ist einer der führenden Magazinverlage auf dem US-Markt und gibt Produkte wie *Time*, *Fortune* oder *Sports Illustrated* heraus. Die Sparte leidet aber seit einigen Jahren unter starken Umsatzrückgängen, weshalb man aktuell auch mehr auf den Online-Bereich fokussiert. Die Aktien von Time Warner befinden sich in starkem Streubesitz, große Investmentgesellschaften halten größere Anteilspakete. Das Unternehmen gilt als möglicher Übernahmekandidat und könnte eventuell seine Eigenständigkeit verlieren.

Firmen wie Google oder Apple produzieren/verkaufen mittlerweile ebenfalls Medien und Inhalte, deshalb tauchen sie in dieser Liste auf. Allerdings gibt es dort noch wenig redaktionelle Bearbeitung, weswegen sie in der Meinungsbildung nicht so stark hineinspielen. Gerade Google könnte hier aber sehr schnell zu einem der wichtigsten Spieler überhaupt werden, um das Internet zu beeinflussen.

Aktuell hat Google gerade seine Ranking-Methoden für die Websuche extrem verändert. Je nachdem, wie gut die Inhalte auch auf mobilen Geräten dargestellt werden können, erscheinen die Suchergebnisse nun deutlich weiter oben. Zunächst soll das natürlich dem Trend zu mehr Pads und Smartphones Rechnung tragen, aber durch die Hintertür werden kleinere Webseiten-Betreiber dadurch in den Hintergrund gedrängt. Eine Webseite für unterschiedliche Geräte zu optimieren, ist aufwendig; große Konzerne haben damit kein Problem, kleine Betreiber besitzen aber nicht unbedingt Mittel und Ressourcen, das ebenfalls zu tun. Auch wenn deren Inhalt zu einer Suchanfrage relevanter ist als die Seite eines großen Nachrichtenportals, wird Letzteres dann bei den Suchergebnissen weiter oben platziert werden. Der große medienwirksame Kampf

Google gegen Printmedien ist letztendlich nur eine Show, hinter allen diesen Konzernen stehen am Ende dieselben Leute.

Auf den Plätzen 16 und 24 der international größten Medienkonzerne befinden sich Unternehmen, denen eine ganz besondere Bedeutung zukommt. Das hängt damit zusammen, wie heute Nachrichten überhaupt gemacht und verteilt werden. Ein extrem wichtiger Bestandteil sind hier die großen Nachrichtenagenturen. Natürlich sind auch das Privatfirmen. Dieser Nachrichten bedienen sich dann aber auch öffentlich-rechtliche Medienanstalten. Da eigene Korrespondenten und auch Redakteure allerorts immer mehr eingespart werden, bleibt kaum noch Zeit und Personal für eigene Recherchen und Artikel. Deshalb werden immer mehr die Agenturmeldungen nur noch ausgewählt, etwas umformuliert und dann gesendet oder geschrieben. Es gibt dafür mittlerweile sogar schon Computerprogramme. Häufig entdeckt man aber auch ein und denselben Text in unterschiedlichen Medien. Das ist dann üblicherweise der Text von einer großen Agentur. In vielen Fällen hören, lesen oder sehen wir also in verschiedensten Medien zu einem Ereignis nur die Aussage einer einzigen Quelle. Die sogenannte Vielfalt findet hier überhaupt nicht mehr statt.

Diese Tatsache gibt gerade den großen Nachrichtenagenturen eine unglaubliche Macht über die Meinungsbildung in der westlichen Welt. Die zwei derzeit reichsten Medienunternehmer sind Besitzer der führenden Nachrichtenagenturen – Zufall?

- **David Thomson – Thomson Reuters**
- **Michael Bloomberg – Bloomberg**

Diese größten Agenturen stehen auch unter der Kontrolle einzelner Menschen, was die Sache einfach macht, bestimmte „Wahrheiten" in die Welt auszusenden. Die Erzeugung von Nachrichten für Massenmedien ist dabei nur ein kleinerer Geschäftszweig. Es gibt außerdem entsprechende Daten-Dienste im Rechts-, Gesundheits- und Wissenschaftsbereich. Finanzdaten und -nachrichten sind allerdings die großen Gewinnbringer dieser Konzerne. Investmentgesellschaften und -banken nutzen deren Daten für ihre Geschäfte. Es ist essenziell, dass diese Daten extrem zeitnah geliefert werden und richtig sind. Deshalb sind die

Finanzhäuser durchaus bereit, hohe Preise dafür zu bezahlen. Bloomberg traf am 17. April 2015 ein katastrophaler Ausfall seiner Dienste weltweit. Das britische Finanzministerium musste beispielsweise die für jenen Morgen geplante Ausgabe einer Anleihe im Gesamtvolumen von drei Milliarden Pfund wegen des Bloomberg-Ausfalls auf den frühen Nachmittag verschieben. Alle schon getätigten Gebote wurden annulliert. Daran kann man gut erkennen, welches Gewicht diese Agenturen mittlerweile haben.

Der Schaden dürfte für Bloomberg immens gewesen sein, traf aufgrund des Zeitpunkts des Ausfalls aber primär Europa und Asien, nicht die USA. Als dort der Handel begann, funktionierte Bloomberg wieder größtenteils.

Die vermeintliche Begründung hieß doch tatsächlich, dass ein Mitarbeiter versehentlich einen Becher Cola in einen Server verschüttet hätte. Nun, wenn tatsächlich der Ausfall eines Servers derartige Folgen hätte, müsste Bloomberg eigentlich sofort sein Geschäft wegen kompletter Unfähigkeit aufgeben. Wer wie ich viele Jahre in der IT gearbeitet hat und dort hauptsächlich mit großen Banken und Finanzdienstleistern zu tun hatte, weiß natürlich, dass diese „Erklärung" kompletter Unsinn ist. Ein Server kann immer einmal ausfallen, und selbstverständlich gibt es mehrfache Redundanzen und regelmäßig geprobte BCP-Tests (Business Continuity Planning), die sicherstellen sollen, dass die geschäftskritischen Anwendungen ohne Probleme weiterlaufen.

Für Bloomberg war dieser Ausfall die größtmögliche Katastrophe, die mit allen Mitteln zu vermeiden gewesen wäre. Also hat man die größtmöglichen Schutzmaßnahmen ergriffen. Wie mir aus dem Bankenumfeld zugetragen wurde, saßen die Bloomberg-Mitarbeiter auf einmal vor schwarzen Bildschirmen, und niemand wusste, wie ihm geschah. Hier dürfte ein generalstabsmäßig geplanter und mit großem Aufwand durchgeführter Hacker-Angriff dahintergesteckt haben. Bloomberg muss natürlich alles versuchen, die Hacker-These zu verleugnen. Hacker könnten nämlich nicht nur einfach alles lahmlegen, sie könnten auch unerkannt falsche Nachrichten und Daten/Preise einschleusen. So etwas kann in kürzester Zeit Konzerne oder sogar Staaten umwerfen, und natürlich basiert das Geschäftsmodell von Bloomberg auf dem Vertrauen der Kunden in die hundertprozentige Richtigkeit der gelieferten Daten.

Der Fall belegt aber auch sehr gut die Abhängigkeit des gesamten Finanzsystemes von diesen Konzernen. Eine Nähe zur weltweiten Finanzindustrie ist natürlich auch durch deren Geschäftsmodell zwangsläufig gegeben, was die angebliche „Unabhängigkeit" der Nachrichtenagenturen bereits auf dieser Ebene deutlich infrage stellt.

Die Fusion von Reuters und Thomson Corporation zum weltweit größten Informationsdienstleister erfolgte im Frühjahr 2008 und machte den Konzern zur Nummer eins. Der Zusammenschluss der zwei Unternehmen war aus wettbewerbsrechtlicher Sicht nicht unumstritten: Der neue Konzern Thomson Reuters kontrolliert zusammen mit Bloomberg nun ca. zwei Drittel des Marktes, es ist mehr oder weniger ein Duopol entstanden. Die EU-Kommission als zuständige Kartellbehörde für Europa meldete zwar bei der ab Oktober 2007 laufenden Prüfung „erhebliche Bedenken" an, das Ergebnis fiel jedoch sehr milde aus. Die Fusion wurde mehr oder weniger durchgewunken. Während das für manche Kommentatoren „überraschend" war, wussten alle, die hinter die Kulissen blicken, dass es genau so kommen würde. Je größer die Konzentration in einem Markt, desto einfacher ist die Kontrolle desselben.

Alles in allem ist schon die Medienlandschaft in Deutschland, aber auch in der gesamten westlichen Welt, fest in wenigen Händen, die direkt den Eliten unterstellt sind. Selbst kleine lokale Blätter gehören heute zumeist über Beteiligungen größeren Medienkonzernen an. Die sogenannte Vielfalt beschränkt sich am Ende auf eine Handvoll mächtiger Medienkonzerne weltweit und steuernde Politiker. Deswegen sieht in vielen Themenbereichen, die den Eliten wichtig sind, die Berichterstattung auch so ähnlich aus. Wer das Geld bringt, bestimmt; das ist auch und gerade in Medienkonzernen so. Es wird dabei aber nicht jede Kleinigkeit von oben vorgegeben. Es gibt hier verschiedene Mittel und Wege, dafür Sorge zu tragen, dass nur die „richtigen" Inhalte transportiert werden. Dazu kommen wir aber zu einem späteren Zeitpunkt noch einmal ausführlicher.

Trotzdem wird jeder bestätigen können, der in großen Firmen gearbeitet hat, dass man sich als Mitarbeiter kaum längerfristig Richtlinien „von oben" widersetzen kann. Je nach Position und Einfluss nach außen kann man zwar bis zu einem gewissen Punkt unter einer Sichtbarkeitsschwelle bleiben, aber sobald es auffällt, wird es gestoppt werden. Medienkonzerne funktionieren genauso, allerdings fällt es dort sehr schnell auf, wenn beispielsweise Redakteure oder ganze Redaktionsteams Dinge berichten, welche die Unternehmensleitung nicht möchte.

Wie erfolgt die Steuerung innerhalb der Massenmedien?

Wir haben im letzten Kapitel gesehen, dass relativ wenige einflussreiche Gruppierungen oder Personen über einen sehr großen Teil der Medienprodukte herrschen und bestimmen. Es ist hierbei schon sehr auffällig, dass gerade in großen Medienkonzernen tatsächlich häufig einzelne Menschen die Anteilsmehrheit besitzen und somit eine extrem große Macht ausüben können. Murdoch, Thomson oder in Deutschland Friede Springer sowie Prof. Dr. Hubert Burda sind Medienmogule erster Güte. In anderen Industriezweigen ist das eher nicht so häufig der Fall. Wir kommen noch darauf zurück, warum diese Besonderheit wichtig ist.
Nun regieren die Inhaber der Medienkonzerne sicher nicht bis in die hintersten Redaktionsecken hinein und bestimmen bei jedem einzelnen Artikel oder jeder Sendung den Inhalt. Natürlich wird aber schon darauf geachtet, dass bestimmte Linien in der Berichterstattung eingehalten werden. Das erfolgt beispielsweise über die Arbeitsverträge der Angestellten. Mittlerweile recht bekannt geworden sind die Klauseln des Springer-Konzerns, dass nicht kritisch gegenüber der EU, den USA oder Israel berichtet werden darf. Zum Teil kann das bereits aus den öffentlich verfügbaren Unternehmensgrundsätzen herausgelesen werden.

1. Das unbedingte Eintreten für den freiheitlichen Rechtsstaat Deutschland als Mitglied der westlichen Staatengemeinschaft und die Förderung der Einigungsbemühungen der Völker Europas.
2. Das Herbeiführen einer Aussöhnung zwischen Juden und Deutschen, hierzu gehört auch die Unterstützung der Lebensrechte des israelischen Volkes.
3. Die Unterstützung des transatlantischen Bündnisses und die Solidarität in der freiheitlichen Wertegemeinschaft mit den Vereinigten Staaten von Amerika.
4. Die Ablehnung jeglicher Art von politischem Totalitarismus.
5. Die Verteidigung der freien sozialen Marktwirtschaft.

Quelle: Axel Springer Verlag[42]

Letztendlich wird aber von oben nach unten versucht, die richtigen Mitarbeiter zu finden, die grundsätzlich nicht in einem unerwünschten Sinne berichten werden. Besonders wichtig sind dabei natürlich die Chefredaktionen. In Medienkonzernen sieht es letztendlich genauso aus wie in jeder anderen Firma. Die Richtlinien werden in allen wichtigen Bereichen von oben vorgegeben, und wenn ein Angestellter meint, dagegen verstoßen zu können, ist er je nach Anzahl und Schwere der Verstöße nicht mehr lange in dem Unternehmen. Das hat bereits einen großen Einfluss darauf, was und wie berichtet wird. Wie in den meisten Unternehmen anderer Felder auch wird ein Mitarbeiter dort nicht alt, wenn er gegen die Leitlinien der Firma eingestellt ist und gegen sie verstößt.

Ein Mitarbeiter von BASF Crop Science kann schlecht gegen Gentechnik sein. Der Lagerarbeiter kommt damit vielleicht noch durch, weil seine Arbeit dadurch kaum beeinträchtigt wird und er kaum Möglichkeiten hat, seine Meinung so zu artikulieren, dass sie anderen auffällt. Jemand im Vertrieb oder im Marketing würde keine zwei Wochen überleben, sobald er seine abweichende Meinung öffentlich bei Kunden oder sogar der Presse äußert. In Medienkonzernen ist das nicht anders, außer dass dort in vielen Bereichen Aussagen naturgemäß unmittelbar in die Öffentlichkeit kommen.

Wenn nun jemand als Redakteur zu Springer geht und meint, dort kritisch über Israel und die USA berichten zu können, wird er sehr schnell eines Besseren belehrt werden. In den Unternehmensgrundsätzen und auch den Arbeitsverträgen steht explizit drin, dass so etwas nicht möglich ist. Innerhalb eines Unternehmens ist das auch nicht zwingend verwerflich, auch nicht in einem Medienkonzern. Es werden vom Top-Management Richtlinien ausgegeben, für die das Unternehmen steht und an die sich die Mitarbeiter halten müssen. Allerdings darf ein Springer-Verlag dann natürlich nicht öffentlich behaupten, er sei überparteilich und unabhängig.

Zwei Faktoren kommen aber heute dazu, die auch dieses Vorgehen problematisch werden lassen:

1. die Größe der Konzerne
2. das Fehlen von Massenmedienanbietern, die eine komplett konträre Ansicht verbreiten

Wie wir zuvor gesehen haben, stammt eine Reihe von vermeintlich unterschiedlichen Presseerzeugnissen und/oder Fernseh- und Radiokanälen aus ein und demselben Konzern. Hinzu kommt dann noch, dass selbst die „konkurrierenden" wenigen anderen Konzerne in einer Reihe von Themenbereichen genau dieselbe Linie fahren. Früher waren beispielsweise das ehemalige Nachrichtenmagazin *Der Spiegel* oder die *Frankfurter Rundschau* eine brauchbare Alternative zur Springer-Presse. Das hat sich seitdem deutlich verändert, heute kommen häufig genau die gleichen Ansichten von dort, die man auch in der *Welt* oder *Bild* lesen kann.

Neben den Firmenleitlinien muss es also noch andere Gründe geben, warum wir eine derartige Gleichschaltung über Konzerngrenzen hinweg sehen. Dieser Begriff ist natürlich kontrovers und gilt so auch nicht für alle Themenbereiche. Diejenigen Themen, bei denen wir aber praktisch in sämtlichen Massenmedien nur noch genau eine bestimmte Sichtweise und Interpretation präsentiert bekommen, steigen in der Anzahl in den letzten Jahren immens an. Zudem erhalten genau diese Themen dann auch eine breite Präsenz in den jeweiligen Medien.

Eine kleine Auswahl davon:

- 9/11 und nachfolgende Anschläge, sowie der internationale Terrorismus
- Russland und besonders Putin sind böse (dito für Assad und andere)
- Der „menschengemachte Klimawandel"
- Die Einwanderungsproblematik
- Genderismus

Die Liste ist bei Weitem nicht vollständig.

Ohne an dieser Stelle eine Bewertung zu den einzelnen Punkten abgeben zu wollen, ist eines klar: Bei diesen Themen bekommt man über weite Strecken besonders in den stark genutzten Medien und dortigen Platzierungen (Titelseiten, Sendeplätze mit hohen Zuschauerquoten) einen Einheitsbrei vorgesetzt. Natürlich gibt es immer auch Ausnahmen, welche dann die Regel bestätigen, aber wirklich alternativ über ein derartiges Thema informieren kann man sich nur noch über das Internet oder den Buchmarkt. Eine Vielfalt innerhalb der Massenmedien sucht man vergebens. Wie aber kann es funktionieren, dass jeder kleine Redakteur hier linientreu bleibt?

Es gibt dazu mehrere Stufen der Kontrolle. Zunächst einmal haben wir bereits erfahren, dass die großen Nachrichtenagenturen eine wichtige Rolle hierbei spielen. Das hat in dem Maße zugenommen, in dem in den Redaktionen immer mehr Mitarbeiter abgebaut wurden. Auch die Anzahl eigener Korrespondenten im Ausland wurde überall sehr stark heruntergefahren. In vielen Redaktionen bleibt den wenigen verbliebenen Redakteuren von daher kaum mehr etwas anderes übrig, als die Agenturmeldungen noch ein wenig anzupassen und zu verändern, aber ansonsten mehr oder weniger eins zu eins zu übernehmen. Für mehr bleibt aufgrund der Arbeitslast keine Zeit mehr.

Die Kontrolle verläuft von oben nach unten, was die Inhalte der noch selbst verfassten Artikel und Reportagen betrifft oder auch die Auswahl der Nachrichten. Die Chefredaktionen überwachen, was passiert. Natürlich kann ein fest angestellter Redakteur nicht so schnell gefeuert werden, wenn er sich dem widersetzt, aber lange kann er es nicht durchhalten.

Zudem gibt es immer weniger fest angestellte Redakteure. Die Arbeiten freier Mitarbeiter werden aber schlicht und ergreifend nicht mehr eingekauft, wenn diese nicht zu 100 Prozent das schreiben, was gewünscht wurde. Kein Betriebsrat, keine Gewerkschaft kann und wird hier etwas machen.

Nun wird aber auch nicht jeder einzelne Artikel von oben zensiert und dann freigegeben, die Zensur findet bereits im Kopf der Redakteure statt. Bei Themen, wie den o.g. ist allen Beteiligten relativ klar, was man schreiben und senden kann und was nicht. Selbst sehr bekannte und erfolgreiche Journalisten mussten am eigenen Leib erfahren, was passiert, wenn sie meinten, sich darüber hinwegsetzen zu können. Ulrich Wickert, Ken Jebsen, Eva Herman, Gerhard Wisnewski und viele andere Namen stehen dafür und zeigen als ein statuiertes Exempel auch allen anderen direkt die Konsequenzen auf.

In den untersten Etagen der Redaktionen geht es für die angestellten und freien Mitarbeiter um nicht weniger als die eigene wirtschaftliche Existenz. Wer hier zu sehr ausschert, bekommt bei den Massenmedien kein Fuß mehr auf den Boden. Bei nicht wenigen führt aber diese Tatsache auch dazu, dass sie selbst ganz fest daran glauben, was sie da schreiben, denn ansonsten würde sich eine große Diskrepanz zwischen dem, was sie tun, und dem, was sie denken ausbilden. Man kann aber nicht über längere Zeit gegen sein inneres Weltbild arbeiten.

Dieses Verhalten kann man auch sehr gut beispielsweise bei Bankmitarbeitern beobachten. Die fühlen sich eigentlich als Helfer ihrer Kunden, um das für ihn optimale Produkt zu finden. Nun wurden sie aber leider in der Vergangenheit immer stärker dazu getrieben, diejenigen Produkte zu verkaufen, die der Bank den größten Gewinn bescheren. Bei Anlagemöglichkeiten, die vielleicht für den Kunden optimal wären, der Bank aber nur wenig einbringen, gibt es teilweise sogar Strafen für die „Berater". Auch werden sich die meisten Berater selbst nicht eingestehen wollen, dass unser Finanzsystem kurz vor dem Kollaps steht. Damit würden sie ihre eigene Existenz infrage stellen. Also glauben viele selbst daran, dass sie ihren Kunden etwas Gutes tun, auch wenn sie es definitiv besser wissen müssten. Sie blenden einen Teil der Realität aus. Ganz ähnlich funktioniert das auch bei Angestellten der Medien. Natürlich ist dieses Phänomen nicht nur auf diese beiden Berufsgruppen beschränkt.

Als Nächstes kommt hinzu, dass man bei Politikern natürlich nicht gerne gesehen ist, wenn man zu kritische Fragen stellt und diese zu schlecht aussehen lässt. Wer viele und gute Interviews haben möchte und unter der Hand auch die eine oder Information, der muss schon auf einer ähnlichen Linie sein wie die Politiker auch.

Als entscheidender Aspekt kommt dann das Ego hinzu und die Möglichkeit, Ansehen und Macht zu erhalten. Hier kommen wir dann häufig zu den Chefredaktionen und bekannteren Leuten wie denen, die wir jeden Abend auf dem TV-Bildschirm sehen. Dass diese beispielsweise sehr USA-freundlich und gegen Putin oder Assad eingestellt sind, verwundert einen dann nicht mehr, wenn man weiß, in welchen Organisationen sie noch tätig sind. Es gibt eine Reihe von Organisationen, in denen die USA ihre Weltsicht über den Atlantik und hier besonders nach Deutschland bringen. Die bekannteste ist wohl die Atlantikbrücke, der auch Politiker wie unser ehemaliger Verteidigungsminister zu Guttenberg angehören. Eine große Anzahl einflussreicher Medienleute ist in diesen Organisationen nicht nur Mitglied, sondern übt dort auch noch Führungspositionen aus. Allein die Liste der Atlantikbrücke ist schon beeindruckend. Es liest sich wie das Who-ist-Who der deutschen Medienlandschaft.[43]

Letztendlich sind die Mitgliedschaften und Posten der Atlantikbrücke in den regelmäßigen Berichten öffentlich zugänglich, weswegen die Betroffenen auch kaum gerichtlich gegen die Bekanntmachung vorgehen können. Sie behaupten dann einfach, dass diese Mitgliedschaft selbstverständlich keinerlei Einfluss auf ihre freie und neutrale Berichterstattung hätte. Viel Licht in die Beziehungen und Verstrickungen von Top-Journalisten zur Atlantikbrücke hat eine Studie von Uwe Krüger gebracht.

Die Atlantikbrücke ist nur eine von vielen derartigen Organisationen, aufgrund der vielen Mitgliedschaften von hochrangigen Medienvertretern aber ein gutes Beispiel dafür, wie eine bestimmte gerichtete Berichterstattung erzeugt werden kann. Als der *Spiegel* noch ein kritisches Nachrichtenmagazin war, beschrieb er die Atlantikbrücke e.V. in der Ausgabe von 29. Januar 1958 als „Gesellschaft ehemaliger Besatzungsfunktionäre im Nachkriegsdeutschland". Dieser Verein macht eigentlich kein großes Geheimnis daraus, dass er das Ansehen der USA in Deutschland positiv gestalten will. Dazu vergibt er u.a. den Vernon-A.-Walters-Award, der Menschen verliehen wird, die sich um die deutsch-amerikanischen Beziehungen verdient gemacht haben. Allerdings war dieses „Vorbild" Vernon A. Walters ein kalter Krieger par exellence, der auch den Vietnamkrieg bis zuletzt noch gutgeheißen hat. Als stellvertretender Direktor der CIA werden ihm eine Reihe von Geheimoperationen zugeschrieben, um die USA in vielen Teilen der Welt in eine bessere Position zu bringen. Seine letzte Stelle im Auftrag der US-Regierung war die des Botschafters in Deutschland.[44] Er kam kurz vor dem Mauerfall am 24. April 1989, und das dürfte kein Zufall gewesen sein.

Man wollte in diesen Zeiten wohl „den richtigen Mann" in Deutschland haben, Walters blieb Botschafter bis zum August 1991. In diesem Zeitraum wurden ja auch der Chef der Deutschen Bank Chef Alfred Herrhausen (30. November 1989) und der Treuhand-Vorsitzende Detlev Rohwedder (1. April 1991) ermordet – angeblich durch eine „Dritte RAF-Generation" durchgeführt, die bis heute ein reines Phantom blieb, aber es gibt schon länger Hinweise auf US-Geheimdienstkreise als eigentliche Täter.[45] Beide Ermordeten hatten neue Ideen für den Osten Europas, die aber besonders US-Banken nicht gerade gefielen.

Nun ist natürlich nicht bewiesen, dass Walters damit irgendetwas zu tun gehabt haben könnte, er war zuvor aber immer einmal schon „der Mann fürs Grobe" gewesen, sei es in Südamerika, Nicaragua oder auch bei der Unterstützung der Taliban in Afghanistan. Diesen strammen US-Bürger hat sich also die Atlantikbrücke als Namensgeber ihres Preises und somit als Vorbild für die Preisträger ausgesucht. Das spricht Bände. Letztendlich wird man kein Mitglied der Atlantikbrücke und schon gar nicht Inhaber einer Funktion oder gar des Vorsitzes, wenn man gegenüber den USA eine minimal kritische Einstellung hat. Bei den dortigen Veranstaltungen wird definitiv pro-amerikanische Gehirnwäsche betrieben.

Neben der Atlantikbrücke gibt es noch eine Reihe ähnlicher Vereinigungen, die einem ähnlichen Zweck dienen und mit prominenten Mitgliedern aus dem Medienbereich aufwarten können. Als Beispiel sei hier noch der **German Marshall Fund of the United States** (GMF) genannt, eine 1972 eingerichtete Stiftung, die sich unter anderem auf die Fahnen geschrieben hat, Führungskräfte zu fördern, die sich auf dem Gebiet der transatlantischen Beziehungen engagieren.[46]

Einen großen Verdienst hat sich bei der Aufdeckung und Zusammenfassung dieser Abhängigkeiten der Medienforscher und Autor Uwe Krüger erworben, denn er hat in seinem Buch „Meinungsmacht. Der Einfluss von Eliten auf Leitmedien und Alpha-Journalisten – eine kritische Netzwerkanalyse" mit einem wissenschaftlichen Ansatz diese sehr problematische Tatsache untersucht. Dieses Buch ist genau wie Krüger aber in der breiten Öffentlichkeit nicht näher bekannt, von daher wurde bisher auch nicht stark dagegen geschossen.

Eine spannende Frage in Bezug auf diese Organisationen wäre, ob man dort eine Mitgliedschaft erhält, wenn man absehbar in eine einflussreiche Position gelangt oder bereits eine innehat, oder ob die Mitgliedschaft in einer derartigen Organisation hilfreich ist, entsprechend „aufzusteigen"? Die Beantwortung dieser Frage kann in diesem Buch nicht geklärt werden; Tatsache ist, dass diese

Organisationen existieren, dass sie ihre Ziele auch nur wenig verschleiern und dass eine große Anzahl führender Journalisten dort Mitglieder sind oder sogar führende Positionen bekleiden.

Es ist diesen Herrschaften natürlich nicht so recht, wenn deren Mitgliedschaft einem größeren Publikum bekannt wird, denn zu offensichtlich wird dann der Grund, warum deren Reportagen und Artikel so aussehen. Als die Satire-Sendung „Die Anstalt" dieses am 29. April 2014[47] gnadenlos aufdeckte, reagierten zwei Herren aus der Spitze der Medien derart verschnupft, dass sie unmittelbar vor Gericht zogen. Dabei wollten und konnten sie aber nicht die Behauptungen der Tatsache ihrer Mitgliedschaft an sich verbieten; sie versuchten mit kleinen, angeblich falschen Details die Aussage zu diskreditieren. Das Gericht sah es jeweils aber anders.

Diese Reaktion zeigt deutlich, dass die betroffenen Journalisten gar nicht erfreut sind, wenn ihre Mitgliedschaften in derartigen Organisationen öffentlich werden. Eine Klage gegen eine Satire-Sendung gleicht dabei aber einem Offenbarungseid. Dass diese Mitgliedschaften angeblich keinen Einfluss auf ihre Berichterstattung haben, strafen sie selbst fast täglich durch ihre eigenen Aussagen und Taten Lügen.

Bedauerlicherweise hat aber auch die Tatsache, dass solche Verstrickungen in einer Sendung des ZDF mit ganz guter Quote aufgedeckt wurden und außerdem jederzeit durch Studien oder einfach durch die Mitgliedslisten der Organisationen nachweisbar sind, nicht dazu geführt, dass in Deutschland nun ein Aufschrei wahrzunehmen gewesen wäre.

Die nächste Stufe einer wichtigen Mitgliedschaft wäre die Einladung zu einem Bilderbergertreffen, bei dem auch regelmäßig Führungspersönlichkeiten aus den Massenmedien zu Gast sind. An dieser jährlich stattfindenden Konferenz kann man aber auch gut ersehen, dass es bei bestimmten Themen in den Massenmedien sogar eine fast 100-Prozent-Gleichschaltung gibt und diese auch funktioniert. Immerhin treffen sich dort eine bis zu dreistellige Anzahl von Führungspersönlichkeiten aus Politik und Wirtschaft, und in sämtlichen Massenmedien wird faktisch überhaupt nicht darüber berichtet. Keine Papparazi versuchen, Fotos zu erhaschen, obwohl dort sogar gekrönte Häupter ihr Stelldichein geben.

Bei einer freien Presse würde darüber genauso berichtet werden, wie über einen G7-Gipfel. Lange Zeit wurde ja auch behauptet, dass diese Konferenzen nur eine „Verschwörungstheorie" wären, allerdings haben jeweilige Vorortberichte, Bilder und Recherchen der alternativen Medien vor allem im Internet dazu geführt, dass man die Existenz dieser Konferenz offiziell einräumen musste. Es gibt nun sogar eine offizielle Webseite, wobei man dort allerdings kaum etwas erfährt.

An dieser Konferenz zeigt sich deutlich, dass es eine Kontrolle über den größten Teil der westlichen Medien gibt, die bestimmte Themen fast vollständig unterdrücken kann. Seit man diese Konferenz nicht mehr völlig in das Reich der Fabeln verweisen kann, gibt es an der einen oder anderen Stelle auch bei den Massenmedien einmal einen kleinen Hinweis darauf. Wenn Sie aber Menschen nach der Bilderberg-Konferenz fragen würden, käme nach wie vor von der großen Mehrheit, die sich nur über die Massenmedien informieren, die Antwort, dass sie davon noch nie etwas gehört hätten. Genau das ist das Ziel, denn ansonsten käme unmittelbar die Frage danach auf, was denn dort so besprochen wird?

Durch die extrem starke Abschottung bekommen das auch die alternativen Medien praktisch nicht heraus. Es gibt auch nur ganz selten einmal einen Teilnehmer, der etwas verlauten lässt, oder überhaupt nur zugibt, dort anwesend gewesen zu sein.

Als letzte Stufe bleibt dann noch die Nähe zu den Hintergrundeliten, die bei den Eigentümern der Medienkonzerne stark zu vermuten ist. Deshalb gehen Sie bitte davon aus, dass alles, was groß in den Massenmedien erscheint – und nur das hat auch einen wirklichen Impakt auf die Masse der Menschen – geplant und von den Eliten abgesegnet wurde. Wenn die Enthüllungen von Edward Snowden nicht von einer sehr mächtigen Gruppe gewollt gewesen wären, hätte man bestenfalls auf ein paar alternativen Internetseiten davon lesen können. Übrigens begann der Snowden-Skandal im Jahre 2013 exakt am ersten Tag der damaligen Bilderbergerkonferenz. Ein Schelm, wer vermutet, dass es kein Zufall sein könnte …

Es gibt immer mehr Aussteiger aus den Massenmedien, die dann darüber berichten, wie es dort letztendlich zugeht. Udo Ulfkotte und Eva Herman haben lesenswerte Bücher darüber geschrieben. Aber auch andere haben sich im Internet dazu geäußert, deshalb wird immer klarer, wie Zensur und Gleichschaltung heute tatsächlich funktionieren. Es läuft anders als in früheren Zwangssystemen, vieles geschieht unterschwelliger, aber deshalb keinesfalls weniger effektiv, eher im Gegenteil.

Udo Ulfkotte hat in seinem Bestseller „Gekaufte Journalisten" eindrucksvoll erläutert, wie die Beeinflussung und Steuerung der Medienmitarbeiter funktioniert. Ulfkotte wird natürlich heute mit dem üblichen Dreck beworfen, der da „Verschwörungstheoretiker" oder auch „rechtspopulistischer Islamkritiker" heißt, was aber nur der bekannte Versuch ist, jemanden zu diskreditieren, damit seine Aussagen möglichst gar nicht erst angehört werden. Alle seine Positionen teile ich sicher auch nicht, aber in vielen Bereichen dürfte er leider recht haben. Zu stark sind die Beweise, die er liefern kann. In seinem Buch deckt er schonungslos auf, wie er selbst geschmiert und beeinflusst wurde und was er ansonsten so mitbekommen hat. Immerhin war Ulfkotte über viele Jahre hochdekorierter Redakteur der FAZ und nachweislich mitten in dem Medienzirkus integriert. Ihm gebührt größter Respekt, seine persönlichen Verfehlungen so schonungslos offenzulegen und Abbitte zu leisten. Deshalb sind seine Schilderungen aber absolut glaubhaft, und sein Fall war und ist in Journalistenkreisen nicht die Ausnahme, sondern leider eher die Regel. Er nennt viele Namen in diesem Buch, bisher wurde dagegen noch nicht gerichtlich erfolgreich vorgegangen. Ich war bereits vor der Lektüre seines Buches sicher nicht naiv, wie stark die Mitarbeiter der Medien beeinflusst und geschmiert werden, aber danach konnte ich nur feststellen: Es ist schlimmer, als ich es mir je vorstellen konnte!

Zunächst einmal ist es scheinbar üblich, dass Journalisten zu allen möglichen Veranstaltungen und Reisen „eingeladen" werden. Der Pressekodex schreibt zwar vor, dass dieses dann auch in den entsprechenden Artikeln erwähnt werden muss, was aber häufig leider „vergessen" wird. Natürlich denkt man unmittelbar an Firmen, die sich dadurch positive Berichterstattung erkaufen, was auch durchaus häufig geschieht, aber auch viele politische Reportagen werden im

Ausland vollständig von der dortigen Regierung finanziert, und man macht auch noch eine Reihe von „Geschenken" zusätzlich. Ulfkotte ist das extrem häufig passiert, ob er nun in die USA, nach Südafrika, in den Irak oder den Oman gereist ist. First- oder Businessclass-Flüge, Fünfsternehotels, Privathubschrauber von Regierungsmitgliedern zur freien Verfügung und vieles mehr waren für ihn und sind für seine ehemaligen Kollegen wohl auch noch bis heute der Normalfall. Dass dann kein kritischer Bericht herauskommen kann, versteht sich von selbst. Den jeweiligen Vorgesetzten war das natürlich immer vollständig bekannt, schließlich mussten sie diese Reisen ja genehmigen.

Erstaunlich ist auch, dass man als Auslandskorrespondent scheinbar unweigerlich von den Geheimdiensten „umarmt" wird. Ulfkotte kam häufig mit dem Bundesnachrichtendienst in Kontakt, was offenbar durchaus üblich ist. Sobald ein Redakteur einen gewissen Einfluss hat, überlassen westliche Geheimdienste scheinbar nichts mehr dem Zufall. Ist derjenige kooperativ, winken ihm exklusive Informationen, und es gehen viele Türen auf. Natürlich gibt es auch immer wieder Geschenke oder nette „Überraschungen". Da Ulfkotte damals sehr USA-freundlich berichtete, wurde er beispielsweise bei einem USA-Aufenthalt dann mit der Ehrenbürgerschaft Oklahomas überrascht. Dafür kamen manche Artikel auch durchaus fast vollständig aus der Feder des BND. Die FAZ ermunterte Ulfkotte nach seiner Aussage sogar zu engen Kontakten mit den Geheimdiensten. Interessant ist in dem Zusammenhang Ulfkottes Hinweis, dass der BND neben ca. 6.000 festangestellten Mitarbeitern noch etwa 17.000 „informelle Mitarbeiter" hat. Wenn ein Redakteur hier allerdings zu stark Gegenwehr betreibt, mit den Geheimdiensten zusammenzuarbeiten, dann kann das sogar bei führenden „Alpha-Journalisten" zum Rausschmiss führen. Ulfkotte nennt hier konkrete Beispiele.

Alles in allem ist also festzuhalten, dass man als Journalist zumindest in bestimmten Themenumfeldern massiver Manipulation ausgesetzt ist. Es gibt dabei eine wohldosierte Mischung aus sanftem Druck und großen Vorteilen. Ulfkotte beschreibt an seinem eigenen Beispiel sehr gut, wie er dieses lange Zeit aber auch gar nicht als verwerflich angesehen hat. Im Endeffekt geht es auch gar nicht anders; wenn man das Spiel nicht mehr mitmachen möchte, ist man zwangsläufig bald raus aus dem Geschäft. Das macht es aber nicht besser. Letztendlich sehe ich drei verschiedene Kategorien von redaktionellen Mitarbeitern bei den Massenmedien:

1. Die Täter
2. Die Verblendeten
3. Die Mitläufer

Täter sind diejenigen, die ganz bewusst die Unwahrheit schreiben oder berichten, wichtige Sachverhalte weglassen und gezielt manipulieren, um einen gewünschten Spin zu erzeugen. Die Täter sind zumeist Mitglieder in bestimmten Elitenkreisen und Gruppierungen, von wo sie auch häufig die Richtung vorgegeben bekommen. Sie haben keinerlei Skrupel dabei und kümmern sich primär um ihre persönlichen Vorteile. Manchmal mögen sie auch noch an einen „höheren Zweck" glauben, der ihnen von ihren Elitenkontakten vermittelt wird. Die Täter finden sich primär in den oberen Hierarchiestufen, wobei die meisten von ihnen gesteuert sein dürften, auch wenn sie das selbst teilweise nicht einmal bemerken. Die Täter haben auch die Aufgabe, sicherzustellen, dass die untergeordneten Hierarchiestufen in gewünschter Art und Weise agieren und funktionieren. Ihnen stehen dazu eine Reihe von Mitteln und Wegen zur Verfügung, Druck auszuüben oder auch Belohnungen zu verteilen.

Die Verblendeten sind in allen Hierarchiestufen zu finden. Zu ihnen gehörte damals auch Udo Ulfkotte. Sie finden nichts Böses dabei, Richtlinien von oben zu folgen und die Vorteile ihres Berufes in vollen Zügen genießen. Sie sehen viele Kollegen, die das genauso machen, und glauben deshalb, dass es völlig normal sei. Sie meinen wirklich, für eine gute Sache zu arbeiten und glauben tatsächlich auch größtenteils an das, was sie schreiben. Kommen einmal Zweifel auf, werden diese schnell wieder beiseite geschoben. Bei ihnen ist ein typischer Tunnelblick zu diagnostizieren, denn ohne diesen müssten sie unweigerlich anerkennen, dass sie den echten Journalismus hemmungslos verraten. Man findet solche Menschen auch in vielen anderen Berufen, und die Ausblendung der Realität hat nichts mit mangelnder Intelligenz zu tun. Sie wissen innerlich eigentlich ganz genau, wenn sie sich erlauben würden, offen zu denken, wird ihr gesamtes Weltbild und ihre Existenz unmittelbar infrage gestellt. Sie reagieren üblicherweise sehr ungehalten, wenn jemand mit guten Argumenten versucht, ihnen die Augen zu öffnen. Sie machen es lächerlich, ignorieren es komplett oder werden aggressiv. Sie lassen diese Argumente keinesfalls an sich heran.

Die Mitläufer sind diejenigen, die eigentlich noch ein Bild des Journalismus im Kopf haben, das alten Idealen folgt. Sie versuchen auch immer wieder einmal, ehrliche, kritische Recherche zu betreiben und die Ergebnisse dann zu veröffentlichen. Bei den kritischen Themen werden sie aber von den Vorgesetzten ausgebremst. Also fügen sie sich gezwungenermaßen, denn sie müssen von etwas leben, eine Familie ernähren, das Haus abbezahlen usw. Ihnen ist klar, dass sie mit wirklich unabhängiger Berichterstattung bei den etablierten Medien keinen Fuß mehr auf den Boden bekommen würden. Da sie aber nichts anderes gelernt haben, fügen sie sich zwangsläufig und suchen sich ihre Nischen, in denen sie sich noch im Spiegel anschauen können.

Ich komme im letzten Kapitel noch einmal auf diese drei Typen zurück. Es mag auch noch eine kleine Anzahl glücklicher Journalisten geben, die tatsächlich frei und neutral berichten können, weil sie Themenbereiche bearbeiten, bei denen von oben noch keine bestimmten Richtlinien oder Spins vorgegeben wurden. Da sich die „besetzten Themen“ aber krakenartig in der Medienlandschaft ausbreiten, werden auch diese Kollegen wohl bald vor die Wahl gestellt.

Der Sündenfall der Massenmedien: 9/11

Die Entwicklung der Massenmedien erzeugte in ganz frühen Jahren bereits Begehrlichkeiten der Reichen und Mächtigen, diese für ihre Zwecke zu nutzen. Ein Datum führte allerdings in jüngerer Vergangenheit zu einer Zäsur im Verhalten der Massenmedien: der 11. September 2001. Es war danach besonders in Deutschland (hier habe ich es mitverfolgt, in den USA und anderen westlichen Ländern lief es aber ganz ähnlich ab) eine „Gleichschaltung" bei allen Berichten und Kommentaren zu diesem Ereignis beobachtbar. Die offizielle Erklärung wurde für sakrosankt erklärt, jede abweichende Meinung als „Ketzerei". In dieser Form war das in den westlichen Demokratien bis dahin eigentlich kaum denkbar gewesen.

Ich möchte nun einen kurzen Abriss über die Fragen zu diesem Anschlag geben, wobei ich allein hierüber mehrere Bücher schreiben könnte. Die gibt es aber auch bereits in hervorragender Qualität von anderen Autoren, deshalb an dieser Stelle nur ein kurzer Exkurs für diejenigen Leser, die vielleicht zu diesem Thema noch nichts gelesen haben. Ich picke nur einmal einige wenige Punkte heraus, die aber bereits eine Unmenge an kritischen Fragen aufwerfen und die offizielle Geschichte in den Bereich der Märchen verweisen. Eine freie Presse hätte diese Fragen unmittelbar aufwerfen müssen, was aber fast vollständig in westlichen Ländern unterblieb. In Ländern wie Indien sah das beispielsweise ganz anders aus.

Am deutlichsten wird das bei den sogenannten „rauchenden Colts" ersichtlich. So werden deutliche Hinweise auf die Täterschaft bei einem Verbrechen genannt. Derjenige, der nach dem Mord einen rauchenden Colt in der Hand hält, ist wohl mit hoher Wahrscheinlichkeit auch der Mörder. Der erste „rauchende Colt" liegt für mich nicht in New York, sondern in Washington.

Dort soll ja eine Boeing 757, der Flug American Airlines 77, in das Pentagon geflogen sein. Wie Sie gleich sehen werden, ist das aber so lächerlich, dass man sich schon fragt, wie die damit durchkommen konnten? Während man bei den Türmen des World Trade Centers wenigsten versucht hatte, eine relativ logische Story zu entwerfen, ist bei dem Pentagon alles eher schlampig gemacht worden. Ich werde auch den Verdacht nicht los, dass dieses vielleicht gar nicht von Anfang an in der Planung war, dann aber im Windschatten des WTC gleich mit erledigt wurde. Man hatte für diese Aktion gute Gründe, ich komme noch einmal darauf zurück.

Ich bin mir aber sehr sicher, dass man, wenn es nur den Pentagon- Anschlag alleine gegeben hätte, ohne den Schock des WTC mit den eindrücklichen Bildern und 3.000 Toten, mit der Geschichte „ein Flugzeug ist in das Pentagon geflogen" nicht durchgekommen wäre. Nicht umsonst hießen die ersten Meldungen ja auch, dass ein Tanklastzug dort explodiert sei.

Ich hatte mich bis zum 11. September 2001 schon mit vielen kritischen Themen auseinandergesetzt, Staatsterrorismus war bis dahin für mich aber noch kein Thema. Somit hatte ich zunächst auch an die Story von Bin Laden geglaubt. Allerdings ist mir als Ingenieur und damit auch mit einer guten naturwissenschaftlichen Ausbildung schon direkt an diesem Tag die Frage in den Kopf gekommen: Wo ist eigentlich beim Pentagon das Flugzeug?

Es gab keine Bilder, auf denen man irgendwelche größeren Wrackteile gesehen hätte. Die offizielle Erklärung „das Flugzeug wurde beim Aufprall komplett zerstäubt" ist aus physikalischer Sicht aber kompletter Nonsens. Es ist ja nicht das erste Flugzeugunglück, bei dem ein Flugzeug gegen eine massive Wand fliegt. Bei den vielen Unglücken im Laufe der Jahrzehnte bleiben fast immer bestimmte Teile des Flugzeugs unversehrt und sind danach gut zu identifizieren. Da ist zum einen das Leitwerk, und zum anderen sind da die Triebwerke. Diese Teile brechen üblicherweise einfach ab und liegen dann irgendwo auf der Unglücksstelle herum.

Auch Teile des Fahrwerks sind eigentlich immer noch erkennbar vorhanden. Diese Teile sind so kompakt und an einer relativ schwachen Befestigung montiert, dass sie bei einem Crash von dem Rumpf/Flügel abgetrennt und meist relativ unversehrt gefunden werden. Triebwerke sind im Vergleich zu einer Tragfläche sehr massereich und auch sehr stabil gebaut, da diese ja auch im Betrieb hohe Temperaturen aushalten müssen.

Deshalb würde ein Triebwerk bei einer derartigen Kollision eines Flugzeugs frontal auf eine Wand auch nie spurlos „zerstäuben", sondern immer abbrechen und vor der Wand liegenbleiben, selbst wenn der Rest des Flugzeugs wirklich zerstäubt wäre. Letzteres ist aber auch noch nie passiert, außer angeblich am 11. September 2001 beim Pentagon. Das ist aber tatsächlich die offizielle Geschichte bis heute.

Es liegen auf jeden Fall eine Reihe erkennbarer Trümmerteile herum. Insbesondere Fahrwerk, Leitwerk und vor allem die Triebwerke „zerstäuben" nie und sind nach dem Absturz gut zu identifizieren.

Was auch noch theoretisch möglich gewesen wäre, ist, dass die Triebwerke durch die Mauer in das Pentagon eingedrungen wären. Dann hätten sie allerdings an den Stellen entsprechende Löcher hinterlassen müssen. Es gibt aber im Pentagon nur ein einziges kleines Loch, in dem eine komplette Boeing verschwunden sein soll!

Die späteren Bilder zeigen ja auch, dass von oben her die Wand des Pentagons eingestürzt ist. Dieses ist aber erst 19 Minuten nach dem Einschlag passiert. Interessanterweise sind direkt nach dem Einschlag ins Pentagon sehr schnell Sicherheitskräfte ausgeschwärmt und haben alle Kameraaufzeichnungen und Fotos eingesammelt und beschlagnahmt, die den Aufprall und die Szene danach dokumentiert haben. Das eine oder andere Privatfoto ist ihnen aber durchgerutscht, und dadurch ist dokumentiert, dass auch nach dem Einschlag die Wand als solche noch intakt war. Man kann es auf verschiedenen Bildern gut erkennen, dass die Oberkante der Wand noch durchgängig ist. Auch sehen Sie dort, dass kein Fitzelchen von einem Wrackteil unmittelbar nach dem Einschlag zu sehen ist.

Somit bleibt aber tatsächlich nur ein kleines Loch von 3 x 5 Metern übrig (offiziell ein Lieferanteneingangstor), um dort eine komplette Boeing 757 verschwinden zu lassen. David Copperfield wäre beeindruckt.

Dann fällt nebenbei auf, dass der Rasen vor dem Pentagon kaum in Mitleidenschaft gezogen wurde. Auch steht noch eine Reihe von Laternen, die nach der offiziellen Flugbahn mit einer Boeing eigentlich hätten abrasiert werden müssen.

Es wurde ein paar Jahre später der Film einer Parkplatzüberwachungskamera freigegeben, die den Einschlag aufgenommen hat. Im Endeffekt sind es drei Bilder aus dem Film, die wirklich interessant sind. Es wird frech behauptet, dass dies der Beweis sei, dass die Boeing dort hineingeflogen sei. Es ist aber beim besten Willen keine Boeing zu erkennen. Diese ist ja fast so hoch wie das Pentagon an sich. Dort sehen wir aber etwas viel Kleineres.

Ich habe eben geschrieben, dass alle Kameraaufzeichnungen beschlagnahmt wurden. Sie können sich sicher vorstellen, dass ein Gebäude wie das Pentagon natürlich von vielen Kameras überwacht wird. Es gab tatsächlich nicht weniger als 84 Kameraaufzeichnungen, die uns bis heute vorenthalten werden – bis eben auf die eine. Da müsste doch ein Film zu finden sein, der eindeutig die Boeing zeigt. Warum bringt man diese lästigen Verschwörungstheoretiker nicht zum Schweigen, indem man diese Aufzeichnungen endlich nach vierzehn Jahren freigibt und jeden Zweifel damit ausräumt? Es gibt also an der offiziellen Story kaum etwas, was haltbar wäre. Dieser eine Film, aber auch viele der anderen Details sowie ein Fundstück, passen jedoch hervorragend zu einem anderen Szenario:

Es wurde ein Marschflugkörper verwendet. Wir haben zuvor ja auch im Kapitel über die Macht der Bilder Hinweise darauf gesehen. Die Augenzeugenberichte rund um das Pentagon waren durchaus unterschiedlich. Während einige Leute aussagten, tatsächlich die Boeing gesehen zu haben, gab es aber auch viele andere, die das ausschlossen. Sie haben ein sehr kleines „Flugzeug" gesehen. Diese Marschflugkörper fliegen im Gegensatz zu Raketen im Unterschallbereich und werden durch eine kleine Düsenturbine angetrieben. Von daher gehen sie vom Geräusch her eher als Flugzeug durch, als eine Luft-Boden-Rakete. Der o.g. Film passt hervorragend zu dieser Variante, dem Rasen würde nichts passieren, die Laternen bleiben stehen, und die Größe des Lochs passt auch dazu. Die Sprengladung hat das Tor gesprengt und weitere Teile haben sich zusammen mit der gehärteten Spitze des Flugkörpers dann noch durch die nächsten Wände gebohrt.

Ein Teil auf einem Foto ist hierbei besonders interessant. Es handelt sich nämlich um ein Fragment einer Düsenturbine, das im Inneren des Pentagons liegt. Es kann aufgrund seines Durchmessers keinesfalls von der großen Turbine einer Boeing stammen, manche Verfechter der offiziellen Geschichte behaupten, es stamme von dem Hilfstriebwerk im Heck der Boeing oder dem Fahrwerk. Das Hilfstriebwerk ist aber kein Düsentriebwerk, sondern ein Motor oder eine Gasturbine mit angeschlossenem Generator. Beide Varianten passen nicht zu den gefundenen Überresten. Abgesehen davon, dass Boeing das auch nie bestätigt hat, muss man sich auch fragen, warum ausgerechnet dieses Teil vom Heck der Boeing an den vordersten Ort der Zerstörung kommt?

Aber auch hier zeigt sich, dass dieses kleine Turbinenrad ganz hervorragend zu dem Düsentriebwerk eines Marschflugkörpers passt. Ganz nebenbei hat eine Vereinigung von Piloten ausgesagt, dass die Manöver, welche angeblich bis zum Einschlag durchgeführt wurden, selbst für erfahrene Piloten praktisch nicht machbar wären. Ein absoluter Laie soll es aber geschafft haben …

Ich hatte zuvor ja vermutet, dass der Pentagon-Einschlag wohl noch schnell „im Windschatten" des WTC durchgeführt wurde. Mit dem Bereich des Einschlags hatte es nämlich eine besondere Bewandtnis. Zum Glück für die Angestellten hielten sich dort relativ wenig Menschen auf, denn es wurden gerade umfangreiche Renovierungsarbeiten in diesem Flügel durchgeführt. Dort lagerte aber „rein zufällig" auch eine Reihe von Unterlagen, die es in sich hatten.

Dem Pentagon unter Donald Rumsfeld waren nämlich 2,3 Milliarden US-Dollar „verloren gegangen". Da war es schon sehr praktisch, dass am 11. September 2001 ausgerechnet derjenige Flügel des Pentagons zerstört wurde, in dem sich die Finanzakten befanden. Es war somit sehr hilfreich für einige Personen, dass diese Unterlagen nun leider alle nicht mehr existieren.

„Selbstverständlich hätte man den Verbleib des Geldes aufklären können, aber da nun leider unglücklicherweise die Akten bei dem Anschlag vernichtet wurden …"

Merken Sie sich bitte diesen Vorgang, wir sehen gleich noch einmal etwas sehr Ähnliches! Nicht zuletzt kreiste die ganze Zeit und auch bereits vor dem Einschlag eine weiße Boeing 747 über dem Pentagon. Diese wurde mittlerweile als eine der vier E4-B Maschinen identifiziert. Die E4-B sind umgebaute Jumbo-Jets, die als sogenannte „Doomsday-Planes" bekannt sind. Sie enthalten alle technischen Einrichtungen, um aus der Luft die militärische Führung der USA zu gewährleisten. Diese Maschine wurde am 11. September 2001 beobachtet und ist auch auf vielen Videos und Fernsehberichten von diesem Tag zu sehen. Das US-Militär und andere offizielle Stellen bestreiten bis heute, dass überhaupt ein Flugzeug dort gewesen wäre, es galt zu diesem Zeitpunkt ja bereits ein Flugverbot, erst recht über dem Pentagon. Während das US-Militär abstreitet, dass dieses Flugzeug dort gewesen wäre, zeigen aber Radaraufzeichnungen desselben Militärs, dass es vor Ort war.

Diese Radaraufzeichnungen wurden im Rahmen einer FOIA-Anfrage (FOIA: Freedom of Information Act) wohl versehentlich freigegeben. Man sollte auch wissen, dass das Pentagon eine eigene Luftabwehranlage besitzt und problemlos die angeblich eingeschlagene Boeing 757 hätte abschießen können. Diese Anlage wurde nicht aktiviert.

Natürlich stellt sich die Frage, wenn in das Pentagon kein Flugzeug eingeschlagen ist, wo sich dann die Boeing samt den Passagieren befindet? Ich möchte mir die Antwort darauf lieber nicht so genau vorstellen. Vielleicht wurde uns bei dieser Maschine, genau wie bei der, die angeblich in Shanksville abgestürzt ist, aber auch eine besonders perfide Show dargeboten.

Es wurde ja ein ganz ähnliches Szenario bereits einmal in den Sechziger Jahren geplant, bekannt geworden unter dem Namen „Operation Northwoods". Dort sollte ein mit angeblichen Studenten besetztes Flugzeug durch eine unbemannte und ferngesteuerte Maschine ersetzt werden, die dann in der Nähe von Kuba explodieren würde. Die Passagiere wären allesamt Geheimdienstmitarbeiter der CIA gewesen, und das Flugzeug wäre auf einer geheimen Basis wieder gelandet. Man hätte die Story verbreitet, Kuba habe dieses Flugzeug abgeschossen und den Tod der vielen Menschen verursacht. Das wäre dann als Kriegsgrund hergenommen worden. Es wurde letztendlich nicht durchgeführt, da Präsident Kennedy dagegen war.

Das könnte natürlich auch gut beim Pentagon wieder aufgewärmt worden sein.

Ganz nebenbei erfahren wir hierbei auch, dass es bereits 1962 die Möglichkeit gab, Flugzeuge über weite Strecken fernzusteuern.

Wenn wir also die Vorgänge rund um das Pentagon zusammenfassen, zeigt sich, dass die offizielle Geschichte schon aus physikalischen Gründen nicht stimmen kann. Bei einem normalen Strafverfahren würde natürlich sofort nach dem „Cui Bono?" („Wem nützt es?")-Prinzip nach dem Motiv gefragt. Das Motiv der Verdunklung und Beweisvernichtung in dem Finanzskandal des Verteidigungsministeriums liegt auf der Hand. Es wird nachweislich gelogen (Boeing 747 E4-B) und sehr offensichtlich Beweismaterial zurückgehalten (84 minus eine Videoaufzeichnungen), ohne dass dieses jemand bei den Behörden oder auch der offiziellen Untersuchungskommission gestört hätte. Auf diese Untersuchungskommission komme ich noch einmal gesondert zurück.

Es wird, wie in vielen anderen Fällen auch, von der offiziellen Seite versucht, einzelne kleine Details der Skeptiker oder 9/11-Truthers zu widerlegen und dann zu behaupten, es wäre eben doch alles so gewesen, wie die offizielle Geschichte es erzählt. Diese Taktik versucht, den Fokus auf einzelne Bäume, deren Äste und Blätter zu legen, um den ganzen Wald zu verleugnen. Die entscheidende Frage am Pentagon lautet einfach:

„Wo ist das Flugzeug?"

Über 99 Prozent von diesem haben sich laut offizieller Story in Luft aufgelöst. Im Gegensatz dazu konnte man aber angeblich sämtliche Opfer identifizieren.

Selbst auf dem US-Nachrichtensender CNN berichtete der erste Korrespondent vor Ort live, dass er dort kein Flugzeug entdecken könne.[48] Dieser Bericht wurde danach natürlich nie mehr ausgestrahlt, aber im Internet ist er nach wie vor zu sehen. Direkt nach einem offiziell überraschenden Ereignis sind große Teile der Massenmedien und deren Mitarbeiter noch nicht über den gewünschten Spin instruiert, deshalb erfahren wir dort zumeist noch mehr Wahrheit als später.

Mit extrem hoher Wahrscheinlichkeit wollte man sich im Schatten der Vorgänge in New York hier noch schnell der verräterischen Finanzunterlagen entledigen und ließ einen Marschflugkörper in diesen Flügel des Pentagons einschlagen. Die Vorbereitung und offizielle Begründung erfolgte aber sehr schlampig, deshalb ist das Pentagon ein ganz wichtiger „rauchender Colt" in der gesamten 9/11-Story.

Nun kommen wir zum zweiten „rauchenden Colt" bei 9/11, dem WTC7 Gebäude. In den meisten offiziellen Berichten und Dokumentationen wird dieses Gebäude ausgespart, da es natürlich neben den Türmen auch nicht so spektakulär ist. Auch die offizielle Untersuchungskommission zu 9/11 hat WTC7 völlig außen vor gelassen. Diese gezielte Nichtbeachtung von WTC7 dürfte aber auch damit zu tun haben, dass es den stärksten Hinweis auf ein groß angelegtes Betrugsmanöver darstellt.

Dieses Gebäude stürzte ca. sieben Stunden nach dem zweiten Turm auch innerhalb kürzester Zeit ein. Die offizielle Begründung dafür ist, dass es von ein paar Trümmern der Türme getroffen wurde, diese Brände ausgelöst und die Brände im Inneren die Konstruktion ebenfalls so geschwächt hätten, dass es zusammengebrochen wäre. Dort ist also kein Flugzeug hineingeflogen!

Es gab nur ein paar kleinere Brandherde, von denen eigentlich völlig unklar ist, wodurch sie ausgelöst wurden. Während schon bei den WTC-Türmen die offizielle Begründung des Einsturzes abenteuerlich ist, wird sie hier absolut lächerlich. Das sage übrigens nicht ich, sondern eine große Anzahl von Bauingenieuren und Architekten. Ich komme bei den Türmen dann noch einmal darauf zurück.

Zunächst müssen wir uns einmal die Größe dieses Gebäudes vergegenwärtigen. Gegenüber den WTC-Türmen erscheint es natürlich eher niedrig, es überragte aber mit seinen 174 Metern Höhe beispielsweise die Türme der Deutschen Bank in Frankfurt, die nur 155 Meter hoch sind. WTC7 war zudem kein Turm, sondern ein massiver Quader.

Wenn Sie die Türme der Deutschen Bank in Frankfurt einmal vor Ort gesehen haben, können Sie ermessen, was WTC7 für ein Koloss gewesen ist.

Dieser Koloss soll also durch ein paar kleine vereinzelte Feuerchen zum Einsturz gebracht worden sein. Wenn das tatsächlich wahr wäre, dürfte man sich heutzutage eigentlich in kein Hochhaus mehr trauen. Ich kann Sie aber beruhigen, denn Hochhäuser sind weltweit bisher genau dreimal wegen eines Feuers im Inneren zusammengebrochen: bei WTC1, WTC2 und WTC7. Es haben schon viele Hochhäuser weltweit gebrannt, und alle stehen sie noch. Besonders beeindruckend war beispielsweise der Brand des Mandarin Orient Hotels 2009 in Peking. Dieses brannte geraume Zeit fast über alle Stockwerke hinweg und stand danach noch wie eine Eins.

Laut dem offiziellen Bericht des National Institute of Standards and Technology (NIST) waren die paar Bürofeuerchen der Grund für den Einsturz von WTC7. Innerhalb von WTC7 gab es 24 massive Stahlpfeiler, die somit alle gleichzeitig hätten zusammenbrechen müssen, um den Einsturz derart vonstattengehen zu lassen.

Wenn man den Einsturz des WTC7 betrachtet, zeigt sich das Muster einer perfekt geplanten, kontrollierten Sprengung. Erfahrene Sprengmeister haben das auch zu Protokoll gegeben. In Wikipedia wird einfach behauptet, der Zusammenbruch von WTC7 hätte 44 Sekunden gedauert, sei also nicht im freien Fall geschehen, weshalb alle „Verschwörungstheorien" widerlegt seien. Wikipedia ist übrigens mittlerweile das am meisten zensierte Medium überhaupt, wenn es um kontroverse Themen geht. Das nur am Rande. Die Filme zeigen aber etwas anderes.

Ein Zusammenbruch durch ein paar Bürofeuer erscheint hier völlig ausgeschlossen, wie die 1.200 Architekten und Ingenieure von AE911Truth nachgewiesen haben. Letztere Gruppierung, die höchste Fachkompetenz in sich vereint, hat NIST bereits zu einigen Rücknahmen von Behauptungen getrieben. Während NIST zunächst auch geleugnet hatte, dass WTC7 im freien Fall zusammengebrochen sei, haben sie das mittlerweile zugegeben. Der deutschen Wikipedia muss das irgendwie entgangen sein …

Wenn Sie den Film anschauen, sehen sie aber, dass der Hauptteil des Crashs tatsächlich im freien Fall geschieht. So etwas ist nur möglich, wenn sehr gezielt die entscheidenden tragenden Strukturen eines Gebäudes gleichzeitig zerstört werden. Durch ein paar Feuerchen an verschiedenen Stellen ist dieser Verlauf völlig auszuschließen. Wir sehen hier eine perfekte „controlled demolition".

Es ist übrigens ebenfalls völlig ausgeschlossen, dass islamische Terroristen diese perfekte Sprengung zuvor vorbereitet haben. In WTC7 waren Büros von CIA, FBI, dem Secret Service, dem Finanzamt, Banken, Versicherungen und der Bankenaufsicht untergebracht. Entsprechend hoch waren die Sicherheitsmaßnahmen.

Diese Sprengung war von vornherein vorgesehen, worauf auch eine unbedachte Äußerung des Pächters Larry Silverstein hindeutet. Es ist nach Aussagen von Sprengmeistern übrigens völlig unmöglich, eine derartige Sprengung innerhalb weniger Stunden vorzubereiten, schon gar nicht in einem Gebäude, das stellenweise brennt.

Die Vorbereitung der Sprengung muss also vor dem 11. September 2001 erfolgt sein. Da stellt sich aber natürlich sofort die Frage, warum?

Ich hatte bereits beim Pentagon-Anschlag geschrieben, dass dort „zufällig" die Aufklärung eines unangenehmen Sachverhalts verhindert wurde. Ganz ähnlich verhält es sich bei WTC7, denn dort lagerten die Unterlagen zu dem Enron-Skandal. Der große amerikanische Energiekonzern Enron geriet 2001 aufgrund fortgesetzter Bilanzfälschungen in einen der größten Unternehmensskandale der USA, was später zu seiner Insolvenz führte. Die US-Börsenaufsicht SEC begann im Oktober 2001 zu ermitteln, musste aber leider feststellen, dass sich ein großer Teil der Unterlagen in WTC7 befunden hat und leider durch den Einsturz an 9/11 vernichtet wurden. Schon wieder so ein Zufall ...

Abschließend kann man sagen, dass das verschwundene Flugzeug am Pentagon und der völlig lächerlich begründete Einsturz in Fallgeschwindigkeit von WTC7 für Menschen mit gesundem Menschenverstand und einem offenen Weltbild glasklare Nachweise dafür sind, dass die offizielle Geschichte unmöglich stimmen kann. Dazu kommen die Aussagen von Hunderten unabhängigen Experten auf den jeweiligen Fachgebieten. In jedem normalen Strafverfahren wird nach einem Motiv gesucht, und in beiden Fällen gibt es sogar ein sehr konkretes Motiv der Administration.

Nun widmen wir uns den primären Zielen, den zwei Türmen des World Trade Centers. Wer wie ich schon einmal direkt davor gestanden hat und auch im obersten Stockwerk war, kann ermessen, was dies für Kolosse waren. Der Blick aus dem Südturm über Manhattan zeigte, dass sie deutlich höher waren als alles andere, wobei auch Gebäude wie das aus diesem Blick klein wirkende Empire State Building und viele andere Wolkenkratzer selbst in Frankfurt am Main wiederum alles andere in den Schatten stellen würden.

Als die zwei Türme Anfang der Siebziger Jahre vollendet wurden, hatte man eine spezielle Konstruktion für die damals höchsten Gebäude der Welt gewählt. Mit einem sogenannten „Tube-in-tube-System" gab es eine innere Stahlkonstruktion und eine äußere. Was viele Menschen gar nicht wissen, ist die Tatsache, dass auch die Fassade aus massiven Stahlträgern bestand. Sie bestand aus einem Netz dieser Stahlträger, wie man auch gut auf Bildern sehen kann, die während des Baus des WTC aufgenommen wurden.

Wie man später in den Trümmern sehen konnte, waren die inneren und äußeren Stahlträger sauber durchtrennt worden. Ganz nebenbei hatte der Stahl eine Stärke von über 6 cm. Dieser Stahl wird bei Panzern für besonders stark gepanzerte Bereiche verwendet.

Die Türme wurden dafür ausgelegt, den Absturz/Einschlag des damals größten Flugzeugs zu überstehen. Das war zu dieser Zeit eine Boeing 707, die nur unwesentlich kleiner ist als die Maschinen der Boeing 767, welche in die Türme geflogen sein sollen.

Es ist schon sehr merkwürdig, dass relativ leicht gebaute Flugzeugrümpfe und Tragflächen locker diese massive äußere Stahlkonstruktion zerschlagen haben sollen. Ein treffender Vergleich wäre, wenn Sie mit einem Schwert aus Aluminium (aus dem ein Großteil des Flugzeugs besteht) auf eine massive Stahlplatte schlagen würden. Wenn Sie genug Kraft haben, was glauben Sie, würde dann zerstört werden – die Stahlplatte oder das Alu-Schwert?

Selbstverständlich hätten Sie danach ein verbeultes Schwert und eine Stahlplatte, auf der Sie fast nichts von dem Zusammentreffen erkennen könnten. Bei den Flugzeugeinschlägen im WTC soll aber das Alu-Schwert durch den Stahl wie durch Butter geglitten sein.

Es gibt hierfür aber eventuell noch eine andere mögliche Erklärung. Die Stahlträger wurden unmittelbar vor dem jeweiligen Einschlag gesprengt. Das könnte zum einen durch eine zeitlich sehr genau koordinierte Sprengung mit vorbereiteten Sprengladungen erfolgt sein, worauf es Hinweise gibt, wie wir gleich sehen werden Es gab übrigens auch Zeugenaussagen in CNN, bei denen die Zeugen vehement verneint haben, dass es einen zweiten Flugzeugeinschlag gegeben hat. Sie bestanden darauf, dass es eine Bombe war.

Aber halt: Uns wurde ja erzählt, dass es durch die Explosion sehr hohe Temperaturen gegeben hätte, wodurch der Stahl dann geschmolzen wäre. Zunächst wurde das für die inneren Stahlträger angenommen, denn nur da war ja angeblich das Feuer dauerhaft am Lodern. Bei den äußeren Trägern wäre es auch völlig unglaubwürdig, denn dort gab es ja nur eine kurze heftige Explosion, die von dem Kerosin der Flugzeuge ausgelöst worden sein soll. Es gibt ein beeindruckendes, sogar offizielles Bild, das diese anhaltende Gluthitze in das Reich der Fabeln verweist. Wir sehen dort die bedauernswerte Mrs. Edna Cintron, die später bei dem Einsturz des Nordturms ums Leben gekommen ist. So wie sie dort steht, dürften nicht einmal ansatzweise hohe Temperaturen geherrscht haben. Wenn im Inneren ein tausend Grad heißes Feuer großflächig gebrannt hätte, müsste man auf diesem Bild irgendeinen Hinweis darauf erkennen können. Da ist aber gar nichts. Damit brauchen wir gar nicht einmal mehr die Aussagen von unabhängigen Materialwissenschaftlern und Architekten heranzuziehen, die bestätigen, dass derartiger Stahl nicht durch einen Kerosinbrand in dieser Zeit so instabil werden kann, dass er sich verformt. Kerosinbrände erreichen nicht annähernd die dafür notwendigen Temperaturen. Also selbst wenn wir im Hintergrund ein riesiges loderndes Feuer sehen würden, ergäbe das keine glaubwürdige Begründung für den nachfolgenden Einsturz. Da ist aber nichts zu sehen, und Frau Cintron könnte dort auch nicht so locker herumgestanden haben, wenn es so wäre.

Wir sehen also, dass die Physik der offiziellen Geschichte schon wieder einen Strich durch die Rechnung macht. Es wäre natürlich schön gewesen, wenn man danach die angeblich so instabilen Stahlträger untersucht hätte. Leider wurden diese Träger, sobald sie geborgen waren, in Windeseile auf ein Schiff gebracht und nach China zum Einschmelzen transportiert. Die geraden Schnitte, die man auf vielen Bildern der Trümmer erkennen kann, deuten aber schon sehr deutlich darauf hin, dass diese kaum geschmolzen sind und nachgegeben haben oder auch nur durch Druck geknickt worden sein können. Dann dürfte es nicht diese geraden Kanten geben. Das schnelle Verschwinden der Stahlträger als Beweismittel spricht hier natürlich auch eine deutliche Sprache. Tatsache dürfte sein, dass es unabhängig von dem Einschlag (oder vermeintlichen Einschlag) mehrere große Explosionen im Kellergeschoss des Nordturms gegeben hatte.

Das haben mehrere Zeugen ausgesagt, darunter insbesondere der Hausmeister William Rodriguez. Diese Explosionen hätte es nach der offiziellen Darstellung unmöglich geben können. William Rodriguez wurde später sogar mit einem 9/11-Hero Orden ausgezeichnet, da er immer wieder in das Gebäude zurücklief, um Menschen aus Treppenhäusern und Fahrstühlen zu befreien. Das CNN-Interview, in dem er von diesen Explosionen berichtete, wurde dann aber nicht ausgestrahlt. Er war später so erzürnt, dass er sogar George W. Bush und die Regierung wegen Vertuschung des Verbrechens an 9/11 verklagt hatte, natürlich ohne Erfolg.

Die Türme sind ja nach offizieller Darstellung aufgrund der nachgebenden Stahlträger von oben herab wie Pfannkuchen Stockwerk für Stockwerk zusammengefallen. Die Türme stürzten aber praktisch in freier Fallgeschwindigkeit ein, was bei dieser Theorie auszuschließen ist.

Zunächst wurden ja alle Beweismittel, soweit wie möglich, unabhängigen Experten entzogen. Was man natürlich nicht entziehen konnte, war der feine Staub, der sich in großen Teilen Manhattans verbreitet hat. In diesem Staub haben mittlerweile zwei Universitäten unabhängig voneinander Nano-Thermit gefunden. Nano-Thermit hat in einem Hochhaus absolut nichts zu suchen, es ist ein spezieller militärischer Sprengstoff, um Stahl zu durchschneiden. Damit wären die beobachteten geraden Schnitte an den Stahlträgern erklärbar.

Die äußere Stahlhülle wurde zum Zeitpunkt des jeweiligen Einschlags mit Nano-Thermit gesprengt und somit das Loch geschaffen, in dem das jeweilige Flugzeug verschwunden sein soll. Eventuell gab es weitere Stellen, die mit Nano-Thermit bearbeitet wurden. Am Rande dazu: Interessanterweise ist mittlerweile herausgekommen, dass am Wochenende vor 9/11 der gesamte World Trade Center Komplex wegen einer Übung für mehrere Stunden komplett geräumt wurde.

Die Deutsche Bank, die dort ein Rechenzentrum unterhalten hatte, musste es komplett herunterfahren. Da ich damals in einem großen Unternehmen u.a. für die Deutsche Bank tätig war, bekam ich diese Information aus erster Hand mit. Die normalerweise im WTC stationierten Sprengstoffhunde kehrten danach nicht mehr zurück.

Es gab also die Möglichkeit und die Zeit, Sprengsätze unbemerkt zu positionieren, die Sicherheitsfirma des WTC musste dabei eingeweiht sein. Bitte merken Sie sich das kurz, mit dieser Firma hat es eine besondere Bewandtnis. Die offizielle Story mit dem durch Kerosinbrände geschmolzenen Stahl passt jedenfalls ganz und gar nicht zu den Fakten und Beobachtungen, was mittlerweile über 1200 Experten verschiedener Fachrichtungen auch so sehen.

Die Familie und die Regierung Bush stehen als damalige Akteure im Zentrum des Interesses, denn ohne eine Reihe von „Zufällen" hätte die ganze Geschichte so nicht ablaufen können. Beginnen möchte ich mit dem damaligen Präsidenten George W. Bush (Junior), der bereits vor dem 11. September 2001 im Verdacht stand, nicht der Allerhellste zu sein. Es ist ziemlich offensichtlich, dass er wohl zu fast 100 Prozent von seinem Vater geführt wurde, der in allen wichtigen Gremien der Eliten mitgemischt hat. George Junior selbst war wohl die offensichtlichste Präsidentenmarionette, welche die USA je hatte.

Man hat ihm vonseiten der Eliten mit Sicherheit so wenig wie irgendwie möglich an geheimen Informationen anvertraut, denn es bestand immer die Gefahr, dass er aus Versehen etwas ausplaudert. Während ich es mittlerweile als erwiesen ansehe, dass viele in der Bush-Administration Mitwisser oder sogar Mittäter der Anschläge waren, könnte Junior tatsächlich der Einzige gewesen sein, der zeitweise tatsächlich an die Bin-Laden-Story geglaubt hat. Zumindest hat er seine Geschichte erhalten, die er lernen und vortragen musste. Leider hat er da dann auch einmal etwas durcheinandergebracht. Er hat sich nämlich zweimal öffentlich dahingehend verplappert, dass er den ersten Einschlag in das World Trade Center live im Fernsehen gesehen und sich dabei gedacht hätte: „Was für ein lausiger Pilot und ein schrecklicher Unfall." Danach wäre er dann in das Klassenzimmer der Schule gegangen, in dem man ihm bekanntermaßen von dem zweiten Einschlag berichtete.

Das Problem an der Sache ist nur, dass der erste Einschlag nicht von einer Fernsehkamera gefilmt wurde und schon gar nicht live. Den später dann aufgetauchten Film hatten zwei Franzosen „zufällig" aufgenommen und erst Stunden später veröffentlicht. Zu dem Zeitpunkt des Einschlags mussten Sie ja um ihr Leben bangen und sich aus der Gefahrenzone entfernen.

Ich glaube George W. Bush aber schon, dass er auch den ersten Einschlag gesehen hat – wahrscheinlich über eine CIA-Kamera, von der irgendjemand gewusst hat, dass sie just an diesem Tag und zu dieser Uhrzeit das World Trade Center aufnehmen und in die Grundschule von Sarasota übertragen muss. Diese Aussagen von George W. Bush kann man übrigens nach wie vor von den Webseiten des Weißen Hauses herunterladen.

Ganz nebenbei blieb George Junior ja völlig ungerührt sitzen, als ihm die Nachricht überbracht wurde „America is under attack!" Die Secret-Service-Agenten blieben auch völlig ruhig, obwohl man in dieser Phase nach der offiziellen Story hätte annehmen müssen, dass auch der Präsident ein gutes Ziel für einen Anschlag mit einem Flugzeug gewesen wäre. Sein Aufenthaltsort in der Schule von Sarasota war allgemein bekannt gewesen. Während Vizepräsident Cheney sofort bei Eintreffen der Nachricht von dem ersten Einschlag in einen Bunker verfrachtet wurde, ließ man den Präsidenten seelenruhig in dieser Schule als perfekte Zielscheibe sitzen.

Die Familie Bush war und ist übrigens in engster Weise mit der Familie Bin Laden befreundet und Angehörige der Bin Ladens waren zum Zeitpunkt des Anschlags gerade bei den Bushs auf Besuch in den USA. Während danach kein Flugzeug mehr fliegen durfte, gab es für die Familie Bin Laden eine Sondergenehmigung und diese durften als Einzige ausfliegen!

Wir reden hier von derselben Bin Laden Familie, deren Sohn angeblich diese Anschläge hat durchführen lassen. Natürlich beteuern die Bin Ladens, dass Osama Bin Laden ein missratener und ausgestoßener Sohn sei und sie mit ihm nichts mehr zu tun gehabt hätten. Hinter dieser Aussage steht aber auch eine Reihe von Fragezeichen. Jetzt stellen Sie sich einmal vor, das wäre ein normaler Kriminalfall, würde man dann die Familie des Hauptverdächtigen einfach ohne Befragung ziehen lassen?

Wir haben ja erfahren, dass in den Türmen des WTC am Wochenende vor 9/11 merkwürdige Arbeiten vor sich gegangen sind und auch die Sprengstoff-Spürhunde nicht mehr zurückkehrten. Ein schönes Detail ist hierbei, dass der damalige Chef der verantwortlichen Sicherheitsfirma Marvin Bush war, ein Bruder des Präsidenten. Es gibt schon Zufälle, oder?

Nun, es gab dann ja eine „Untersuchungskommission", welche den Fall endgültig aufklären sollte. Zuerst wurde tatsächlich Henry Kissinger als Vorsitzender dieser Kommission vorgeschlagen, was dann nach lautstarken Protesten wieder zurückgezogen wurde.

Kissinger ist so verstrickt in alle Hinterzimmergremien, dass mit ihm sehr offensichtlich der Bock zum Gärtner gemacht worden wäre, wenn diese Untersuchung zumindest den Anschein einer gewissen Neutralität hätte erwecken sollen. Dieser Untersuchungsbericht ist aber letztendlich auch so eine Farce, denn ganz entscheidende Themenbereiche wie der Einsturz von WTC7, in das ja kein Flugzeug geflogen ist, werden überhaupt nicht erwähnt. Auch kommen Zeugen wie Feuerwehrleute oder der Hausmeister des WTC dort nicht vor, deren Aussagen die offizielle Geschichte ad absurdum führen würden. Im Endeffekt wurde nur das verwertet, mit dem man die offizielle Geschichte einigermaßen aufrechterhalten konnte.

Es wurde ja immer wieder kolportiert, dass jemand durch Zweifel an der offiziellen Darstellung der Ereignisse die Opfer verhöhnen würde. Es gab und gibt aber auch eine Reihe von Angehörigen, die sich nicht mit den offiziellen Aussagen zufriedengeben. Dass die Anzahl dieser Menschen im Rahmen bleibt, liegt primär daran, dass den Angehörigen Millionenbeträge gezahlt wurden. Insgesamt wurde über 1 Milliarde US-Dollar lockergemacht. Diejenigen, welche Geld erhalten haben, dürfen aber selbstverständlich keine öffentlichen Äußerungen oder gar Fragen mehr von sich geben. Diese Zahlungen sind übrigens ein einmaliger Sonderfall in der amerikanischen Geschichte. Sonst erhält in den USA niemand irgendetwas, selbst wenn er sein Leben für das Vaterland gegeben hat. Fragen Sie einmal Kriegsveteranen und ihre Angehörigen …

Für diese Summen gibt es nur einen treffenden Begriff: Schweigegeld!

Es stellte sich natürlich auch sofort die logische Frage, wie so ein Geschehen in der technisch mit Abstand am Besten ausgerüsteten Militärmacht dieser Erde überhaupt möglich gewesen ist?

Flugzeuge, die nicht mehr antworten und Probleme irgendwelcher Art haben, gab es vor 9/11 immer wieder und natürlich auch danach. Es ist ein völlig normaler Vorgang, dass innerhalb weniger Minuten Abfangjäger an deren Seite auftauchen und das Flugzeug nicht mehr aus den Augen lassen. Derartige Vorfälle ereignen sich mehrmals pro Jahr, und die vorgeschriebenen Abläufe funktionieren seit Jahrzehnten. Allein im Jahr 2000 gab es 56 derartige Einsätze, die alle hervorragend funktioniert haben. Nur am 11. September 2001 konnten vier (!) Verkehrsflugzeuge teilweise über eine Stunde machen, was sie wollten, und kein einziger Abfangjäger stieg zunächst auch nur auf. Am Ende gab es genau zwei Jäger, die viel zu spät gestartet waren und weit fliegen mussten, sodass sie dann natürlich zur Unzeit in New York ankamen.

Wie ist so etwas möglich? Die offizielle Erklärung lautet: „Pleiten, Pech und Pannen!"

Es ist aber niemand danach degradiert oder sogar entlassen worden, nein, es gab sogar Beförderungen und Belobigungen. Mittlerweile ist aber klar geworden, wie das passieren konnte. Ein Großteil der Abfangjäger war überhaupt nicht da gewesen. Es gab an diesem Tag nicht weniger als mindestens sieben Übungen für Flugsicherung, US- Air Force und andere Behörden.

Darunter waren die Übungen Reconnaissance Office exercise, Vigilant Guardian, Vigilant Warrior, Northern Vigilance, Northern Guardian. Eine Reihe dieser Übungen machte die Verlegung von vielen Flugzeugen nach Alaska usw. notwendig. Damit aber nicht genug, denn während uns Condolizza Rice weismachen wollte, es hätte niemand jemals damit gerechnet, dass Flugzeuge als Bomben eingesetzt werden könnten, hatte eine der Übungen genau dieses Szenario an diesem Tag zum Inhalt. Dadurch ist man auch bei NORAD, der nordamerikanischen militärischen Flugraumüberwachung, davon ausgegangen, es mit einer Übung zu tun zu haben. Es gab dort eine Übung, welche die Entführung von mehreren Zivilmaschinen zum Inhalt hatte. Das ist mittlerweile durch Tonaufzeichnungen aus NORAD bewiesen worden.

Man streitet diese Übungen mittlerweile auch nicht mehr ab, behauptet aber allen Ernstes, dass diese Übungen, welche das ganze Geschehen überhaupt erst möglich machten, die genau das echte Geschehen zum Inhalt hatten, Zufall wären!

Alle normalen Standardprozeduren waren aufgrund dieser Übungen an diesem Tag außer Kraft gesetzt worden.

Es gibt übrigens neben der Familie Bush, die über die Carlyle Group von den auf 9/11 basierenden Kriegen bestens profitiert hat, auch einen Mann, der nachweislich im Nachgang von 9/11 durch Aufträge an Haliburton Millionen

US-Dollar verdient hat: Ex-Vizepräsident Dick Cheney! Tatsache ist es auch, dass eine Reihe von Mitgliedern des PNAC (Project for the New American Century; Mitglieder u.a. Dick Cheney, Donald Runsfeld, Paul Wolfowitz, Richard Perle) schon Monate vor 9/11 erklärten, dass sie für ihre Ziele ein neues „Pearl Harbour" benötigen würden.

Der Afghanistan-Krieg wurde nachweislich bereits vor 9/11 geplant, er war zuvor aber nicht durchsetzbar. In den USA wurde den Menschen und insbesondere auch den Soldaten eingetrichtert, dass sogar Saddam Hussein mitverantwortlich für die Anschläge von 9/11 wäre und man deshalb einen erneuten Krieg gegen den Irak führen müsse.

Nebenbei konnte auch der schon vor 9/11 komplett ausgearbeitete Patriot Act nun durchgesetzt werden. Seitdem sind die USA kein Rechtsstaat mehr. Die Folgen davon spüren wir bis heute, 9/11 wird in den USA genutzt, um Folter zu rechtfertigen, „Verdächtigen" jegliche Rechte vorzuenthalten und vieles mehr. Das ist der eigentliche Hintergrund von 9/11. Die gesamte westliche Welt wurde ganz offen in einen Überwachungsstaat verwandelt, und die Menschen haben teilweise sogar danach gerufen. Genau so funktionieren die Methoden, von denen wir nun in naher Zukunft noch viel mehr erleben werden. 9/11 ist aber auch der ganz wunde Punkt der Massenmedien, denn nirgends wird so offensichtlich, dass diese gesteuert sind, wie bei 9/11.

Vom ersten Tag, dem 11. September 2001, an drängte sich eine Unzahl von kritischen Fragen unmittelbar auf, die aber in den Massenmedien komplett ausgeblendet wurden. Der 11. September oder auch 9/11 ist das Schlüsselereignis, mit dem die Erosion der Freiheit in den westlichen Staaten, besonders aber natürlich in den USA begonnen hat. Es war die „Urkatastrophe" des beginnenden 21. Jahrhunderts und hat Veränderungen gebracht, die zuvor undenkbar waren. Bis heute spüren wir die Nachwirkungen. Ganz aktuell wird von manchen Politikern in der NSA-Affäre ja die Begründung hervorgeholt, dass man diese umfassende Überwachung leider benötigen würde, da es ja die „Terrorgefahr" gäbe. Ohne 9/11 würden diese Leute ausgelacht.

Die Medien haben bei der ganzen Sache eine entscheidende Rolle gespielt. Durch die ständig wiederholten Bilder und Filme wurde es den Menschen tief ins Unterbewusstsein gepflanzt, dass jedermann nun in direkter Gefahr sei. Insbesondere für die Amerikaner war das ein unglaublicher Schock, da sie bei allen Kriegen zuvor auf ihrem „Homeland" nie angegriffen wurden und sich somit absolut sicher fühlten, wenn sie auf amerikanischen Boden waren. Über Monate hinweg gab es praktisch kein anderes Thema mehr – ich habe damals in einer großen amerikanischen Firma gearbeitet und dadurch den Gemütszustand der Menschen mitbekommen. Die Amerikaner waren wirklich in ihrem tiefsten Inneren getroffen, denn bis dahin waren alle ganz stark in dem Weltbild verankert, dass US-amerikanischer Boden absolut sicheres Terrain sei. Dieser Schuss ging ganz tief in die amerikanische Volksseele, denn dieses Weltbild wurde zerstört. Die Zerstörung eines Weltbildes kommt einer Todeserfahrung gleich. Das Besondere an diesem Ereignis 9/11 war, dass schon allein kritische Fragen zum Verlauf und den Ungereimtheiten pauschal als verwerflich gebrandmarkt wurden. Die Massenmedien hatten und haben immer noch die Aufgabe, die offizielle Geschichte zu verbreiten und jegliche Zweifel oder Kritik daran zu unterbinden.

Bei 9/11 konnte man aber auch ein Phänomen beobachten, das bei derartigen Großereignissen immer wieder auftritt. In den ersten Minuten bis maximal wenige Stunden nach dem plötzlichen Ereignis berichten die Massenmedien durchaus Dinge, die dann später nie wieder auch nur erwähnt werden. Ich hatte zuvor bereits über die Zeugenaussagen von Feuerwehrleuten oder des Hausmeisters berichtet. Diese wurden nie mehr gesendet. Auch bei dem Absturz der German Wings Maschine im April 2015 konnten wir ganz Ähnliches beobachten. Dieses Phänomen hängt ganz einfach damit zusammen, dass ein vorgegebener „Spin" zu einem Ereignis und dessen Bewertung natürlich erst nach dem Ereignis in die Redaktionen eingebracht werden. Somit berichten Reporter in der ersten Zeit noch relativ frei, denn sie wissen noch nicht, wie sie darüber zu berichten haben. Man kann ihnen ja schlecht schon vor dem Ereignis die Richtlinien an die Hand geben. Dadurch ergibt sich ein Zeitraum, in dem man auch in den Massenmedien hochinteressante Dinge erfahren kann, die später verleugnet oder totgeschwiegen werden, wenn die Anweisungen erst einmal bis zum letzten Reporter durchgedrungen sind. Manchmal kommt es aber auch zu Fehlern und Versehen, die nachher nur schlecht wieder zu korrigieren sind.

Vieles von dem, was an 9/11 passiert ist, zeigt allzu deutlich, dass mit der Story um WTC7 etwas nicht stimmen kann. Wussten Sie, dass BBC und CNN Hellseher beschäftigen?

Im Februar 2007 haben Aktivisten der 9/11-Wahrheitsbewegung Fernsehberichte der Sender BBC und CNN vom 11. September 2001 ausgegraben, in denen der Einsturz des WTC7 20 Minuten bzw. eine Stunde vor der Zeit gemeldet wird, bevor WTC7 tatsächlich einstürzte. In einer Szene sieht man die Reporterin live vor der rauchenden Kulisse des WTC-Komplex stehen, und sie berichtet, dass nun auch WTC7 eingestürzt sei. Im Hintergrund steht es aber noch. Mehrfach sind auch schriftliche Meldungen des Einsturzes schon zu lesen, lange bevor der Kollaps wirklich erfolgt war.

Da diese Meldung vorab mehrfach in verschiedenen Sendern gebracht wurde, zeigt dies, dass bei diesen Sendern der Ablauf der Ereignisse teilweise im Vorhinein bekannt gewesen sein muss. BBC bestreitet natürlich, in jegliche Verschwörung eingeweiht gewesen zu sein.

Sie bestreiten aber nicht die Echtheit der im Internet gezeigten Bilder und Videomitschnitte. Sie können allerdings keine internen Untersuchungen anstellen, da leider die Originalaufnahmen auf „unerklärliche Weise" aus ihren Archiven verschwunden wären, ebenso bei CNN. Genauso ist ja auch die Dokumentation von Gerhard Wisnewski auf „unerklärliche Weise" aus den Archiven des WDR verschwunden. Ein Verschwinden von derart wichtigen Zeitdokumenten aus dem Archiv eines Nachrichtensenders ist mehr als unwahrscheinlich, wie die Stellungnahme einer CNN-Archivmitarbeiterin belegt:

„Ich bin ein Archivmitarbeiter der CNN-Nachrichtenbibliothek in Atlanta, und ich kann Ihnen mit absoluter Sicherheit sagen, schon die Idee, dass Nachrichtensender wie der unsere irgendwelche Sendemitschnitte vom 11.9. „verlegen" würden, ist absurd. CNN hat diese Aufnahmen abseits von allen anderen gebunkert. Leute wie ich, die normalerweise Zugriff auf sämtliche Bänder in unserem Archiv haben, müssen eine spezielle Erlaubnis beantragen, um Sendemitschnitte von diesem Tag anzusehen.

Zahlreiche Bänder würden ihre Sendungen an diesem Tag aufgezeichnet haben, und außerdem gibt es auch private Institutionen, die permanent sämtliche Sendungen aller Kanäle aufzeichnen – für den Fall, dass ein Nachrichtensender etwas vermissen würde. Sie haben nicht nur eine Kopie, sie haben mehrere. Es ist ein Standardverfahren, und sobald der zweite Flieger einschlug, hätten sie weitere Aufnahmen auf anderen Bandmaschinen gestartet.“

Es ist schon erstaunlich, dass immer ausgerechnet diejenigen Beiträge aus unerklärlichen Gründen verschwinden, die für den Sender im Nachhinein unerwünscht oder nur schwierig zu erklären sind.

Letztendlich berichteten, von vereinzelten Ausnahmen einmal abgesehen, fast alle westlichen Massenmedien einheitlich über 9/11. Im Wesentlichen glich die Berichterstattung der offiziellen Linie.

Es gab allerdings ein schönes Beispiel, was passiert, wenn dann doch jemand einmal ausschert. In Deutschland waren die Tagesthemen in der ARD eine seriöse Institution in den Augen vieler Menschen, wenn es um neutrale und wahrheitsgemäße Berichterstattung ging. Heute hat sich das Bild gewandelt, denn die Kriegspropaganda gegen Russland wird auch dort in vollem Umfang gefahren. 2001 sah das aber noch ein wenig anders aus. Zusammen mit der Sendung war auch der Anchorman Ulrich Wickert eine Art Institution geworden, genau wie zuvor Hans-Joachim Friedrichs. Größtenteils hielten sich auch die Tagesthemen an die offizielle Berichterstattung über 9/11, aber scheinbar wollte Ulrich Wickert dieses Spiel nicht mehr mitmachen. In einer Sendung brachte er deshalb einige kritische Fragen zu der offiziellen Geschichte auf, die in einer großen indischen Zeitung erschienen waren. In nicht-westlichen Massenmedien wurden diese Fragen durchaus ernsthaft gestellt. Danach konnte man erleben, was selbst einer Ikone wie Ulrich Wickert widerfährt, wenn er die offizielle Linie ignoriert. In den nachfolgenden Tagen wurde in der Presse eine unglaubliche Serie von Angriffen gegen ihn gefahren, heute würde man es wohl „Shitstorm“ nennen. Wenn er nicht nach kurzer Zeit klein beigegeben und versucht hätte, seine Aussagen aus dieser Sendung zu korrigieren und sich zu entschuldigen, hätte er wohl mit ziemlicher Sicherheit seinen Hut nehmen müssen.

Es war ein eindrucksvolles Beispiel dafür, dass selbst größte Bekanntheit keinen Schutz bietet, wenn man gegen die Vorgaben verstößt. Eher im Gegenteil, je bekannter und vertrauenswürdiger der- oder diejenige ist, desto schärfer werden die Angriffe ausfallen. Zu groß ist die Gefahr, dass viele Menschen zuhören und sich die falschen Gedanken machen. Er hatte damals keinesfalls schon behauptet, dass 9/11 Staatsterrorismus gewesen wäre und bestimmte Kreise aus den USA selbst dahintersteckten. Allein die kritischen Fragen, die jedem normal denkenden Menschen sofort in den Sinn kamen, reichten schon aus, um ein Exempel zu statuieren. Die Tagesthemen wurden einfach von zu vielen Menschen angeschaut.

Bis heute, vierzehn Jahre nach 9/11, wird in den Massenmedien nach wie vor streng darauf geachtet, dass kritische Aussagen gegenüber der offiziellen Geschichte nicht zu viele Menschen erreichen. Ein gutes Beispiel dafür ist ein Artikel in der Internetpräsenz der österreichischen Kronenzeitung. Dort erschien am 26. Mai 2015 ein Artikel mit dem Titel: „Ex-CIA-Pilot zweifelt an offizieller 9/11- Version".[49] Es ging hierbei um die eidesstattliche Erklärung des Piloten John Lear, Sohn des Learjet-Erfinders Bill Lear, dass aus seiner professionellen Sicht in die WTC-Türme keine Flugzeuge eingeschlagen sein können. Die von ihm benannten Gründe sind ziemlich stichhaltig, und er selbst ist ein erfahrener Testpilot, der auch für die CIA tätig war. In dem Artikel wurde zwar zunächst von „Verschwörungstheorie" geschrieben, danach aber relativ neutral über Lear und seine Argumente berichtet. Innerhalb kurzer Zeit bekam dieser Artikel dann auch über 3.000 Facebook-Likes. Deshalb wurde er nach nicht einmal zwei Stunden wieder gelöscht. Zu viele Menschen waren darauf aufmerksam geworden, und deshalb hat „jemand" die Notbremse gezogen. Es ist ein ganz klarer Fall von Zensur.

Zum großen Unbehagen der Verantwortlichen in den Massenmedien vergisst das Internet aber leider nichts, was einmal publiziert wurde. Daher kann man nachweisen, dass dieser Artikel existiert hat und den Inhalt ansehen. Es gibt den Google-Cache, der Seiten speichert, die einmal von Google indiziert wurden, dieser führt aber nicht immer zum Erfolg, denn Google lässt hier auch Zensur zu.

Eine weitere gute Quelle, die scheinbar nicht so einfach zu zensieren ist, befindet sich unter der Adresse archive.org. Dort wird ein Großteil aller existierenden Webseiten des Internets mit einer Historie abgespeichert, und man kann genau verfolgen, was zu welchem Zeitpunkt online war, und die damaligen Inhalte abrufen. Nicht zuletzt gibt es auch immer Privatleute, die wichtige Videos oder Seiten unmittelbar abspeichern und sie dann wieder zur Verfügung stellen, wenn eine Zensur stattgefunden hat.

Somit kann man die Zensur nachweisen, da das verschwundene Original an anderer Stelle immer noch existiert. Wir finden in den Massenmedien häufig das Phänomen, dass eigene Inhalte, die nicht so laufen, wie gedacht, schnell wieder entfernt werden. Das gilt insbesondere auch für Online-Unfragen, bei denen natürlich im Vorhinein nicht klar ist, wie das Ergebnis ausfallen wird. Diese verschwinden dann gern auch schnell wieder aus dem Netz, wenn das Ergebnis nicht den Wünschen entspricht.

Wir sehen also, dass bis heute Themen zu 9/11 immer noch bei den Massenmedien einer strenger Überwachung ausgesetzt sind und unmittelbar eingegriffen wird, wenn bei kritischen Beiträgen die Zuschauerresonanz zu groß wird. Natürlich wurden schon damals auch alternative Buchautoren massiv angegangen, wenn sie zu bekannt waren oder ihre Bücher zu großen Erfolg hatten. Ich komme noch auf die Methoden dazu zurück.

Während man vor 9/11 noch davon ausgehen konnte, dass wir ein breiteres Medienspektrum haben, das unterschiedliche Ansichten und Deutungen zulässt, wurde man spätestens dann eines Besseren belehrt. Auch vor 9/11 gab es bestimmte Themen, bei denen schon einer Art Gleichschaltung der Massenmedien erfolgte. Das äußerte sich dann in Totschweigen oder gezielter Diskreditierung einer abweichenden Meinung zu diesem Thema. Ein eventuell großes Interesse der Öffentlichkeit spielte dabei trotz vermeintlich möglicher Auflagensteigerung oder Zuschauerquotenerhöhung keine Rolle.

Bei 9/11 wurde es aber derart offensichtlich, dass nur noch eine Meinung zugelassen und schon der Versuch, Zweifel an dieser durch offensichtliche Fragen zu sähen, auf das Stärkste sanktioniert wird. Deshalb bezeichne ich es als den großen Sündenfall der Massenmedien. Hier haben sie sich als Komplizen der Eliten geouted, und seitdem betreiben sie ihr Spiel mit einer immer größeren Chuzpe, wie wir noch sehen werden.

Wie Sie an dem Abriss zu 9/11 sehen konnten, gibt es eine Unmenge an offensichtlichen Fragen, die gestellt werden müssen. Damit liefert man noch nicht unmittelbar eine Theorie, wer der Schuldige sein könnte. Wenn aber derartig abenteuerliche Behauptungen aufgestellt werden wie bei der offiziellen Geschichte, hätten freie Medien die Ersten sein müssen, welche diese Fragen aufwerfen. Von dort kam aber durchweg nur die offizielle Linie und das im Großen und Ganzen bis zum heutigen Tag. Da helfen vereinzelte Sendungen und Artikel auch nicht weiter, die im Laufe der Jahre auch in den Massenmedien einmal gezeigt wurden, wie die Reportage von Gerhard Wisnewski. Diese völlig fehlende kritische Berichterstattung verdeutlicht das vollständige Versagen der sogenannten vierten Macht.

In der Folge des Hauptereignisses hat sich daran nur wenig geändert. Der angebliche Hauptschuldige Osama bin Laden, den nicht einmal das FBI auf seiner Webseite wegen der Beteiligung an 9/11 suchte, sondern nur wegen anderer Taten, wurde immer wieder als der große Terroristenanführer präsentiert, bis er dann bei einer wieder einmal völlig unglaubwürdigen Aktion vorgeblich 2011 gefasst und getötet wurde. Die Massenmedien strickten eifrig mit an der Geschichte des Superschurken, obwohl dessen Beteiligung an 9/11 mehr als fraglich ist.

Im Rahmen der Berichterstattung zu Osama bin Laden möchte ich Ihnen noch von einer kleinen Anekdote berichten, die mir aufgezeigt hat, wie insbesondere in Deutschland Wert darauf gelegt wurde, ja nichts an der offiziellen Geschichte zu verändern. Zunächst sollten Sie einmal wissen, dass es nicht unerhebliche Hinweise darauf gibt, dass Osama bin Laden bereits Ende 2001 seinem schweren Nierenleiden erlegen ist. Dass er danach noch viele Video- und Audiobotschaften in die Welt brachte, ist keinesfalls ein Nachweis dafür, dass er noch lebte. Bei reinen Tonaufnahmen brauchen wir sowieso nicht darüber zu reden, wie sicher die Authentizität sein kann, aber auch bei den Videoaufzeichnungen gab es viele Fragezeichen, wie auffällige Verjüngungen nach mehreren Jahren. Wie wir bereits gesehen haben, sind in der heutigen Zeit Bild- und Filmdokumente keinesfalls mehr als Beweismaterial tauglich. Es ist mit Computertechnik faktisch alles absolut realistisch manipulierbar.

Es gab bei dem britischen Fernsehsender BBC eine Dokumentation darüber, ob Bin Laden noch am Leben ist oder nicht. Dies war natürlich schon in 2010, bevor er offiziell erschossen worden sein soll. Diese BBC/ZDF-Dokumentation „Die Jagd nach Osama bin Laden – Mythos und Wahrheit" führte Pro- und Contra-Argumente dafür auf, ob Bin Laden noch lebte oder schon seit Längerem verstorben war. Das Ergebnis war am Ende der Sendung, dass er mit hoher Wahrscheinlichkeit bereits Ende 2001 das Zeitliche gesegnet hat. Viele Zuschauer waren erstaunt, dass BBC hier eine relativ ausgewogene und kritische Dokumentation gebracht hatte. Im Original war sie über England hinaus im Internet abrufbar. Am Dienstag, dem 9. Februar 2010, lief dann die Dokumentation im ZDF nur auf Deutsch synchronisiert – so dachte ich, bevor ich sie mir angesehen hatte … Es fiel aber schon auf, dass die deutsche Version im ZDF 15 Minuten kürzer war als die englische BBC-Version.

Die Sendung wurde vom ZDF komplett anders geschnitten; die meisten Argumente, dass Bin Laden bereits verstorben war, wurden entfernt mit der finalen Aussage als Ergebnis, dass er noch lebe und nach wie vor eine große Bedrohung darstelle.

Nun ist die BBC sicher kein „verschwörungstheoretischer" Sender, aber scheinbar sollte das Phantom Bin Laden in Deutschland noch länger existieren als in England. Ich möchte das Thema an sich hier nicht weiter vertiefen, je nach der Einstellung des Zuschauers wurde natürlich auch die ZDF-Version als „ausgewogener" betrachtet. Tatsache ist aber, dass die BBC-Version zumindest einmal einen Kontrapunkt zu der allgemeingültigen offiziellen Geschichte setzte und die ZDF-Variante konform mit der allgemein vorgegebenen Linie blieb. Diese wurde derart zensiert, dass wichtige Bereiche, die für ein früheres Ableben bin Ladens sprachen, herausgeschnitten wurden. Es ist ein hervorragendes Beispiel dafür, wie allein die Auswahl und der Schnitt ein und derselben Szenen die finale Aussage für den Zuschauer komplett umdrehen können. Natürlich wird das ZDF sich massiv gegen den Begriff „zensiert" verwahren, aber wie möchten sie es denn sonst nennen, wenn wichtige Bereiche einfach weggelassen werden und der Zuschauer dadurch auf einen völlig anderen Gedankengang gelenkt wird?

Natürlich käme dann das Argument, wie auch bei positiven Kritikern der ZDF-Version, dass die herausgeschnittenen Teile nicht glaubwürdig wären –

allerdings ist das eine sehr subjektive Begründung, und außerdem nimmt man dem unvoreingenommenen Zuschauer die Möglichkeit, sich selbst eine Meinung zu bilden. Allein die Tatsache, dass die ZDF-Version 15 Minuten kürzer war, zeigt, dass man hier etwas gezielt vorenthält.[50]

Wir werden dieses Vorgehen noch bei einer Reihe weiterer Beispiele wiederfinden. Es blieb ja leider nicht nur bei dieser fadenscheinigen Festlegung auf Osama bin Laden als Haupttäter, man brach ja mit genau dieser Begründung unmittelbar einen Krieg in Afghanistan vom Zaun, der nicht nur viele Tausende unnötige rein zivile Opfer kostete, sondern bis heute unsere Soldaten der Bundeswehr in diesem Land agieren lässt. Auch hier waren im Laufe der Jahre viele Opfer zu beklagen, obwohl dieser ganze Einsatz auf einer großen Lüge basiert, welche die Massenmedien ohne mit der Wimper zu zucken nachgebetet hatte: „Die Sicherheit Deutschlands wird auch am Hindukusch verteidigt!" Diese Aussage des damaligen deutschen Verteidigungsministers Peter Struck machte die Bundeswehr zu einem willigen Helfer ganz anderer Interessen. Es würde in diesem Buch zu weit führen, die wirklichen Gründe für den internationalen Einsatz in Afghanistan näher zu beleuchten, aber auch dieser Krieg basierte wie alle anderen in der jüngeren Vergangenheit auf einer großen Lüge. Die Massenmedien haben ihren Teil dazu beigetragen, und deshalb klebt an den Händen ihrer Verantwortlichen Blut. Eine etwas kritischere Berichterstattung zu 9/11 hätte wahrscheinlich schon ausgereicht, und die Bundesregierung wäre niemals mit diesem Bundeswehreinsatz bei der deutschen Bevölkerung durchgekommen. Wie Peter Scholl-Latour damals bei Beginn schon ankündigte, war die gesamte Mission zum Scheitern verurteilt, zumindest was die angeblichen humanitären und stabilisierenden Ziele betraf.

Das Kapitel Afghanistan war der erste Fall in der Nachkriegszeit, in dem deutsche Medien wieder mit Kriegspropaganda – und ich benutze diesen Begriff sehr bewusst – deutsche Soldaten und somit das ganze Land in einen Krieg getrieben haben. Außer den Familien der dort gefallenen Bundeswehrsoldaten hat aber ansonsten in Deutschland niemand dadurch negative Folgen zu beklagen gehabt, weshalb bis heute selbst aus der Friedensbewegung kaum ein Aufschrei kam.

Natürlich sind die Taliban eine ziemlich böse Gruppierung, aber auch hier muss man genau hinsehen, wie sie überhaupt so groß und mächtig werden konnten, und wer dabei massiv nachgeholfen hat. Wir erleben das übrigens ganz aktuell genauso mit dem Islamischen Staat IS(IS).

Man könnte natürlich genaugenommen auch die deutsche Beteiligung an den Einsätzen gegen Serbien im Balkankrieg als diesen ersten Sündenfall ansehen, allerdings beschränkten sich damals die Einsätze der Luftwaffe auf wenige Unterstützungsleistungen, und der nachfolgende Einsatz von Bodentruppen im Kosovo hat auf beiden Seiten praktisch keine Toten gefordert, da keine Kampfhandlungen mehr erfolgten. Auch in diesem Krieg ist bis heute die Wahrheit noch nicht annähernd herausgekommen, auch dort spielten die Massenmedien schon eine unselige Rolle, Kriegspropaganda zu verbreiten, um diesen Krieg zu ermöglichen, der ganz anderen Zielen diente, als man den Menschen erzählt hat.

Wir hören nun seit über zwei Jahren erneut immer stärker werdende Kriegspropaganda, diesmal gegen Russland – wir kommen noch ausführlich darauf zu sprechen. Wenn hier ebenfalls ein offenbar gewollter Krieg geführt werden soll, wird Deutschland danach voraussichtlich unbewohnbar sein, deshalb ist es extrem gefährlich, erneut den Dingen ihren Lauf zu lassen. Diesmal geht es uns alle etwas an.

Die Kritiker

Sehr zum Ärger der Eliten, der Politik und natürlich der Massenmedien gibt es eine wachsende Zahl von Menschen, die nicht einfach diese Lügen und Verdrehungen oder auch die einfachen Erklärungen schlucken wollen, die uns von oben angeboten werden.

Dieselben Politiker und Massenmedien heben diejenigen in den Himmel, die in den Dreißiger und Vierziger Jahren in Deutschland und danach dann in der DDR Widerstand und Verbreitung von Wahrheit praktiziert haben, was sie teilweise mit ihrem Leben, auf jeden Fall aber mit schlimmen Konsequenzen bezahlen mussten. Das Lob ist auch völlig in Ordnung, die Geschwister Scholl und andere haben zurecht eine Vorbildfunktion; allerdings werden „Dissidenten" in westlichen Demokratien mittlerweile oft nicht nur genauso genannt, sie werden auch genauso negativ von vielen Politikern und Medienvertretern gesehen. Wenn man genau hinsieht, hat in der Gesetzgebung vieler westlicher Staaten auch ein gefährlicher Trend eingesetzt, eine zu kritische Meinung nun auch mit konkreten Sanktionen zu ahnden.

Die Voltaire zugeschriebene Aussage *„Ich verachte Ihre Meinung, aber ich gäbe mein Leben dafür, dass Sie sie sagen dürfen"* scheint auch in westlichen „Demokratien" immer weniger zu gelten.

Den Massenmedien sind natürlich solche aufgeweckten Menschen ein besonderer Dorn im Auge, denn diese zeigen gnadenlos die Versäumnisse der Medien auf. In immer mehr Bereichen können die Medien mit reinen Argumenten nicht mehr gegen die Kritiker ankommen, denn gute Argumente fehlen ihnen in vielen Feldern vollständig. Zu hanebüchen sind die offiziell verbreiteten Begründungen geworden, die sie propagieren müssen. Deshalb müssen sie auf andere Weise vorgehen.

Passend zu dem Ereignis des 11. September 2001 erlebte ein Wort danach einen unglaublichen Aufstieg: „Verschwörungstheorie".

Wenn heutzutage unliebsame Meinungen in Diskussionen ohne sachliche Argumente ausgeschaltet werden, bedient man sich gerne des Begriffs „Verschwörungstheorie", den ich an dieser Stelle einmal näher beleuchten möchte. Es wird nämlich insbesondere in den Massenmedien mit diesem Begriff intensiv gearbeitet. Was bedeutet denn zunächst der Begriff „Verschwörungstheorie"?

Wikipedia sagt dazu:
„Als Verschwörungstheorie bezeichnet man im weitesten Sinne jeden Versuch, ein Ereignis, einen Zustand oder eine Entwicklung durch eine Verschwörung zu erklären, also durch das zielgerichtete, konspirative Wirken von Personen zu einem illegalen oder illegitimen Zweck."

Das ist zunächst einmal gar nicht so verkehrt und sagt noch nichts über den Wahrheitsgehalt der Theorie aus. Grundsätzlich setzt sich der Begriff aus den Worten „Verschwörung" und „Theorie" zusammen. Verschwörungen hat es auf dieser Welt zu allen Zeiten immer wieder gegeben, von daher kann kein vernünftig denkender Mensch davon ausgehen, dass nun seit kurzer Zeit urplötzlich Verschwörungen nicht mehr existieren würden. Es gibt sie natürlich weiterhin, denn der Mensch hat sich nicht großartig verändert in den letzten Jahren. Dann ist da noch der Begriff „Theorie", den man in der Wissenschaft ständig verwendet: Ein Wissenschaftler hat sich ein Erklärungsmodell zu einem Sachverhalt erarbeitet, das nun auf den Prüfstand gestellt werden muss.

Eine Reihe von Indizien für seine Erklärung hat er meistens schon gefunden, um die Theorie überhaupt aufstellen zu können. Um über den Status der Theorie hinauszukommen, muss nun ein schlüssiger Beweis erbracht werden. Wenn das nicht möglich ist, reicht aber auch in der Wissenschaft heutzutage schon eine größere Menge an Indizien aus, um diese Theorie zu einer allgemein anerkannten Lehrmeinung werden zu lassen. Dies gilt natürlich insbesondere für Lehrmeinungen, bei denen der Beweis zunächst nicht erbracht werden kann, die aber in ein bestimmtes (politisch korrektes) Weltbild gut hineinpassen.

Wenn wir also in dieser Weise den Begriff der Verschwörungstheorie definieren würden, dann wäre diese also eine Theorie, die auf Basis von Indizien auf eine Verschwörung bestimmter Kreise zu einem bestimmten Sachverhalt führt. Es gilt nun, diese Theorie daraufhin zu überprüfen, ob es weitere stichhaltige

Indizien oder sogar Beweise dafür gibt. Der Begriff „Verschwörungstheorie“ ist soweit völlig neutral, was den Wahrheitsgehalt derselben betrifft. Letzterer ist zu beweisen oder zu widerlegen.

In den Massenmedien und auch bei vielen Zeitgenossen wurde der Begriff „Verschwörungstheorie“ in den letzten Jahren nun mit einem massiv negativen „Spin“ versehen. Sobald dieser Begriff fällt, heißt es zwangsläufig, die Aussage ist Unsinn, der Verfechter ist leichtgläubig, argumentiert unlogisch, sieht Gespenster und vieles mehr.

Momentan lautet die ***gelebte Auslegung*** des Begriffs „Verschwörungstheorie“ nach meiner Definition:

Als Verschwörungstheorie bezeichnet man eine Aussage, die gegen die politisch korrekte Meinung in den Massenmedien und großen Institutionen steht. Indizien und sogar Beweise werden ignoriert, wenn damit der „allgemeine Konsens“ der meinungsbildenden Gremien in einer Gesellschaft verletzt wird.

Besonders gerne wird der Begriff „Zufall“ zum Verwerfen von Indizien herangenommen, obwohl auch dieser Begriff durchaus wissenschaftlich definiert und berechenbar ist. In der Wahrscheinlichkeitsrechnung kann man zu einem Ereignis eine Wahrscheinlichkeit berechnen und ihm zuordnen. Häufig werden Tatsachen, die als Argumente für den Wahrheitsgehalt einer Verschwörungstheorie aufgeführt werden, von Gegnern mit Zufall erklärt, obwohl die Wahrscheinlichkeit für einen Zufall geringer ist, als zehn Lottogewinne hintereinander.

Wenn wir hier über genau ein Argument reden, könnte es tatsächlich noch ein Zufall gewesen sein, aber häufig gibt eine Reihe sehr stichhaltiger Indizien, die dann alle zusammen Zufall gewesen sein sollen. Von der Wahrscheinlichkeit her kommt man dann auf Werte, die jenseits jeder Logik sind. Trotzdem argumentieren auch gestandene Wissenschaftler damit.

Der Begriff „Verschwörungstheorie“ wurde nun stark verknüpft mit einem bestimmten Weltbild, das eine Institution oder auch ein einzelner Mensch hat.

Leider wird der Begriff der Verschwörungstheorie deshalb auch von Menschen in diesem Sinne verwendet, die von anderen selbst bereits als Verschwörungstheoretiker bezeichnet werden würden. Es hängt nämlich sehr stark am eigenen Weltbild und Vorstellungsvermögen, wo diese Grenze gezogen wird. Wenn diese Grenze überschritten wurde, werden auch starke Indizien bis hin zu Beweisen ignoriert, nur um die eigene Vorstellung von der Welt aufrecht zu erhalten.

Ich möchte Ihnen ein Beispiel dazu geben. Aufgeklärte Menschen wissen schon lange, dass Goldman Sachs einen nicht geringen Einfluss auf die Politik weltweit ausübt. Spätestens nach der aussagekräftigen Dokumentation „Goldman Sachs – Eine Bank lenkt die Welt" auf dem Sender Arte ist dies offensichtlich.[51] Trotzdem wird das von vielen Menschen in Deutschland nach wie vor als „Verschwörungstheorie" bezeichnet werden, da sie sich damit nicht auseinandergesetzt haben.

Ich habe festgestellt, dass der Vorwurf der Verschwörungstheorie meist von jemandem erhoben wird, wenn er sich überhaupt nicht mit den Indizien und Argumenten für diese Theorie auseinandergesetzt hat, oder wenn ihm stichhaltige Gegenargumente fehlen. In den Massenmedien hat das natürlich System, man lernt schon in Rhetorikkursen, wie man auch ohne Sachargumente eine Diskussion gewinnen kann.

Ein häufiges Argument gegen eine „Verschwörungstheorie" ist auch die Aussage: „Das kann man doch nicht (so lange) geheim halten!" Ich entgegne dann immer mit einem bestimmten Beispiel, es gibt derer durchaus viele. In den Fünfziger Jahren des letzten Jahrhunderts wurden in den USA Soldaten und auch Teile der Bevölkerung vorsätzlich zu Testzwecken radioaktiver Strahlung ausgesetzt. Diese Tatsache wurde über vierzig Jahre verheimlicht und galt als „Verschwörungstheorie". Viele der Opfer und deren Angehörige versuchten immer wieder, eine Bestätigung dieser Tatsache und natürlich auch Entschädigungen zu erhalten.

Erst in den Neunziger Jahren gab es dann einen Durchbruch, und dieser führte endlich auch zu einer Anerkennung der Opfer durch die Regierung und zu entsprechenden Entschädigungen. Letztere sind allerdings lächerlich niedrig. Dieses Beispiel zeigt sehr gut, dass es sehr wohl möglich ist, auch ungeheuerliche Tatsachen über Jahrzehnte hinweg zu verbergen. Eine entscheidende

Rolle spielen hierbei natürlich die Medien. Wenn es tatsächlich eine freie Presse gäbe, würde es viel schwieriger werden, derartige Dinge über solche Zeiträume geheim zu halten.

Der Begriff „Verschwörungstheorie" wurde erst nach 9/11 so richtig populär. Es stimmt zwar nicht, dass dieser Begriff überhaupt erst durch das Tavistock-Institute im Nachgang von 9/11 kreiert wurde. Man kann das mit Google leicht überprüfen, wenn man das Datum der Suche auf die Zeit vor dem 11. September 2001 einschränkt. Nach 9/11 wurde dieses Wort aber dann massiv in den Medien gepusht und zwar in seiner heutigen negativen Bedeutung. Ein mit auslösendes Element war hierbei auch George W. Bush Jr., der in einer Rede diesen Begriff mit Negativität brandmarkte:

„Lasst uns niemals die abscheulichen Verschwörungstheorien tolerieren, betreffend den Anschlägen vom 11. September; bösartige Lügen versuchen, die Schuld von den schuldigen Terroristen zu nehmen."

Seitdem hat sich die Verwendung dieses Wortes in seiner negativen Bedeutung aber explosionsartig in den Medien verbreitet. Während es vor dem 11. September 2001 ca. 5000 Treffer bei der Suche in Google gibt, sind es insgesamt über 2,4 Millionen Treffer.

Natürlich ist heute das Internet auch viel umfangreicher als vor vierzehn Jahren, aber trotzdem spricht dieses Ergebnis eine deutliche Sprache. Ich gehe nicht davon aus, dass dies ein Zufall ist.

Auf dem deutschen Buchmarkt sieht das Ergebnis ein wenig anders aus. Das Wort an sich taucht immer wieder auch schon einmal in den Jahren 1845 bis 1851, 1879 bis 1885 und mehrmals der ersten Hälfte des 20. Jahrhunderts auf. Es ist somit nicht, wie teilweise berichtet, von jemandem gezielt „erfunden" worden. Von 1949 bis 1952 erlebt die Verwendung in deutschsprachigen Büchern ein erstes kleines Maximum, aber der unaufhaltsame Aufstieg der „Verschwörungstheorie" als Begriff in Büchern erfolgte Anfang der Sechziger Jahre. Dazu trug natürlich der Mord an John F. Kennedy bei, nach dem dieser Begriff erstmalig von den US-Behörden gezielt in der o.g. besonderen Verwendung großflächig aufgebracht wurde, um Kritik an der offiziellen Version des Hergangs zu diskreditieren.

Die Verwendung nimmt dann einen steilen Anstieg mit zwei Spitzen in 2001 und 2003, was wenig überraschend ist. Seitdem fällt sie wieder etwas, da natürlich die Anzahl neuer Bücher zu 9/11 abgenommen hat. Die Häufigkeit verbleibt aber auf hohem Niveau. Im Buchmarkt wird die offizielle Version der Geschehnisse aber auch deutlich seltener verbreitet; Politik und Massenmedien haben hier deutlich geringeren Einfluss. Im Internet hingegen sieht das leider schon anders aus. Hier haben die Massenmedien auch ein sehr starkes Gewicht dadurch, dass sie sehr gut besuchte und suchmaschinenoptimierte Portale betreiben.

In englischen Büchern sieht der Verlauf der Verwendung des Begriffs „conspiracy theory" ganz ähnlich aus, allerdings gibt es hier einen fortlaufenden Anstieg seit 2003 und keinen Rückgang. Man kann also sehr gut erkennen, dass seit dem Attentat auf Kennedy die Verwendung dieses Wortes auch auf dem Buchmarkt explodiert ist, im jungen Internet führte 9/11 zu dieser Explosion. Der Einsatz erfolgt vonseiten der Politik und der Massenmedien aus gutem Grund.

Ich frage bei meinen Vorträgen auch immer einmal wieder in die Runde, wer denn im Fall von 9/11 die offizielle Darstellung der Ereignisse glaubt. Es ist meist eine glücklicherweise relativ geringe Anzahl von Menschen, deren Arm dann hochgeht. Das mag auch daran liegen, dass meine Zuhörer bereits einen gewissen Zustand an eigener und freier Meinung erreicht haben. Diejenigen, die tatsächlich die offizielle Story noch glauben, haben aber auf Nachfrage weder ein kritisches Buch gelesen, noch einen kritischen Filmbericht dazu gesehen.

Sie kennen die Gegenargumente zur offiziellen Darstellung einfach gar nicht oder nur sehr plakativ und lückenhaft. Selbstverständlich ist es nicht so, dass nun jede Verschwörungstheorie auch zwingend wahr wäre. Derzeit sollte aber ein aufgeklärter Mensch diesen Begriff gar nicht mehr verwenden, da die ursprüngliche neutrale Bedeutung mittlerweile fast völlig verloren gegangen ist. Somit diffamiert man unweigerlich sein Gegenüber durch diesen Begriff.

Das ist der Hauptgrund, warum dieses Wort in den Massenmedien inflationär gebraucht wird, es soll die Gegenmeinung diskreditieren und eine argumentative Diskussion sofort im Keim ersticken.

Ein anderer Begriff, um unliebsame Diskussionen erst gar nicht aufkommen zu lassen, ist übrigens die „Offensichtlichkeit". Häufig werden Sachverhalte als „offensichtlich" oder „allgemein bekannt" definiert, um nicht in die Detailebene in einer Diskussion einsteigen zu müssen. Ein schönes Beispiel dafür ist die angebliche „menschengemachte Klimaveränderung", die angeblich wissenschaftlich nachgewiesen wäre und durch die überwiegende Anzahl aller Experten vertreten würde. Bei genauerem Hinsehen wird man feststellen, dass es eine große Anzahl Wissenschaftler gibt, die hier eine völlig andere Meinung vertreten und deren Anzahl stetig größer wird, insbesondere, seit die Erwärmung der Erde in den letzten Jahren stagniert. Da mit dem Klimawandel aber verschiedene Maßnahmen durchgesetzt werden sollen, versucht man, eine derartige Diskussion möglichst gar nicht mehr zu führen. Besonders gerne wird natürlich versucht, mit der angeblichen Offensichtlichkeit eine Diskussion abzuwürgen, wenn derjenige, der diesen Begriff verwendet, ansonsten argumentativ verlieren würde.

Wenn man keine Argumente besitzt, muss man versuchen, den Gegner auf andere Weise ruhigzustellen. Ein Mittel dazu sind derartige „Killerphrasen" wie „Verschwörungstheorie" oder „Offensichtlichkeit". Kommt man damit nicht weiter, ist der nächste Schritt, den Gegner selbst in Zweifel zu ziehen. In Deutschland wird hierzu gerne die Faschismuskeule geschwungen. Ich hatte zuvor bereits Beispiele prominenter Persönlichkeiten angeführt, die beispielsweise aufgrund kritischer Fragen zu den Hintergründen von 9/11 in die rechte Ecke geschoben wurden. Leider funktioniert diese Maßnahme zur Abwehr ungewünschter Fragen und Kommentare bei vielen Menschen immer noch sehr gut. Sie halten lieber den Mund, als Gefahr zu laufen, in diese Ecke gestellt zu werden und damit gesellschaftlich ins Abseits zu geraten. Umso mehr sind diejenigen zu bewundern, die sich trotzdem trauen, laut ihre Meinung zu sagen.

Die Massenmedien bekommen aber gerade das Problem, dass immer mehr Menschen auch auf diese billigen Versuche, Personen und Meinungen zu diskreditieren, nicht mehr einsteigen. Dieses Schwert wird zunehmend stumpf. Dann gibt es natürlich Themengebiete, bei denen eine Verknüpfung von kritischen Äußerungen mit rechtem Gedankengut gar nicht mehr möglich ist. Die extrem einseitige Berichterstattung zu Russland und der Ukraine gehört dazu. An diesem Beispiel fällt aber auch nun immer mehr politisch interessierten Menschen auf, dass die Massenmedien ihre angebliche Ausgewogenheit komplett aufgegeben haben. Deshalb versuchen die Massenmedien nun auch andere Wege zu gehen, um ihre Sichtweise zu retten, und nutzen dabei Methoden, die eigentlich der Vergangenheit angehören sollten.

In den letzten Jahren hat sich eine bedenkliche Entwicklung in den westlichen Ländern und auch besonders in Deutschland vollzogen, die man vor zwanzig Jahren noch völlig ausgeschlossen hätte. Auf immer mehr Themengebieten verbreiten die meisten großen Massenmedien eine Einheitsmeinung und scheuen sich auch nicht davor, Sachverhalte vollständig falsch darzustellen.

Ein schönes Beispiel dafür ist die Berichterstattung von ARD und ZDF im Vorfeld des Referendums vom 5. Juli 2015 zu dem Maßnahmenkatalog der EU in Griechenland. Seit der Ankündigung des Referendums wurde verbreitet, dass der Großteil der Bevölkerung gegen das „Nein“ der Regierung wäre. Es wurden Interviews mit Menschen gezeigt, die sich für ein „Ja“ aussprachen, die es natürlich auch gegeben hat. Das ZDF schoss aber dann den Vogel ab, indem es eine der größten Demonstrationen für die Regierung in eine Demonstration gegen diese umdeutete.[52]

Der unbedarfte Zuschauer, der die Menschenmassen nur von oben sah, wo der dortige Reporter diese Falschaussage auftischte, glaubte das natürlich. Die OXI-Plakate (= Nein) konnte man von dort natürlich nicht erkennen. In der Vergangenheit hat man auch schon Demonstrationen aus ganz anderen Ländern einfach mit angeblichen Bildern in das gewünschte Land verlegt.

Viele Menschen, die gezeigt werden, plus einen Reporter, der etwas erzählt, verfehlen nicht ihre Wirkung. Im Internet wurde diese Reportage des ZDF aber natürlich schnell entlarvt, aber wie viele von den Millionen Zuschauern der Heute-Sendung vom 29. Juni haben das aus dem Internet dann auch erfahren?

Die ARD ging etwas subtiler vor. Dort wurde in der Tagesschau behauptet, man hätte keinen Griechen gefunden, der für „Nein" gewesen wäre. Man schob zwar in einem Nebensatz hinterher, dass diese Aussage natürlich nicht repräsentativ wäre, aber das war nicht die primäre Botschaft, die bei den meisten Zuschauern angekommen ist.

Dieser Trick wird übrigens häufiger durchgeführt. Man zeigt ein eindrucksvolles Bild, das einen bestimmten Spin erzeugen soll, und kommentiert dazu, dass die Herkunft des Bildes aber noch nicht verifiziert wurde. Letztendlich verweisen die Medien später immer darauf, dass sie doch darauf hingewiesen hätten, wenn ihnen eine Fälschung des Bildes oder ein völlig anderer Zusammenhang nachgewiesen wurde.

Die Wirkung des Bildes bei dem Großteil der Zuschauer wird aber durch einen solchen Kommentar am Rande nicht geschmälert. Nur das Bild bleibt bei den meisten Zuschauern in Erinnerung. Die meisten Menschen sind sowieso visuell und nicht auditiv geprägt, das heißt, sie nehmen visuelle Botschaften viel besser und nachhaltiger auf als gesprochene. Der Spruch „Ein Bild sagt mehr als tausend Worte" trifft nicht für alle Menschen, aber für die deutliche Mehrheit zu.

Diese Tatsache machen sich die Medienmacher natürlich zunutze. Und in solch einem Fall erfährt nur ein Bruchteil der Menschen, die zugesehen hatten, dass ein Bild gefälscht wurde. Der Nachweis der Fälschung erfolgt dann zumeist auf bestimmten Internetseiten, die sowieso nur von einer kleinen Anzahl bereits aufgeklärter und kritischer Menschen besucht werden. Allerdings wird die Anzahl der Kritiker und zu recht Unzufriedenen in den letzten Jahren immer größer.

Kommen wir aber zurück zu dem griechischen Referendum. Jedem, der griechische Massenmedien lesen konnte, war schnell klar, dass die Wirklichkeit ganz anders aussah. Dort wurden repräsentative Umfragen veröffentlicht, und bevor die Banken am Montag, dem 30. Juni, schlossen, war die Nein-Fraktion mit 57 Prozent vorne. Das Chaos in der nachfolgenden Woche veränderte das Ergebnis zwar durchaus etwas in die andere Richtung, aber eine Mehrheit von 46 Prozent Nein zu 37 Prozent Ja war Mitte dieser Woche immer noch komfortabel. Trotzdem hörten wir unablässig von ARD und ZDF, wie knapp es doch wäre.

Als dann bei dem Referendum die Nein-Fraktion mit über 60 Prozent siegte, hörte man aus den TV-Geräten, dass dieses ja „völlig überraschend“ wäre. Überraschend war das nur für die Reporter und Kommentatoren von ARD und ZDF, die ihre eigene Propaganda selbst geglaubt hatten, und natürlich keinesfalls zugeben würden, dass sie zuvor nicht ganz bei der Wahrheit geblieben waren.

An diesem Beispiel lässt sich aber gut zeigen, dass es sehr hilfreich ist, auch die Medien vor Ort anzuschauen, um ein besseres Bild zu bekommen. Nun ist das durch die andere Schrift bei Griechenland etwas komplizierter, aber auch die Grafiken sprachen für sich. Es ist dann immer sehr peinlich für denjenigen, der eine falsche Wahrheit zu verbreiten sucht, wenn er so leicht entlarvt werden kann.

Der große Böse in unseren Massenmedien ist ja Russland, diesbezüglich geht das Spiel bereits über mehrere Jahre so. Zu dem großen Unbehagen hiesiger Medien gibt es dort aber nicht nur Sender in russischer Sprache und Medien, die kyrillische Schrift verwenden, sondern auch Sender in englischer und seit Kurzem auch in deutscher Sprache. Somit können sich interessierte Zuschauer unmittelbar die Gegendarstellung ansehen und müssen nicht einmal lange im Internet suchen. Das Verhalten der hiesigen Massenmedien und auch mancher Politiker lässt nun wieder einen Begriff aufkommen, der eigentlich aus schlimmen Zeiten stammt und als überwunden galt: der Feindsender.

Natürlich werden die russischen Sender wie beispielsweise Russia Today nicht direkt mit diesem Begriff benannt, aber wir sind nicht mehr weit weg davon. Bevor ich auf Details eingehe, zunächst einmal einen kleinen Blick in die Vergangenheit.

Im Dritten Reich wurde im Krieg das Hören der „Feindsender“ sogar unter schwere Strafe gestellt. Im September 1939 kam die „Verordnung über außerordentliche Rundfunkmaßnahmen“ heraus. Sie bedrohte das Hören ausländischer Rundfunksender mit hohen Strafen. Je weiter der Krieg fortschritt, desto interessanter wurden natürlich insbesondere die Berichte der BBC über die aktuelle Kriegslage, denn immer weniger glaubte man noch der eigenen Propaganda. Auch das Abhören vieler anderer Sender wie Radio Moskau, aber auch von Radio Vatikan, war verboten. Dem Reichspropagandaministerium war natürlich klar, dass Zweifel und Widerstand gegen die eigenen Aussagen hervorgerufen wurden, weswegen man so heftig alles verbannte, was nicht genau in den Spin passte.

Natürlich hatte auch eine BBC nicht die Wahrheit gepachtet, man machte dort gezielte Gegenpropaganda. Trotzdem waren am Ende diejenigen, die verbotenerweise BBC hörten, deutlich besser über die aktuelle Lage informiert als die anderen.

Den Begriff „Feindsender“ gab es dann noch in der DDR und dem ganzen Ostblock. Damit waren natürlich die westlichen Sender gemeint. Allerdings war es für den Normalbürger nicht strafbar, Westfernsehen zu sehen, nur für bestimmte Berufsgruppen wie Soldaten war es verboten. Es gab auch gezielte westliche Propagandasender wie Voice of America. Man versuchte teilweise im Ostblock, diesem Problem mit Störsendern zu Leibe zu rücken, damit die Menschen diese westlichen Sender nicht mehr empfangen konnten. Regional begrenzt funktionierte das auch durchaus. In der DDR versuchte man so bis 1978, RIAS Berlin zu stören, aber auch im Dritten Reich gab es ähnliche Anstrengungen.

Zum großen Bedauern der DDR-Führung konnte aber in weiten Teilen der DDR Westfernsehen empfangen werden. Allein die dort dargestellte Konsumwelt bedrohte den Staat nicht unerheblich. Deshalb versuchte man im DDR-Fernsehen gezielt, eine Gegendarstellung zu verbreiten, deren Höhepunkt sicher die Sendung „Der schwarze Kanal“ gewesen war. Die Älteren von Ihnen, insbesondere natürlich aus den neuen Bundesländern, werden sich daran erinnern. „Der schwarze Kanal“ war eine Sendung des DDR-Fernsehens, in dem Karl-Eduard von Schnitzler regelmäßig über Westdeutschland und den Westen insgesamt herzog.

Das Ganze war derartig tendenziös, dass es fast schon wieder amüsant erschien. Jeder kleine Streik im Westen wurde in dieser Sendung beispielsweise genüsslich breitgetreten und so dargestellt, als ob sich die gesamte Arbeiterschaft in der Bundesrepublik Deutschland erhoben hätte.

Natürlich war den allermeisten DDR-Bürgern durchaus bekannt, dass in dieser Sendung die Wahrheit sehr stark an einem bestimmten Weltbild zurechtgebogen wurde, um es einmal nett zu formulieren. Außer Schnitzler selbst (und selbst da wäre ich mir nicht ganz sicher) und ein paar ganz ergebenen Parteisoldaten hat diese Berichte wohl kaum einer wirklich für bare Münze genommen.

Wenn ich mir in letzter Zeit aber so die Sendungen in unseren Massenmedien anschaue und dort insbesondere auch die Hauptnachrichtensendungen bezüglich Russland, muss ich leider feststellen: **Auch der „schwarze Kanal“ ist zurück!**

Kommen wir aber wieder zu den „Feindsendern“. Dadurch, dass man besonders bei dem Thema Russland und Vladimir Putin aktuell extrem starke Propaganda liefert, die mit der Wahrheit oft nachweislich nur sehr wenig zu tun hat, ist natürlich der Sender Russia Today wie ein Stachel im Fleisch. Die verbalen Attacken auf diesen Sender nehmen an Intensität und Schärfe zu, genauso wie die Konsumenten von RT verunglimpft werden.

Zunächst einmal eine klare Aussage: natürlich berichtet auch RT nicht ausschließlich die reine Wahrheit. Dort erhält man meist die offizielle russische Sichtweise der Dinge, die natürlich auch nicht völlig objektiv ist und durchaus „gefärbt“ sein kann. Da aber unsere Medien teilweise hier wirklich unverschämt die Wahrheit verdrehen, ist man dort tatsächlich häufig besser über einen Vorgang informiert. Wie immer ist es hilfreich, beide Seiten zu kennen und dann zu entscheiden, wer die besseren Argumente und vor allem Nachweise besitzt. Schauen wir doch einmal, was über den Sender Russia Today so alles in unseren Massenmedien gesagt und geschrieben wird:

FAZ:
„Hier gibt es den Kreml im Originalton.“
„Propagandakanal „Sputnik News“. Diese Nachrichten sind ganz nach Putins Geschmack.“
„Nach dem Nachrichtensender „Russia Today“ gibt es jetzt ein neues mediales Spielzeug Putins. „Sputnik News“ heißt der digitale Satellit des Kremls im Netz. Er soll die Welt mit russischer Propaganda versorgen.“

Süddeutsche Zeitung:
„Durch die Sendung führt Jasmin Kosubek, jung, hübsch und scheinbar unbedarft. Mit vielen Ähms stottert sie sich durch die Sendungen, die mit den rasanten Kamerafahrten an die Anfänge des Jugendsenders Viva in den 90er-Jahren erinnern."

Die Welt:
„Die Waffe des Kreml im Krieg um die Krim."
„Handelt es sich beim Staatssender Russia Today um eine Informations- oder eher um eine Desinformationsmaschine? Fehlinformationen, etwa über „Flüchtlingsströme" aus der Ukraine, sind keine Seltenheit."
„Staatsnahe russische Medien verbreiten dieser Tage glatte Falschinformationen, etwa über einen „Flüchtlingsstrom" aus der Ukraine oder die angebliche Nominierung Putins für den Friedensnobelpreis."

„Moskaus Propaganda gibt's jetzt auch auf Deutsch."
„Der Fernsehsender „Russia Today" behauptet, er wolle nur alternative Sichtweisen verbreiten. Doch wer reinschaut, findet vor allem Verschwörungstheorien und falsche Experten."

„RT Deutsch hat sein Büro in Berlin eröffnet und bespielt deutsche Zuschauer mit allem, was sie hören wollen, aber nirgendwo außerhalb ihrer Stammtische zu späterer Stunde zu hören bekommen.
Eingeladen wird jeder, der es sich mit seriösen Medien und der breiten Öffentlichkeit verscherzt hat und nun im Namen der Wahrheit die Tiefen des Internets beackert."

Belassen wir es einmal bei dieser kleinen Sammlung. Teilweise tief unter der Gürtellinie wird hier gegen den Sender und auch die dortigen Gäste geschossen. Dabei fällt den Autoren dieser Artikel gar nicht auf, dass wenn sie mit einem Finger auf RT zeigen, drei Finger auf sie selbst gerichtet sind. Allein durch diese Artikel zeigen unsere Massenmedien, wie sie Propaganda verbreiten. Wie gesagt, nicht alles, was in RT kommt, ist die ungefärbte Wahrheit, aber gegenüber den Verdrehungen von *Welt*, *Spiegel* & Co. ist RT häufig deutlich näher an der Wirklichkeit.

Es bleibt aber nicht mehr nur bei Worten. Ein kleiner Lokalsender in Erfurt / Thüringen – Salve.TV – hat sich doch tatsächlich erlaubt, von RT-Deutsch „Der fehlende Part" auszustrahlen. „Der fehlende Part" ist dort die primäre Sendung, welche eine andere Sichtweise auf aktuelle Ereignisse wirft. Es wird dabei weder gegen Menschen gehetzt, noch werden jugendgefährdende Inhalte ausgestrahlt. Dennoch trat die Thüringer Landesmedienanstalt (TLM) auf den Plan und erzeugte einen starken Druck auf den kleinen Sender, die Ausstrahlung von RT-Deutsch Sendungen zu beenden. Am Ende geht es sogar um die Existenz des Senders durch Entzug der Sendelizenz. Bislang blieb der Sender aber standhaft.

Der nächste Dorn im Auge unserer „Qualitätsmedien" ist der Sender Sputnik, der wie der Name schon vermuten lässt, russische Wurzeln hat. Hier werden einige Sachverhalte deutlich anders dargestellt als in den hiesigen Medien. Keine Frage, auch hier kommt Russland deutlich besser weg. Dort kann man dann aber auch Interviews mit Experten wie Willy Wimmer hören, einem ehemaligen CDU-Politiker, Staatssekretär und Vizepräsidenten der Parlamentarischen Versammlung der Organisation für Sicherheit und Zusammenarbeit in Europa (OSZE). Dieser äußert sich aber häufig kritisch über Massenmedien und Politik in Deutschland. Genau diese kritischen Äußerungen Wimmers, auch bezüglich der Pressefreiheit in Deutschland, nahm Mathias Zahn von SWR am 27. Juli 2015 in der ARD zum Anlass, sich darüber aufzuregen, dass Sputnik im deutschen Digitalradio zu empfangen ist. Unter dem Titel „Putins Auslandssender im deutschen Digitalradio" sagte er unter anderem:

„Wo das Schlechte sitzt, ist in Moskau keine Frage. Im Westen gibt es keine Pressefreiheit. Das lassen sich die Russen auch gerne von deutschen Interviewpartnern bestätigen. So lobt der frühere CDU-Spitzenpolitiker Willy Wimmer auf Sputnik-Radio SNA die russischen Staatsmedien."

Über einen Augsburger Sender wird das Programm von Sputnik zeitweise zum Beispiel im hessischen Digitalradio verbreitet. Dann lässt Zahn den CDU-Bundestagsabgeordneten Karl-Georg Wellmann zu Wort kommen, der in der Vergangenheit keinen Hehl aus seiner extrem negativen Einstellung gegenüber Russland und Putin gemacht hat.

„Der CDU-Bundestagsabgeordnete Karl-Georg Wellmann zeigt sich befremdet darüber, dass Putins Auslandssender im deutschen Digitalradio zu hören ist. Es gehe den Russen nicht um Journalismus, so Wellmann per Handy aus dem Urlaub."

Wellmann dann per Telefon wörtlich: *„Das ist eine Mischung von Regierungssprechern, von dem Verbreiten der unsäglichen Propaganda und nichts anderes. Also mit ausgewogenem Journalismus hat das gar nichts zu tun."*

Deshalb verlangt Wellmann auch, diesen Sender zu verbieten, sagt Zahn:

„Wellmann fordert die hessische Landesmedienanstalt auf, die Ausstrahlung des russischen Staatssenders zu stoppen."

Pikanterweise zeigen die Herren Zahn und Wellmann dadurch, dass Willy Wimmer in dem zuvor kritisierten Beitrag bezüglich der Pressefreiheit offensichtlich recht hat.

Verbote von Sendern, wie könnte man das nennen? Genau, Zensur! Bisher weigert sich die hessische Landesmedienanstalt noch, aber aus Sicht dieser Politiker und vieler Medienschaffender wie Mathias Zahn ist Sputnik genauso wie Russia Today ein „Feindsender". Es wurde wörtlich bisher so natürlich noch nicht ausgesprochen.

Wir sehen aber an Worten und Taten, dass tatsächlich der „Feindsender" wieder zurückgekehrt ist. In der Geschichte gab es Feindsender aber immer nur für Diktaturen, die ansonsten Gefahr liefen, dass die eigenen Bürger die Lügen und Propaganda, die jedes Unrechtssystem benötigt, um länger existieren zu können, nicht mehr glauben. Umso bedenklicher ist es, dass man sich in Deutschland und vielen anderen Ländern des Westens nun genötigt sieht, eine derartige Einstufung wieder einzuführen.

Das wirft ein deutliches Bild auf den aktuellen Zustand unserer Demokratie und des Rechtsstaates. Wenn die Freiheit (und Pressefreiheit) tatsächlich vollständig existieren würde und die Demokratie und der Rechtsstaat nicht mehr nur noch Worthülsen wären, bräuchte niemand Angst vor einer konträren Darstellung zu haben. Wie es aussieht, wird es aber nun notwendig, alte Vorgehensweisen abzustauben, da wir uns auch alten Zuständen nähern.

Vor ein paar Jahren wurden Menschen noch verlacht, als sie Vergleiche zwischen der ehemaligen Sowjetunion und der EU zogen. Das Lachen gefriert mittlerweile immer mehr Leuten auf den Lippen. Die schönen Worte, die wir hören, sind eine Sache, aber: „An ihren Taten werdet ihr sie erkennen." Diese Taten sprechen nun eine immer deutlichere Sprache. Diskreditierung, Verunglimpfung anderer „falscher" Meinungen, Restriktionen gegen zu populäre Einrichtungen und Personen, die nicht auf Linie sind – das sind alles klare Anzeichen einer Entwicklung in diese Richtung.

Noch bleibt es bei Beschimpfungen und Drohungen, aber der nächste Schritt wird die Zensur im Internet werden. Die entsprechenden Gesetze dazu sind in immer mehr westlichen Ländern bereits verabschiedet worden. In Frankreich hat die Nationalversammlung Anfang Mai 2015 mit großer Mehrheit ein neues Gesetz beschlossen, das natürlich als Reaktion auf den Charlie-Hebdo-Terroranschlag eingebracht wurde. Wir sehen hier das identische Vorgehen wie bei 9/11. Wenn wir in Deutschland einen entsprechenden Anschlag benötigen, um ähnliche Gesetze durchzukriegen, werden wir sicher auch einen bekommen.

Die bürgerlichen Rechte werden in diesem neuen französischen Gesetz massiv eingeschränkt. Geheimdienste und Polizeibehörden können nun die Bürger weitgehend ohne richterliche Kontrolle überwachen. Es können Telefonleitungen angezapft, die Bürger über ihre Mobiltelefone lokalisiert, E-Mails abgefangen, heimliche Fotografien gemacht und Wohnungen verwanzt werden. Die einzige Kontrollinstanz ist eine neue Behörde des Premierministers. Natürlich geht das nur gegen „Terroristen", diese Eingruppierung ist aber mehr als schwammig und kann sehr schnell auch Regierungsgegner umfassen. In Spanien ist man diesbezüglich schon einen Schritt weiter.

Auch in Kanada ist im Mai 2015 ein mehr als erstaunliches Gesetz verabschiedet worden, das deutlich aufzeigt, woher der Wind nun weht. Die Regierungsvorlage C-51 wurde angenommen, die das knapp 20.000 Worte fassende „Anti-Terrorismus-Gesetz" beinhaltet und eine deutliche Ausweitung der Macht von Polizei und Geheimdiensten bewirkt. Neben dem uneingeschränkten Informationsaustausch zwischen den Behörden und der Einrichtung einer No-Fly-Liste lässt vor allem Abschnitt 3 des Gesetzes aufmerken.

„Für Äußerungen, die als Unterstützung von „Terrorismus im Allgemeinen" ausgelegt werden können, drohen bis zu fünf Jahre Haft. Das umfasst beispielsweise auch positive Äußerungen über virtuelle Demonstrationen in Form von DDOS-Attacken, die eine Regierung zu einer Meinungsänderung bewegen sollen. Denn die Störung von Systemen gilt bereits als terroristischer Akt. Ebenso wären Spendenaufrufe für ein Kinderhilfsprogramm einer Organisation problematisch, der man auch terroristische Ziele nachsagen kann.

Auf manche Flüsterwitze stehen in Kanada bald 5 Jahre Haft. Die Äußerungen müssen nicht vorsätzlich sein, Fahrlässigkeit reicht aus. Kriminell wird nicht nur der Urheber, sondern auch alle Beitragenden, wie etwa Assistenten, Lektoren, Verleger, Layouter, oder Retweeter. Auch rein private Äußerungen, ohne Öffentlichkeitswirkung, sind umfasst. Das ist im Lichte der gleichzeitig erweiterten Abhörbefugnisse zu beurteilen."

Quelle: Heise-Verlag[53]

Das erinnert doch frappierend an Zustände aus schlimmen Zeiten im nationalsozialistischen Deutschland und in anderen Diktaturen. Hier wird ganz klar gemacht, dass unliebsame Meinungen verfolgt werden sollen. Natürlich gibt es in Kanada wie auch in Frankreich Proteste dagegen, aber offensichtlich helfen diese nur wenig. Auch dort dürften zu viele Menschen es einfach ignorieren, denn es betrifft sie ja nicht unmittelbar – so denken sie zumindest.

Kommen wir nun zu dem krassesten Beispiel Großbritannien. Hier war ein entsprechendes Gesetz im Mai 2015 noch in Planung, aber Premierminister Cameron ist mit Unterstützung der Queen entschlossen, es auch durchzubringen.

In der neuen Regierung hat er nun keinen Koalitionspartner mehr, der sich dagegen stemmen könnte. Die neue Regierung möchte die Polizei ermächtigen, bei den höchsten Gerichten Verfügungen zu erwirken, um „schädliche Aktivitäten" von extremistischen Individuen zu beschränken. „Schädlich" heißt konkret: das Risiko der öffentlichen Unruhe, das Risiko der Beleidigung sowie die „Bedrohung der Funktionsfähigkeit der Demokratie". Auch hier wird jeder Systemkritiker unmittelbar erfasst.

Die Briten setzen dem Ganzen aber noch die Krone dadurch auf, dass ganz offen über einen Zensor nachgedacht wurde. Den Job soll die Polizei übernehmen. Es soll eine Verordnung geben, nach der jede neue Publikation im Internet, den Sozialen Medien oder in gedruckter Form der Polizei vorab zur Genehmigung vorgelegt werden muss. Wer nun glaubt, das wäre ein verrückter Einzelfall oder Irrtum, der sei darauf hingewiesen, dass man auch in der EU über „Medienräte" als Zensurbehörden durchaus nachdenkt. Bisher ist das vor zwei Jahren erschienene Papier (A free and pluralistic media to sustain European democracy) zwar noch nicht in konkrete Maßnahmen umgesetzt worden, aber der Plan steht im Raum.[54]

Das Ganze dürfte natürlich so direkt auch in Großbritannien nicht durchführbar sein, in Zeiten des Internets kann es den klassischen Zensor im Vorhinein nicht mehr geben. Also wird man direkt das Internet zensieren, die entsprechenden Einrichtungen – Stichwort „Pornofilter" – wurden in Großbritannien praktischerweise ja bereits implementiert. Sehen Sie, wie man stückweise die Dinge den Menschen unterschiebt …

Wie wir bemerken, gibt es in einer Reihe von westlichen Staaten sehr konkrete Aktionen zur Einführung eines Polizeistaats. Wo immer Sie auch hinsehen, in der gesamten EU, aber auch in Australien oder Neuseeland und ganz besonders natürlich in den USA, überall werden scharfe Gesetze gegen die eigenen Bürger in Stellung gebracht.

In dem aktuellen Wettbewerb der westlichen Staaten, den Rechtsstaat am schnellsten und gründlichsten abzuschaffen, scheint nun wieder Spanien in Führung gegangen zu sein. Nachdem Kanada und England „Meinungsverbrechen" jetzt auch scharf sanktionieren, hat Spanien mit dem „Knebelgesetz" bereits weitgehend diktatorische Züge angenommen. Der Geist von Franco ist dort scheinbar bei manchen Eliten noch sehr lebendig, aber täuschen Sie sich nicht, ähnliches droht im gesamten Westen – auch hier, voraussichtlich schon 2016. Gegen friedliche Proteste können drakonische Strafen verhängt werden, und selbst der Besuch einer falschen Webseite kann in Spanien zum Verhängnis werden. Zu Terror wird alles erklärt, was dem Staat nicht passt.[55] Man kann nur hoffen, dass der starke Widerstand dieses Gesetz wieder kippen wird.

Die freie Meinung ist auch in der kompletten EU ein Auslaufmodell, wie der Europäische Rat für Toleranz und Versöhnung (engl.: European Council on Tolerance and Reconciliation; ECTR)[56] und dessen Arbeitsergebnisse zeigen. Mit schönen Worten wie „Toleranz" umschrieben, wird dort nicht weniger als ein großer Maulkorb für die Menschen in Europa vorbereitet. Der „Toleranzzwang" wird Kritik an sakrosankten Thesen unter Strafe stellen. Woher kenne ich diese Vorgehensweisen nur?

Überall soll die Überwachung verstärkt, die Eingriffsmöglichkeit der Behörden massiv ausgeweitet, die Freiheit der Meinung und der Menschen umfangreich eingeschränkt werden. Wir sind nun sehr deutlich über die Phase der vereinzelten Ideengeber, die sich ab und zu in den Massenmedien positiv zu derartigen Maßnahmen äußern, hinaus. Diese Phase hatte es natürlich auch gegeben. Nun sind wir in der Phase, in der die Gesetze dazu in Kraft gesetzt werden.

Damit kommen wir auch zu dem großen Problem der Massenmedien und der Politiker: dem Internet. Dieses macht derartige unverblümte Zensur- und Zwangsmaßnahmen notwendig, denn die Mächtigen verlieren gerade zunehmend die Kontrolle über die öffentliche Meinung. In Vor-Internet-Zeiten hatten die Massenmedien noch ein starkes Informationsmonopol. Gegensätzliche Darstellungen, Kritik oder Nachweise von Falschinformationen konnten nur von Mund zu Mund oder über kleinere Gruppen verbreitet werden. Es gab zwar schon immer Verlage, die kritische Bücher zu unterschiedlichsten Themen druckten, aber deren Bücher mussten auch erst einmal gefunden werden. An prominenter Stelle in großen Buchläden waren diese Bücher eher selten anzutreffen. Trotzdem gab es durchaus Augen öffnende Bücher in dieser Zeit, die trotzdem Bestseller-Status erreichten. Natürlich kann ein Buch nicht aktuell auf bestimmte Medienspins reagieren. Bis ein Buch herauskommt, ist das Interesse der Menschen häufig schon wieder bei anderen aktuellen Themen angekommen.

Bereits damals wurde aber versucht, zu erfolgreiche kritische Bücher aus den Augen der Öffentlichkeit zu verbannen. Das erfolgte mehr oder weniger auffällig. Ein sehr bekanntes Beispiel sind die Bücher „Geheimgesellschaften I + II" von Jan Udo Holey, die er unter dem Pseudonym „Jan van Helsing" veröffentlichte. Obwohl in einem kleinen Verlag erschienen, erreichten diese Bücher in den Neunziger Jahren sechsstellige Auflagenzahlen. Diese Bücher sind bis heute in Deutschland verboten. Der Vorwurf hieß damals natürlich „Antisemitismus“, obwohl Holey in dem nachfolgenden Prozess nicht verurteilt werden konnte. Er hatte in seinen Büchern einige sehr heiße Eisen angepackt. Die ganze haarsträubende Geschichte, die zu dem Verbot dieser Bücher führte, wurde in einem weiteren Buch mit dem Titel „Die Akte Jan van Helsing“ aufgearbeitet. Viele Menschen würden es nicht für möglich halten, was diesem Autor in Deutschland als angeblich freiheitlichem Rechtsstaat widerfahren ist. Dieser Fall ist aber nur die Spitze eines Eisbergs. Es wurden und werden regelmäßig Bücher in Deutschland verboten und Autoren und Verlage bedroht. Es wirft ein deutliches Licht auf den Zustand unseres Staates, denn derartige Verbote sind ein klares Merkmal von Zwangs- und Unrechtssystemen. Eine funktionierende Demokratie braucht keine derartigen Verbote, denn abstruse Inhalte werden schnell argumentativ widerlegt und sollten keine große Resonanz in der Bevölkerung finden.

Das Verbot eines Buches war natürlich das letzte Mittel, insbesondere, wenn es zu erfolgreich wurde. Es wurden aber auch durchaus „sanftere“ Methoden angewendet, damit entsprechende Bücher erst gar nicht zu erfolgreich werden konnten. In einem Fall wurde ich zufällig Zeuge davon. Es geht hierbei um das Buch „Die geheime Geschichte der amerikanischen Kriege – Verschwörung und Krieg in der US-Außenpolitik“ von Mansur Khan. In diesem Buch werden sehr umfangreich und gut belegt die „Sünden“ der US-Außenpolitik dargelegt. Relativ bald nach seinem Erscheinen war dieses Buch bei Amazon oder auch in großen Buchhandelsketten wie Hugendubel nicht mehr erhältlich und auch nicht bestellbar. Nun wohnte der Autor damals in meinem Wohnort, und deshalb hatte der örtliche Buchhändler dieses Buch in der Auslage. Während ich im Laden verweilte, wunderte sich ein anderer Kunde darüber, denn er hatte versucht, dieses Buch bei den großen Händlern zu bekommen, und war überall mit der Aussage konfrontiert worden, dass es nicht mehr erhältlich sei. Die örtliche Buchhändlerin entgegnete daraufhin nur erstaunt, dass der Verlag es vorrätig hätte und es natürlich jederzeit bestellbar wäre. Somit wurde gezielt verhindert, dass Menschen zufällig über das Buch stolpern können, und selbst wenn es ihnen empfohlen worden wäre, mussten die meisten davon ausgehen, es nicht bekommen zu können.

Wie Sie sehen, sind Versuche der Zensur in der Bundesrepublik Deutschland kein neues Phänomen der letzten Jahre. Natürlich geschieht dies nicht offen, sondern versteckt, aber wenn der Öffentlichkeit Informationen vorenthalten werden, ist das Zensur, auch wenn die Medien immer aufheulen, wenn dieser Begriff genannt wird.

Mit der Verbreitung des Internets sind die Maßnahmen gegen Bücher etwas in den Hintergrund getreten, denn während in den Neunziger Jahren derartige Verbotsaktionen durchaus die gewünschte Wirkung erzielten, erzeugen sie heute einen gegenteiligen Effekt. Ein entsprechendes Buch und auch dessen Inhalt werden dadurch natürlich erst richtig interessant und womöglich Millionen von Menschen bekannt. Wir sehen aber deutlich, dass bereits im letzten Jahrtausend eine klare Botschaft des Staates durch diese Maßnahmen gegeben wurde: „Wir trauen unserer eigenen Bevölkerung nicht über den Weg!" Man muss bestimmte Informationen zensieren, denn ansonsten könnten die Menschen auf „falsche" Gedanken kommen.

Das Internet bietet nun jedermann die Möglichkeit, ohne finanziellen Aufwand und praktisch in Echtzeit Informationen und Ansichten zu verbreiten und einem Millionenpublikum unmittelbar zur Verfügung zu stellen. Auch die Massenmedien nutzen natürlich diesen Kanal mit großen Nachrichtenportalen, in denen sie ihre Version der Dinge darstellen. Zum guten Ton gehörte es zunächst auch, die Möglichkeit eines „virtuellen Leserbriefs" in Form einer Kommentarfunktion zur Verfügung zu stellen. Diese Kommentarfunktion ist aber mittlerweile zu einem großen Problem für die Massenmedien geworden. Früher konnte man kritische Leserbriefe einfach unter den Tisch fallen lassen, und außer dem Schreiber des Leserbriefs fiel das niemandem weiter auf. Heute werden Artikel und Berichte der Medien unmittelbar „zerpflückt", wobei natürlich die Qualität der Kommentare sehr unterschiedlich ausfällt. Neben reinen Beschimpfungen finden sich aber häufig auch sehr detaillierte Nachweise der Fehler und Falschinformationen in dem entsprechenden Artikel. Das führte dazu, dass mittlerweile immer mehr Kommentare zunächst überprüft werden, bevor sie freigeschaltet werden. Immer häufiger werden aber auch gar keine Kommentare mehr zugelassen.

Natürlich werden die Massenmedien nicht nur in den eigenen Kommentarfunktionen angegangen, sondern auf unzähligen Blogs, Webseiten und in den Sozialen Medien erscheint Kritik und werden teilweise auch gut recherchierte und unzweifelhaft nachweisbare Fakten veröffentlicht, welche die Fehlinformationen und Spins der Massenmedien entlarven. In diesem Buch ist eine Reihe von Beispielen dafür aufgeführt. Genauso wie bei den zuvor genannten Einzelpersonen versucht man nun auch hier, die Schreiber zu diskreditieren.

Lange Zeit wurden die Beiträge im Internet dem selbsternannten „Qualitätsjournalismus" gegenübergestellt und suggeriert, dass man veritable Informationen eben nur bei den großen Massenmedien erhalten könne. Nicht wenige Medienschaffende glauben das auch noch heute. Die Leser und Zuschauer sehen das mittlerweile aber deutlich anders und stimmen mit „den Füßen" darüber ab, wie wir noch gleich sehen werden. Man versucht nun, die kritischen Schreiber auch wieder in eine bestimmte Ecke zu drängen. Das ist natürlich bei bestimmten Themen wieder einmal die rechtsradikale Ecke; insbesondere bei Russland wird nun mit aber vollem Ernst behauptet, dass die Kritiker alle bezahlte Agenten Moskaus wären: „Putins Trolle".[57]

Ich möchte an dieser Stelle gar nicht ausschließen, dass Russland auch auf diese Weise versucht, mit dem Westen mitzuhalten, denn die westlichen bezahlten Trolle gibt es nachweisbar auch. Edward Snowden enthüllte mit Dokumenten entsprechende Aktivitäten des britischen Geheimdienstes GCHQ und der NSA. Eine Arbeitsgruppe des GCHQ mit dem Namen Human Science Operation Cell (HSOC) hat die Aufgabe, in den Netzdiskurs einzudringen, um ihn zu verstehen, zu kontrollieren und zu steuern. Das geht von eigenen Textbeiträgen bis hin zu der gezielten Ausschaltung von Schlüsselautoren mit der Taktik „Leugnen, Zerrütten, Herabwürdigen und Überlisten". Darunter fällt dann durchaus auch Rufmord mit Mails an Freunde, Kollegen und Vorgesetzte des Betreffenden, die mit gefälschten kompromittierenden Inhalten gefüttert werden.[58][59]

Es wäre naiv zu glauben, dass es in deutschen Geheimdiensten nicht ähnliche Abteilungen gibt. Für die „Zusammenarbeit" mit der Presse gab und gibt es diese ja nachweislich auch, wie wir von Udo Ulfkotte aus erster Hand wissen. Deshalb wird man dort den immer mehr meinungsbildenden Bereich des Internets bei BND & Co. wohl kaum ausklammern. Aber auch Parteien, Firmen und andere Organisationen verbreiten in Kommentaren, Foren und sozialen Medien gezielt ihre Propaganda; es gibt eine Reihe von glaubwürdigen Berichten darüber, dass auch hier Mitarbeiter dafür gezielt angestellt und bezahlt werden.

Die EU hält gar nicht mehr mit der Tatsache hinter dem Berg, dass sie europakritische Äußerungen im Vorfeld der Europawahl 2014 im Internet aufspüren ließ und dagegen Maßnahmen einer „Troll-Patrouille" ergriff. Bereits 2013 bewilligte das Europäische Parlament dafür über zwei Millionen Euro.[60]

Internetnutzer, die sich häufig in dortigen Foren aufhalten, kennen diese Trolle sehr gut, denn sie nutzen häufig dieselben Methoden, die auch in Talkshows und anderen Formaten angewendet werden. Wenn argumentativ keine Chance besteht, ein unliebsames Thema zu unterdrücken, versucht man, die gegnerischen Autoren zu diskreditieren oder auch geschickt die Diskussion auf ein anderes Thema zu lenken. Folgende Vorgehensweisen kann man dort immer wieder gut beobachten, sie werden aber nicht nur dort angewendet:

1. Unangemessenes Emotionalisieren: der eigentliche Sachverhalt wird durch eine beharrliche künstliche Empörung beiseite geschoben. Gerne wird behauptet, der Gegner habe eine angesehene Person oder Gruppe beleidigt.
2. Provokation des Gegners, bis von diesem eine emotionale Reaktion folgt. Daraufhin wird ihm eine mangelnde Kritik- und Diskussionsfähigkeit unterstellt.
3. Der Gegner wird direkt denunziert. Ihm werden unredliche Motive und Vorurteile unterstellt, er wird als Gerüchteverbreiter, Spinner, Esoteriktante, Verschwörungstheoretiker, religiöser Fanatiker, Rassist, Rechtsradikaler, Antisemit etc. bezeichnet, ohne auf seine Argumente einzugehen. Das kennen wir ja bereits. Es wird auch, wenn bekannt, versucht, den Lebenslauf des Gegners zu verdrehen. Nennt der Gegner Quellen, werden diese herabgewürdigt, als unseriös bezeichnet oder deren Inhalt schlicht ignoriert.

4. Die Quellen des Trolls hingegen werden als unantastbar beschrieben. Dazu gehören natürlich besonders gerne die Massenmedien …
5. Aussagen des Gegners werden absichtlich falsch interpretiert.
6. Es wird dem Gegner eine Position unterstellt, die leicht angegriffen werden kann.
7. Wichtige Argumente des Gegners werden verzerrt und entstellt, beispielsweise durch das Aufblähen und Lächerlichmachen eines Nebenarguments.
8. Der Troll stellt sich einfach dumm und regiert auf keinerlei Argumente des Gegners. Er verfolgt seine Linie absolut unbeirrt. Er verlangt immer neue und weitere, teilweise unmögliche, Beweise. Dann kommt gerne auch die „Offensichtlichkeit" ins Spiel oder die Behauptung, dass die Beweise des Gegners veraltet und überholt seien. Gerne wird auch eine zu große Komplexität des Themas unterstellt, die der Gegner gar überschauen könne.
9. Üblicherweise bleiben diese Trolle so lange an dem Thema dran, bis sich der Gegner frustriert zurückzieht.

Viele dieser psychologischen Taktiken finden wir nicht nur im Internet, sondern auch in den Massenmedien wieder, denn sie basieren alle auf professionell durchgeführten Forschungen und Methoden. Im Westen werden diese großflächig praktiziert; jeder, der sich mit kritischen Themen jenseits des Mainstreams beschäftigt, wird dieses bereits beobachtet haben. In Russland sind diese Methoden natürlich auch nicht unbekannt.

Es ist allerdings weder für Russland noch für westliche Agitatoren leistbar, gegen die Massen der normalen Menschen dauerhaft anzukommen. Eventuell kann ein bestimmtes Thema in der Anfangsphase unterdrückt und diskreditiert werden, aber dass ein Großteil der Kommentare „bezahlt" sei, wäre allein vom Aufwand her nicht machbar. Trotzdem versuchen die Massenmedien immer wieder, dies zu behaupten, wenn ihre Berichterstattung zu Russland angegriffen wird. Auch wenn manchmal im Nebensatz erwähnt wird, dass man natürlich nicht alle kritischen Kommentare entsprechenden Trollen zurechnen würde, lauten die reißerischen Schlagzeilen „Kommentar-Armeen", „gesteuerte Propagandakampagnen" oder „Putins Trollfabrik". Viele der deutschen „Qualitätsmedien" stürzten sich dann auch auf die Geschichte der ehemaligen Trollin

Ljudmilla Sawtschuk, die angeblich in einem schnöden Büro in Sankt Petersburg prorussische Kommentare für 800 Euro pro Monat schreiben „musste". Die Nachrichtenagentur AFP verbreitete diese Story, und natürlich griffen FAZ, *Focus* etc. beherzt zu. Die Illustrationen zu den Artikeln entsprachen jedem Klischee, das man sich für derartige Arbeiten im Osten vorstellen kann: Düstere Bürobunker, in denen schlecht bezahlte Angestellte ihrer verwerflichen Arbeit nachgehen.[61] Zunächst einmal bleibt dahingestellt, inwiefern die Aussagen von Frau Sawtschuk überhaupt der Wahrheit entsprechen? Aber selbst, wenn diese stimmen – von deutschen Medien und deutscher Sprache hat sie nie etwas gesagt. Sie schrieb in russischen Medien. Entsprechend vage bleiben auch die Artikel in den deutschen Blättern zu diesem Fall, denn letztendlich ist die Faktenlage auch hier mehr als dünn.

Ljudmilla Sawtschuk bekam im Rahmen ihres Prozesses gegen ihren ehemaligen Arbeitgeber dann auch Unterstützung einer Bürgerrechtsorganisation mit dem Namen „Komanda 29 / Team 29", die ihre Anwälte bezahlt hatte. Das erfuhren wir sogar aus den „Qualitätsmedien", wie der *Berliner Morgenpost.*[62]

Ich gehe davon aus, dass es stimmt, schließlich wurde dieser Prozess in unseren Massenmedien ja auch groß thematisiert und Anwälte sind teuer. Was aber unsere Massenmedien leider „vergessen" haben zu berichten, ist, dass Komanda 29 / Team 29[63] eine Nachfolgeorganisation der Freedom of Information Foundation[64] ist.

Auf der Webseite dieser NGO kann man auch unter dem Punkt „Who supports us" unmittelbar deren Geldgeber bewundern, und wir finden dort alte Bekannte wieder: Da ist zunächst das Open Society Institute von George Soros, aber auch USAID oder das NED (National Endowment for Democracy), eine berüchtigte NGO aus den USA, die direkt dem US-Kongress untersteht. Wir werden im weiteren Verlauf dieses Buches noch des Öfteren von diesen Organisationen hören. Es heißt aber nichts anderes, dass diese Dame von den USA bezahlt wird, was die Glaubwürdigkeit ihrer Aussagen doch deutlich absenkt. Das Mindeste, was unsere „stets kritischen Massenmedien" hätten tun müssen, wäre, ihre Leser von diesem Zusammenhang zu unterrichten.

Der Mythos russischer Trolle, die in westlichen Medien ihr Unwesen treiben, wird natürlich auch an andere Stelle gepflegt, aber man muss sich immer auch die Quellen genau ansehen. So hat der Sender Radio Free Europe auch den angeblichen russischen Troll Marat Burkhard interviewt, der nach seinen Angaben in Zwölfstundenschichten in Foren kremlfreundliche Kommentare verfasst hat.[65] Nun ist Radio Free Europe ein von der CIA finanzierter Propagandasender, von daher ist ein ganz großes Fragezeichen hinter dessen Aussagen zu stellen. Das hinderte den Focus aber nicht daran, sich auch auf diesen Fall zu beziehen.

Wie gesagt, ich will gar nicht ausschließen, dass Russland – dann aber primär in russischen Foren – wie die westlichen Staaten nachweislich auch, versucht, die Meinungen in der Internetgemeinde in seinem Sinne zu beeinflussen. Dass die scharfe Kritik an der Berichterstattung der hiesigen Medien über Russland und die Vorgänge in der Ukraine jedoch von Russland initiiert und gesteuert würde, ist einfach nur lächerlich.

Die Medien werden aber auch mit dieser Behauptung durch die Tatsache Lügen gestraft, dass sie in den letzten Jahren mit einem massiven Verlust ihrer Reputation zu kämpfen haben. Das liegt unter anderem daran, dass nicht nur behauptet wird, ihre Objektivität sei nicht mehr vorhanden – nein, es kann an unzähligen Beispielen unzweifelhaft nachgewiesen werden. Das fällt nun immer mehr Menschen auf, und sie wenden sich ab. Abonnentenzahlen, Auflagen, Zuschauerquoten und selbst die Klickraten auf den Webseiten der Massenmedien sind im freien Fall.

Hier hat der Kunde eine Wahl, ob er für die angeblich gebotene Qualität noch zahlen möchte oder nicht. Zeitungen und Zeitschriften, die auf Verkauf und Anzeigenkunden angewiesen sind, stellen nun sehr schmerzhaft fest, dass sie gegen den Leserschwund mit ihren kruden Theorien nicht viel ausrichten können. Allein vom ersten Quartal 2014 bis zum ersten Quartal 2015 hatten die großen überregionalen Tageszeitungen bis zu zweistellige prozentuale Einbrüche hinzunehmen:

Platz	Titel	2015-I	absolut	in %
1	Bild	2.099.864	-206.014	-8,9
2	Süddeutsche Zeitung	392.204	-26.151	-6,3
3	Frankfurter Allgemeine	277.314	-39.210	-12,4
4	Die Welt Gesamt (Die Welt + Welt Kompakt)	201.159	-13.021	-6,1
5	Handelsblatt	121.930	348	0,3
6	taz.die tageszeitung	54.748	-2.213	-3,9
7	Neues Deutschland	30.480	-733	-2,3

Daten-Quelle: IVW / Tabelle: MEEDIA[66]

Dieser Rückgang erstreckt sich nun schon über mehrere Jahre und führt beispielsweise beim *Spiegel* nun auch zu konkreten wirtschaftlichen Maßnahmen, bei denen Kündigungen nicht ausgeschlossen werden.[67] Ich muss aber zugeben, spätestens nach der Berichterstattung des *Spiegel* zum Absturz von MH17 und seinem unverschämten Missbrauch der Opfer zu billiger Propaganda gegen Putin fehlt mir jedes Mitleid. Unternehmen in jeder Branche bekommt es generell schlecht, wenn sie ihre Kunden für die eigenen Probleme verantwortlich machen und sogar noch beschimpfen. Genau das erleben wir aber bei den Massenmedien.

Neben der Behauptung, dass Kritiker von Russland bezahlt werden, wird auch die angebliche Dummheit der Leser/Zuschauer immer wieder ins Feld geführt. Alles und jeder ist schuld an den Problemen der Massenmedien, nur keinesfalls das Produkt selbst.

Da glaubt ZDF-Nachrichtenchef Elmar Theveßen, dass die Zuschauer keine Nachrichten mehr sehen möchten, da die Bilder dort so schrecklich wären. Dann hören wir von ihm: „Man kann klar sagen, dass es diesen Eskapismus gibt, die Mehrheit der Menschen flieht vor komplexen Dingen." Diese Aussage bedeutet nichts anderes, als dass er die Menschen für intellektuell zu minderbemittelt hält, die Darreichungen seiner Nachrichtenredaktionen zu konsumieren.
Nun wenden sich die Menschen aber nicht allgemein von Nachrichten ab, sondern nur von denjenigen der Massenmedien. Alternative kritische Seiten im

Internet erfahren hingegen Jahr für Jahr beeindruckende Wachstumsraten. Mit dem Medium Internet an sich hat das aber nicht so viel zu tun, denn auch die Klickraten auf die Internetportale der Massenmedien fallen beständig.

Auch der Chef der Tagesschau Kai Gniffke, der als Chefredakteur für Tagesschau, Tagesthemen und Nachtmagazin zuständig ist, äußert sich immer wieder einmal im „Tagesschau-Blog", wenn die Kritik an den Nachrichtensendungen der ARD zu laut wird.[68] Dort verkörpert er wie kaum ein Zweiter in den Massenmedien die arrogante Haltung, dass alles was aus seinem Hause komme, beinahe „unfehlbar" sei. Kleine Fehler werden da und dort eingeräumt, aber auch sofort wieder relativiert.

Nun hat die ARD sogar einen Programmbeirat, der kaum im Verdacht steht, nur zu lästern und mit „kruden Ausdrücken" die ARD und ihre aktuellen Sendungen anzugreifen. Letzteres wird ja u.a. von Gniffke den Kommentatoren in den ARD-Foren im Internet vorgeworfen, wenn sie sich kritisch äußern. Dieser Programmbeirat der ARD hat die Aufgabe, die Interessen der Zuschauer gegenüber den Programmverantwortlichen zu vertreten und dafür zu sorgen, dass der Programmauftrag des öffentlich-rechtlichen Rundfunks umgesetzt wird. Tatsächlich hat der Programmbeirat im Juni 2014 die vielfältige Kritik der Zuschauer an der Berichterstattung über den Ukrainekonflikt aufgenommen und teilte einstimmig in weiten Bereichen auch die Ansicht, dass die Berichterstattung „fragmentarisch", „tendenziös", „mangelhaft" und „einseitig" ist. Das bezog sich nicht nur auf die o.g. ARD-Aktuell-Sendungen, sondern auch auf Brennpunkte und Magazinsendungen wie Weltspiegel oder TTT. Aus dem Resümee zur Ukraine-Berichterstattung zum Protokoll 582 (Juni 2014) geht deutlich hervor, wo die Problempunkte zur Berichterstattung über die Ukraine in der ARD liegen. Dabei wird noch sehr differenziert vorgegangen und vorsichtig formuliert:

„Der Programmbeirat kam aufgrund seiner Beobachtungen zu dem Schluss, dass die Berichterstattung im Ersten über die Krise in der Ukraine teilweise den Eindruck der Voreingenommenheit erweckt hat und tendenziell gegen Russland und die russischen Positionen gerichtet war."

Die zehn beanstandeten Punkte sind absolut berechtigt, wie eine Auswahl davon zeigt:[69]

- differenzierende Berichte über die Verhandlungen der EU über das Assoziierungsabkommen
- die politischen und strategischen Absichten der NATO bei der Osterweiterung und in der Ukraine-Krise
- die Rolle der radikal-nationalistischen Kräfte, insbesondere Swoboda, im Maidanrat
- die Frage nach der Verfassungs- und Demokratiekonformität der Absetzung Janukowitschs sowie die Rolle rechtsnationaler Kräfte dabei
- eine völkerrechtliche Analyse der Abspaltung der Krim
- belastbare Belege für eine Infiltration der Krim durch russische Armeeangehörige

Verändert hat diese Stellungnahme des Programmbeirats aber leider gar nichts. Der stellvertretende Chefredakteur des ARD-Hauptstadtstudios Thomas Baumann ließ die Kritik dieses Gremiums einfach abprallen:

„Den Vorwurf einer einseitigen und tendenziösen Berichterstattung über den Ukraine-Konflikt weise ich energisch zurück. Dies habe ich auch gegenüber dem ARD-Programmbeirat deutlich gemacht. Es gab und es gibt zahlreiche Beiträge, Sendungen und Sondersendungen im Ersten Programm, die in der Summe die Lage in der Ukraine und die Ursachen der Krise differenziert und unter verschiedenen Aspekten thematisiert haben und thematisieren. Unsere Korrespondentinnen und Korrespondenten vor Ort tragen unter schwierigsten Bedingungen mit ihrer Arbeit entscheidend dazu bei, unser Publikum umfassend und so wahrheitsgetreu wie möglich zu informieren."[70]

Gebetsmühlenartig verbleiben diese Herren auf den Standpunkt, dass sie alles richtig machen würden, selbst bei der Kritik des offiziell dafür eingerichteten Gremiums der ARD. Leider hat dieser Programmbeirat keinerlei weitere Mittel in der Hand, Veränderungen herbeizuführen. Mich erinnert diese Haltung der führenden Köpfe unserer Massenmedien an den Geisterfahrer, der sagt: „Die sind doch alle verrückt und fahren auf der falschen Seite!"

Gegen den Programmbeirat konnte man nicht direkt schießen, also ignoriert man dessen Kritik einfach. Es ist schon frech, von einer „differenzierten Berichterstattung" zu erzählen, obwohl die klare Ausrichtung gegen Russland und die US-freundliche Berichterstattung jedem neutralen Beobachter sofort ins Auge stechen. Dieses Buch ist voll mit Beispielen, wie zudem gezielt die Wahrheit auch manipuliert wird – und das nachweisbar.

Dann meldeten sich auch sechzig prominente Persönlichkeiten aus Politik, Wirtschaft, Kultur und Medien im Dezember 2014 öffentlich zu Wort und übten in einem Appell Kritik an dem aktuellen Umgang mit Russland. Zu den Medien im Besonderen sagten sie Folgendes:

„Wir appellieren an die Medien, ihrer Pflicht zur vorurteilsfreien Berichterstattung überzeugender nachzukommen als bisher. Leitartikler und Kommentatoren dämonisieren ganze Völker, ohne deren Geschichte ausreichend zu würdigen. Jeder außenpolitisch versierte Journalist wird die Furcht der Russen verstehen, seit NATO-Mitglieder 2008 Georgien und die Ukraine einluden, Mitglieder im Bündnis zu werden. Es geht nicht um Putin. Staatenlenker kommen und gehen. Es geht um Europa. Es geht darum, den Menschen wieder die Angst vor Krieg zu nehmen. Dazu kann eine verantwortungsvolle, auf soliden Recherchen basierende Berichterstattung eine Menge beitragen."[71]

Immerhin brachten verschiedene Massenmedien wie die *Zeit* diesen Aufruf in vollem Wortlaut, ließen ihn aber entweder unkommentiert oder zogen sich natürlich auf ihre Position zurück, dass sie schon alles richtig machen würden. Eine Veränderung bewirkte dieser Appell weder bei der Politik noch bei den Massenmedien. Die vielfach über jeden Zweifel erhabenen Unterzeichner erzeugten leider auch keine andere Wirkung als der Programmbeirat oder die kritischen Kommentatoren in den Foren. Eine kleine Auswahl der Unterzeichner:

- Mario Adorf, Schauspieler
- Prof. Dr. Herta Däubler-Gmelin (Bundesministerin der Justiz a.D.)
- Eberhard Diepgen (ehemaliger Regierender Bürgermeister von Berlin)
- Pater Anselm Grün (Benediktinerpater)

- Dr. Roman Herzog (Bundespräsident a.D.)
- Georg Schramm (Kabarettist)
- Gerhard Schröder (Bundeskanzler a.D.)
- Prof. Dr. h.c. Horst Teltschik (ehemaliger Berater im Bundeskanzleramt für Sicherheit und Außenpolitik)

Auch dieser löbliche Aufruf verhallte ungehört bzw. prallte an den Verantwortlichen ab, obwohl vielen Unterzeichnern kaum eine Nähe zu Russland nachgesagt werden kann.

Die FAZ veranstaltete im Mai 2015 in der Oper Frankfurt eine Podiumsdiskussion zum Thema „Lügenpresse", wobei auf dem Podium keine wirklichen Kritiker saßen. Deshalb kamen dann die wirklich kritischen Einwürfe auch aus dem Publikum. Dieses konnte sich dann aber auch wieder schön verpackt anhören, dass es eigentlich zu dumm oder wahlweise zu faul sei, um sich umfassend zu informieren, oder wie es in irgendwelche Schubladen gesteckt wurde. Für den auf dem Podium sitzenden Medienwissenschaftler Donsbach waren beispielsweise die Kritiker sowohl in der Sache inkompetent als auch auf der Metaebene, also in der Fähigkeit, „Qualitätsmedien" überhaupt als solche zu erkennen. Übersetzt heißt das nichts anderes, dass jeder, der nicht der Medienmeinung folgt, keine Ahnung hat. Punkt. Primär prallte jegliche Kritik an den Verantwortlichen auch dort ab. Mehr als kleinere Versäumnisse, die dann später angeblich auch korrigiert würden, räumte man aber nicht ein.[72]

Manche Köpfe in den Medien beginnen nun aber auch, der Kritik an ihrer Berichterstattung nicht mehr nur mit schroffer Ablehnung und Diffamierung der Kritiker zu begegnen, sondern sie versuchen scheinbar, ein wenig Verständnis zu zeigen. Zuletzt geschah das in der *Zeit*, in der ein großer Vertrauensverlust der Kunden in die Medien zugegeben wurde. Eine Umfrage von dimap im Auftrag der *Zeit* ergab im Juni 2015, dass 60 Prozent der Befragten wenig oder gar kein Vertrauen in die Medien haben.[73] Mit diesen Umfragen ist es immer so eine Sache, eventuell sieht es sogar noch schlimmer aus, aber schon dieser Wert ist eine Bankrotterklärung an die Medien.

Auch hier finden wir dann erneut aber kaum Selbstkritik oder die Ankündigung, die Botschaft verstanden zu haben und etwas verbessern zu wollen. Nein, es wird einmal mehr primär behauptet, dass nach bestem Wissen und Gewissen gearbeitet würde. Ich zitiere an dieser Stelle immer gerne einen sehr passenden Satz aus der Bibel:

„An ihren Früchten (Taten) werdet ihr sie erkennen!"

Nun, die Früchte sind sehr schlecht, so sehr die Verantwortlichen auch versuchen, es wegzureden. Anstatt sich die Kritik zu Herzen zu nehmen, erfand man den Begriff „Putin-Versteher" und setzte ihn unmittelbar gegen jeden ein, der auch nur ansatzweise nicht mit der allgemeinen Linie der Massenmedien (und auch großer Teile der Politik) konform ging. Das ist der typische Versuch einer Diskreditierung jeglicher Kritiker, ein Vorgehen, das wir auch bereits bei anderen Begriffen zu anderen Sachverhalten gesehen haben. Das große Problem der Massenmedien besteht aber im aktuellen Fall Russland darin, dass man eine sehr große Anzahl von Menschen in Deutschland damit diskreditiert und beschimpft, darunter auch viele eigene Kunden. Die Folgen bekommt man nun schmerzhaft zu spüren, was aber immer noch keine Einsicht hervorzurufen scheint.

Ich will natürlich nicht verschweigen, dass es in der einen oder anderen Zeitung doch einmal einen wirklich selbstkritischen Kommentar gibt, der auch glaubhaft wirkt. Die Ausnahme bestätigt auch hier die Regel, und natürlich gibt es durchaus einige wenige Journalisten, denen die aktuelle Entwicklung aus ihrem Berufsethos heraus nicht gefällt und die gerne ausgewogener und ehrlicher berichten würden. Diese Einsicht erfolgt aber nicht an den verantwortlichen Spitzen, und vor allem ändert sich nichts.

Die öffentlich-rechtlichen Medien haben ja den großen Vorteil, dass sie ihre Einnahmen durch einen Zwangseinzug erhalten, die GEZ. Deshalb haben sie auch keine wirtschaftlichen Probleme. Nun kommen doch tatsächlich immer mehr Stimmen an die Oberfläche, dass man ein ähnliches Modell auch für die Printmedien benötigen würde. Der Herausgeber und Chefredakteur des

Debattenmagazins *The European* Alexander Görlach hat schon einmal eine neue Idee in den Ring geworfen:

„Journalismus hat kein Geschäftsmodell, wenn die Todesanzeigen und der Stellenmarkt nicht mehr das Feuilleton oder den Leitartikel tragen … Dann muss es andere Modelle geben. Crowdfunding ist gescheitert, es bleiben nur noch Stiftungen, Mäzene und, der sicherste Hafen, der Steuerzahler".[74]

Das ist bisher nur eine einzelne Stimme, aber so fangen derartige Ideen immer an. Eine GEZ für private Printmedien dürfte man aber wohl nicht durchsetzen können, deshalb versucht man es etwas versteckter. Es gibt bereits erste Ansätze, die eine derartige Finanzierung von privaten Printmedien mit zwangseingezogenen Gebühreneinnahmen durch die Hintertür ermöglichen. NDR und WDR haben mit der *Süddeutschen Zeitung* – immerhin die auflagenstärkste überregionale Zeitung außerhalb des Boulevarbereichs – einen „Rechercheverbund" eingerichtet. Wenn auch wohl kein direktes Geld fließt, spart die *Süddeutsche* dadurch eigenes Personal und partizipiert von Leistungen des NDR/WDR, die aber wieder allein aus den Gebühren finanziert werden. Etwas Ähnliches bahnt sich auch bei einer Kooperation des RBB (Rundfunk Berlin-Brandenburg) und der Berliner Morgenpost an.[75]

Der Sport als Politikum

Ein typisches Beispiel für die „Dehnung“ der Wahrheit sehen wir auch bei einem eigentlich relativ belanglosen Vorgang in der Welt des Fußballs. Natürlich geht es auch in diesem Zusammenhang wieder um Russland. Am 25. Juli 2015 wurden die Qualifikationsgruppen für die WM 2018 in Russland ausgelost. Als „Losfee“ wurde dazu der brasilianische Nationalspieler Hulk nominiert, der aber letztendlich diese Funktion nicht wahrnahm. Relativ einfach ließen sich die Gründe dafür in Erfahrung bringen, denn sein Verein Zenit St. Petersburg hat in dem Zeitraum ein wichtiges Spiel und wollte auf ihn wohl nicht verzichten, letztlich schoss Hulk auch zwei Tore bei diesem Spiel. Nach außen hin wurde es von dem Verein aber so dargestellt, dass Hulk selbst absagte. Er schrieb auf der Webseite: *„Durch den langen Flug und den Wechsel der Zeitzonen kann ich nicht dabei sein. Ich danke jedem im WM-Organisationskomitee noch einmal für die Einladung.“*

Soweit eigentlich ein Sachverhalt, der vielleicht eine kurze Meldung in einem Sportteil einer Zeitung nach sich zieht, aber das war es dann auch. Nicht so in den deutschen Massenmedien.

Die Welt schrieb am 24. Juli 2015: *„Skandal vor der WM-Auslosung in Russland – Losfee Hulk ausgeladen.“*[76]

Andere Blätter griffen das Thema genauso auf:

Focus: *Skandal vor AuslosungWM 2018: Hulk übt Kritik – und ist nicht mehr „Losfee“.*
Süddeutsche: *Fifa setzt Hulk ab.*
B.Z.: *Nach Rassismus-Kritik – Fifa wirft WM-Losfee Hulk raus.*
Handelsblatt (was haben die eigentlich mit Sport zu tun?): *Kritischer Hulk nicht mehr Losfee.*

Hintergrund ist die Tatsache, dass sich Hulk zuvor kritisch zu einem Rassismus-Vorfall am ersten Spieltag der russischen Liga geäußert hatte. Der Ghanaer Emmanuel Frimpong hatte auf Affenrufe mit dem berühmten Stinkefinger reagiert und wurde dafür mit der Roten Karte bedacht. Hulk stärkte danach Frimpong den Rücken und wies darauf hin, dass diese Vorfälle in der russischen Liga an der Tagesordnung wären.

Unsere „Qualitätsmedien" konstruierten nun daraus den Skandal, dass Hulk deswegen bei der WM-Auslosung wieder ausgeladen worden wäre. Natürlich hätte Russland darauf hingewirkt. Sowohl Hulk als auch sein Verein als direkt Beteiligte erzählen uns aber eine andere und auch durchaus wahrscheinliche und nachvollziehbare Geschichte, die allerdings in unseren Medien gar nicht näher gebracht bzw. nur als „offiziell" bezeichnet wurde. Das sind aber zunächst einmal harte und unbestreitbare Fakten. Man muss sowohl dem Verein als auch Hulk unterstellen, dass diese lügen. Dem gegenüber liest man aber in dem Artikel der *Welt* nichts von Beweisen oder zumindest dringenden Indizien für deren Variante. Im Gegenteil, die Formulierungen wie „ist davon auszugehen", „es dürfte", „wahrscheinlich aus einem bestimmten Grund" usw. bleiben sehr schwammig. Damit kann man im Nachhinein natürlich den Autoren nicht unterstellen, sie hätten etwas Falsches behauptet.

Wie die FIFA bestätigt hat, wurde Hulk aber überhaupt erst nach Hulks Äußerung (20. Juli 2015) am 24. Juli 2015 nominiert. Man hätte das wohl kaum getan und ihn danach wieder ausgeladen, wenn man mit seiner Aussage ein Problem gehabt hätte.[77]

Im Artikel ist aber völlig klar, dass die Dinge in dem neuen „Reich des Bösen" Russland so laufen, *„weil unangenehme Wahrheiten im Putin-Reich nun mal Konsequenzen nach sich ziehen"*.

Es ist bei diesem kleinen, eigentlich nebensächlichen Vorgang gut zu sehen, wie unsere Massenmedien vorgehen. Die Schlagzeilen und der „angenommene Skandal" bleiben leider bei nicht wenigen Lesern als Tatsache im Gedächtnis. Ohne jegliche Beweise wird wieder einmal ein Fall hochgespielt, der Russland diskreditieren soll. Diese Artikel zeigen aber auch sehr schön, wie wenig die selbst ernannten „Qualitätsmedien" ihren eigenen, vor sich hergetragenen Maßstäben gerecht werden. Reine Vermutungen werden als Tatsachen bemäntelt – das ist genau das, was sie den Autoren im Internet immer vorwerfen. Zumindest ein direktes Gespräch mit Hulk wäre hier hilfreich gewesen, wenn man an der Wahrheit interessiert gewesen wäre. Hier spekuliere ich jetzt einmal: Vielleicht hat es das ja auch gegeben, nur hat Hulk dort nicht das Gewünschte erzählt.

Den Sport für das Russland-Bashing zu missbrauchen, hat aber schon eine längere Vorgeschichte. Die Ukraine war zu diesem Zeitpunkt noch kein Thema – es geht hier um die Olympischen Winterspiele in Sotschi 2014. Ganz übel zeigte sich das in der Olympiaberichterstattung und gipfelte dann in den unsäglichen Kommentaren bei der ZDF-Übertragung der Eröffnungsfeier. Es gab aber zuvor schon praktisch keine Sendung im Fernsehen oder Radio, in der nicht bedeutungsschwanger gefragt wurde, ob die Vergabe der Olympiade nach Sotschi nicht ein Fehler gewesen sei?

Die Freilassung einer Reihe von Häftlinge hatte „Diktator" Putin ja nur angeordnet, damit die olympischen Spiele in einem besseren Licht dastehen würden. Außerdem kann man dort eigentlich gar keine Winterspiele durchführen, da es zu warm wäre. Menschen wurden reihenweise aus ihren Häusern vertrieben, um Platz zu schaffen für die olympischen Anlagen, und überhaupt wurden ja unglaubliche 51 Milliarden dafür ausgegeben.

Es sah aber deutlich so aus, als hätten die Moderatoren und Sportreporter zumindest zum Teil gezielte Anweisungen erhalten, Russland immer wieder mit negativen Attributen und Begebenheiten in Verbindung zu bringen. Einige machen das nämlich sehr unprofessionell, und man sah ihnen förmlich an, dass sie sich viel lieber nur dem Sport widmen würden, wenn sie es denn dürften.

Auch die Vorwürfe bezüglich Sotschi hatten teilweise durchaus einen wahren Kern, nur passieren diese Dinge bei allen anderen Olympiaden oder Fußballweltmeisterschaften in ganz ähnlicher Form. In Brasilien wurden ebenfalls Menschen vertrieben, damals in Griechenland waren Hotels auch nicht fertig, und ich möchte nicht wissen, wie viel Geld dort für Korruption draufgegangen war. In Katar werden massiv Arbeiter ausgebeutet und dort ist das Wetter tatsächlich ein Problem, denn bei 50 Grad Celsius im Sommer kann keiner Fußball spielen.

In Sotschi waren die Wetterbedingungen entgegen allen Unkenrufen in den westlichen Massenmedien hervorragend, denn der Kaukasus ist nun einmal ein schneesicheres Hochgebirge. Das mussten dann sogar die Massenmedien am Ende kleinlaut zugeben. Auch den Sportlern ging damals dieser ständig erhobene Zeigefinger gehörig auf die Nerven.

Schon 2013 kündigte ZDF-Chefredakteur Peter Frey an, dass man nicht nur über den Sport berichten wolle.

„Die Missachtung der Rechte von Minderheiten, die mögliche Überwachung von Athleten, Umweltskandale, Kostenexplosion und Gigantismus, Korruption und Doping."

ARD-Programmdirektor Volker Herres sagte im Vorfeld:

„Wir werden Olympia nutzen, mikroskopisch genau hinzuschauen. Wir wollen die große Aufmerksamkeit nutzen, um auch den Spot auf solche Dinge zu richten."

Wolf-Dieter Poschmann unterstellte den Russen bei der Eröffnungszeremonie einen *„Minderwertigkeitskomplex wegen Gigantomanie"*.

Im *Spiegel* hingegen lautete die Kritik, dass die Feier „bieder" gewesen sei.[78]

Die Zeit:
„Wladimir Putins Totgeburt – Mit dem Start der Olympischen Winterspiele bekommt der Größenwahn des russischen Präsidenten ein Gesicht. Sotschi ist ein Verbrechen an der olympischen Idee."

Bereits im Vorfeld der Spiele wurde man von allen Seiten mit Dokumentationen und Analysen zu Putin und Russland bombardiert, die alle denselben Spin verbreiteten: Russland ist wieder ein Unrechtsstaat und Putin eine Art von Diktator. Allein die Sendungen des Themenabends „Putins Olympia" in ARTE am 28. Januar 2014 unmittelbar vor Beginn der Spiele sprechen Bände:

Dienstag, 28. Januar, Arte-Themenabend Putins Olympia:

- 20.15 Uhr: *Putins Spiele*
- 22.05 Uhr: *Der lange Schatten des Josef Stalin*, Thomas Johnsons und Marie Brunet-Debaines Doku über den russischen Stalin-Kult
- 0.35 Uhr: *Being … Putin*, Unautorisierte Biografie von Karl Zéro

Es stellt sich schon die Frage, was eigentlich Stalin mit den Olympischen Spielen von 2014 zu tun hat? Man sieht sehr schön, wie jedes Mittel recht ist, auch im Schlepptau der Olympischen Spiele negative Propaganda gegen Russland unter die Leute zu bringen. Zweieinhalb Stunden den Stalinkult in Russland zu beleuchten, den es unzweifelhaft noch gibt, der aber bei vielen Russen nun wirklich allein aus zeitlicher Perspektive kein Thema mehr ist, zeigen sehr deutlich, dass man hier einfach nur erneut die Spiele auch aus dieser Richtung gezielt in ein schlechtes Licht rücken wollte.

Man muss allerdings ARD und ZDF anrechnen, dass sie von verschiedenen Printmedien auch noch zusätzlich aufgehetzt wurden. So war in der *Zeit* beispielsweise zu lesen, dass die Russlandhetze an zu wenig prominenten Sendeplätzen verbreitet und bei der Berichterstattung zu den Spielen selbst bedauerlicherweise vollständig verstummen würde.

„Sicherlich, dieses öffentlich-rechtliche Fernsehen läuft dann selten zur besten Sendezeit im Hauptprogramm, sondern kurz vorm Einschlafen oder nebenan bei Arte, jenem gediegenen Spartenkanal, den gut 78 von 81 Millionen Bewohnern von Fernsehland meiden wie Vampire das Tageslicht."

Man empfahl deshalb einen „Einschaltboykott".

Öffentlich-rechtliche Olympiahygiene

„Die berechtigte Kritik an Putins Winterspielen findet bei ARD und ZDF nur auf schlechten Sendeplätzen statt. Solche Feigheit erfordert eine Reaktion: Einschaltboykott."[79]

Die Leserkommentare zu diesem Artikel waren sich allerdings ziemlich einig, dass der Autor hier in einer eigenen Welt lebt. Sämtliche Nachrichten und Magazine waren voller negativer Berichterstattung gegenüber Russland, vor und natürlich auch nach den Spielen. Schön wäre es, wenn so etwas tatsächlich nur einmal auf ARTE käme. Dieser Anlass hat aber dann wie auch später die Berichterstattung zu dem Absturz des Fluges MH17 bei vielen Zuschauern die Erkenntnis gebracht, dass sie für dumm verkauft werden sollen.

Viele Prominente, die auch nur ein positives Wort zu den Spielen in Sotschi verlauten ließen, wurden dann schnell selbst zur Zielscheibe unserer Massenmedien. So bekam zum Beispiel Thomas Bach, der IOC-Präsident für die Organisation der Spiele, postwendend in der *Welt* die Quittung dafür, dass er bei der Schlussfeier seinen Dank an Präsident Putin für seine „außerordentliche Bemühungen bei den Spielen" aussprach.

„Der emphatische Dank des IOC-Präsidenten für die Organisation der Spiele erinnert an den Sound unterwürfiger Grußadressen in diktatorischen Staaten."[80]

Grundsätzlich war es sicher nicht verwerflich, im Vorfeld der Spiele in Sotschi die kritischen Sachverhalte einmal zu thematisieren, allerdings wurde erneut wieder mit komplett unterschiedlichen Maßstäben hantiert, wenn man die Berichterstattungen von anderen Olympischen Spielen oder sportlichen Großereignissen wie der Fußballweltmeisterschaft ansieht. Es gab durchaus auch kritische Berichte aus Brasilien, die sich aber auf vereinzelte Dokumentationen und Meldungen beschränkten. Im Vorfeld von Sotschi hingegen wurde man mit beliebigen kritischen Bemerkungen zu Russland förmlich bombardiert.

Negativer Höhepunkt war in diesem Zusammenhang die Berichterstattung von der Eröffnungsfeier im ZDF. Die ZDF-Moderatoren Anne Gellinek und Wolf-Dieter Poschmann übertrafen sich gegenseitig mit ständigen Sticheleien und Gehässigkeiten gegen Russland als Veranstalter und natürlich Vladimir Putin. Gellinek brachte erneut Stalin ins Spiel: „Wo war Stalin?"; das ZDF titelte wörtlich: „Willkommen bei den Putin-Spielen", und es wurden bei der Eröffnungsfeier so „wichtige Dinge" angesprochen wie etwa die Frage, wer vielleicht alles eine uneheliche Tochter von Vladimir Putin sein könnte? Jeder westliche Politiker, der doch dort anwesend war, wurde kritisiert und gleich noch angefügt, dass es in den jeweiligen Ländern ja große Proteste deswegen gegeben hätte. Den Nachweis dafür blieb man natürlich schuldig.

Selbst bei den Olympischen Spielen in Peking, wo nun sicher noch deutlich mehr im Argen lag, hat man das so nicht erleben müssen. Als Folge davon wurde das ZDF auch im Internet mit einer riesigen Flut von Kritik und Beschwerden beglückt, welche dieses natürlich einmal mehr an sich abprallen ließ.[81]

„Klasse Eröffnungsfeier! Schade nur, dass ZDF den Geist der Olympischen Spiele nicht begriffen hat. Oder zumindest die Moderatoren. War es nicht so gedacht, dass selbst Kriege für die Zeit der Spiele pausieren sollten? Über die Gastgeber zu lästern, ist wirklich die unterste Schublade."

„Was für eine glückliche Fügung, dass die Olympischen Winterspiele in Sotschi, Russland, stattfinden. So „kotzt" sich die gesamte westliche Medienlandschaft seit Jahren und Monaten nach Herzenslust über Putin und Russland aus. Warum aber all das? Sie haben endlich ein Ventil gefunden, um dem in ihnen schlummernden rassistischen Gedankengut freien Lauf lassen zu können." [Schweizmagazin.ch]

„#Poschmann kommentiert Eröffnungsfeier fürs #ZDF. Ich weine leise." [Marion T. bei Twitter]

„Was sollten bitte alle diese Angriffe gegen Russland? Die Kommentatoren waren zum Kotzen! Klang so, als ob sie einfach jeden gegen Russland aufhetzen wollten. Was ich noch schlimmer fand: die haben sich offen über das Land und die Leute lustig gemacht. Ist inakzeptabel! Mich als Russin hat das zutiefst empört! Nur weil es deutsches Fernsehen ist, darf man sich trotzdem so was nicht erlauben!" [Sima A. auf der ZDF-Facebook-Seite]

„Wer war diese unmögliche Kommentatorin bei der Eröffnung der Olympischen Spiele, die nur abfällige, unflätige Bemerkungen auf Lager hatte. Man muss sich ja schämen, Deutsche zu sein.“ [Almuth S. auf der ZDF-Facebook-Seite]

Das ist nur eine sehr kleine Auswahl aus dem Proteststurm, der sich nach dieser Sendung ergeben hatte. Ich glaube aber, dass diese Sendung bei vielen Menschen ein Schlüsselerlebnis war und der Glaubwürdigkeit der Massenmedien einen schweren Schlag versetzte. Man hatte bei dieser Berichterstattung den Bogen endgültig überspannt. Die Sportler ließen sich dabei aber glücklicherweise nicht so einspannen, selbst wenn sie von den Moderatoren mit Suggestivfragen dazu veranlasst werden sollten. So beantwortete beispielsweise die deutsche Fahnenträgerin Maria Höfl-Riesch die Frage eines ZDF-Reporters, ob nicht alles schrecklich pompös gewesen sei, mit dem Satz: „Eigentlich genauso wie in Vancouver und toll!“

Das nächste sportliche Großereignis in Russland ist die Fußballweltmeisterschaft 2018, und natürlich wird auch hier der Sport zur Nebensache. Derzeit wird noch versucht, die Austragung zu verhindern, wobei sich die FIFA dagegen wehrt. In der Presse wird nun genau wie im Vorfeld von Sotschi wieder kritisiert, dass Milliarden ausgegeben würden. Wie war das eigentlich bei der WM in Deutschland, Südafrika und Brasilien? Auch dort wurden Milliardenbeträge investiert, wobei sich gerade die beiden letztgenannten Länder das viel weniger leisten konnten als Russland. Zuerst werden also die hohen Summen kritisiert, die Russland für die WM ausgeben würde, ein wenig später wird dann im ZDF bemängelt, dass die Summen von 15 auf 10 Milliarden Euro gekürzt wurden.[82] Egal, was Russland auch immer tut, es ist grundsätzlich negativ und verwerflich.

Dann werden natürlich erneut die angeblich schlimmen Verfehlungen Russlands bezüglich Homosexueller oder die „Schuld“ Russlands an dem Abschuss des Fluges MH17 vorgebracht, um eine Verlegung der WM oder zumindest einen Boykott zu fordern.[83] MH17 ist in diesem Buch ja ein eigenes Kapitel gewidmet; es ist schon unverschämt, diesbezüglich auch noch eine Verbindung zu der WM herzustellen.

Die Zeit beklagte schon einmal, dass Russland neben Katar viel zu wenig im Visier bei einer eventuellen Neuvergabe der WM wäre.[84] Erneut werden die Märchen der offen in der Ukraine kriegführenden Russen vorgebracht, und während Katar sich angeblich auf dem Weg der Besserung befände, würden in Russland „Oppositionelle auf offener Straße erschossen", das Land würde gegen Völkerrecht verstoßen, außerdem Krieg führen und andere Staaten überfallen.

Es wird vermutet, dass bei der Vergabe nicht alles mit rechten Dingen zugegangen wäre, was durchaus auch eine gewisse Wahrscheinlichkeit bei den üblichen Vorgehensweisen der FIFA hat. Bei Katar und wohl auch bei allen Vergaben mindestens in den letzten zwanzig Jahren sah das allerdings nicht viel anders aus. Das ist sicher grundsätzlich ein wichtiger Punkt, trifft aber primär die FIFA.

Die taz zitierte in dem Artikel „Putin ist alles zuzutrauen" am 15. Juli 2015 zur WM in Russland doch tatsächlich auch noch ausführlich die reine Satireseite *Der Postillion* dahingehend, dass Russland angeblich auch Stadien in der Ukraine in Kiew, Donezk und Charkiw einplane.[85] Man schreibt zwar danach, dass es sich dabei um ein Online-Satiremagazin handelt, aber der schnelle Leser übersieht das schnell einmal, und genau dies ist auch so gewollt. Der übernommene Absatz des *Postillions* liest sich zunächst wie eine normale Agenturmeldung. Später schreibt die taz ja auch, dass Putin alles zuzutrauen wäre. Eine reine Satiremeldung als Basis zu nehmen und dann darauf seine Vermutungen aufzubauen, das ist also die Vorgehensweise von „Qualitätsmedien". Da nimmt es nicht Wunder, dass auch der taz die Leser in Scharen davonlaufen.

Wie Sie an diesen Beispielen sehen, werden auch Sportveranstaltungen und selbst kleine Ereignisse im Bereich des Sports dafür genutzt, Propaganda gegen Russland zu machen. Man instrumentalisiert den Sport gezielt für die eigene Propaganda – auch das ist ein Vorgehen, das wir bereits aus schlimmen Zeiten der Vergangenheit kennen. Die Politiker sind hierbei je nach Land und Partei noch gespalten, aber natürlich soll der Druck aus den Massenmedien dabei auch eine Wirkung bei denjenigen erzielen, die Russland noch nicht ausschließen möchten.

Die Quellen der Massenmedien

Die taz lieferte auch wieder ein schönes Beispiel dafür, wie fahrlässig Behauptungen einfach aufgestellt werden, um Russland zu diskreditieren. „Alle Jahre wieder", könnte man sagen, erscheint dort ein Artikel über die ach so unabhängige ukrainische Webseite stopfake.org, so zuletzt am 27. Juli 2015 mit einem Interview der Chefredakteurin Tetiana Matychak.[86] Auf dieser Webseite wird im Allgemeinen gegen Russland geschossen, und auch Frau Matychak macht in dem Interview kein Hehl daraus, wie sie zu dem Großteil der russischen Medien und der Regierung steht. Dann behauptet sie aber, dass sie „unabhängig" sei:

„Wir nehmen keine Gelder von Regierungen an. Weder von der Ukraine noch von der EU. Wir finanzieren uns über Spenden und seit 2015 auch über zwei Stiftungen. Außerdem sind wir Profis und versuchen, objektiv zu bleiben."

Eine kurze Nachfrage, welche Stiftungen es denn seien, hätte die Namen ans Licht gebracht, nämlich die halbstaatliche US-amerikanische NGO National Endowment for Democracy (NED) und die International Renaissance Foundation des US-amerikanischen Milliardärs George Soros. Die NED wurde 1983 vom US-amerikanischen Kongress gegründet, um außenpolitisch tätig werden zu können. Finanziert wird die NED aus dem US-Staatshaushalt. Zu George Soros und seinen politischen Einstellungen muss man wohl nicht mehr viel sagen. Auch scheint die Chefredakteurin „vergessen" zu haben zu erwähnen, dass Stopfake.org Zuwendungen vom tschechischen Außenministerium erhält. Diese Tatsachen kann man sogar direkt auf der Webseite stopfake.org unter „about us" nachlesen:

„In addition, in 2015, Stopfake got financial support from International Renaissaince Foundation, National Endowment for Democracy, and Ministry of Foreign Affairs of the Czech Republic."

„Zusätzlich erhielt Stopfake 2015 auch finanzielle Unterstützung von der International Renaissaince Foundation, der National Endowment for Democracy und dem Außenministerium der Tschechischen Republik."

Soviel zu ihrer Aussage: „Wir nehmen keine Gelder von Regierungen an." Die US-Regierung ist auch nicht in der EU, aber die tschechische sehr wohl. Alle diese Geldgeber haben eine klare antirussische Ausrichtung und machen auch gar keinen Hehl daraus. Die taz hätte das Interview zumindest mit einer Nachfrage zu diesen offensichtlichen Falschaussagen ein wenig seriöser machen können, aber das hätte natürlich den gewollten Spin zerstört. Der Artikel in der taz strotzt noch vor weiteren Fehlern und Ungereimtheiten, aber glücklicherweise wurden auch diese in den Kommentaren der Leser gnadenlos aufgedeckt. Man sieht an derartigen Artikeln aber sehr deutlich, dass Fakten und Recherche in den selbsternannten „Qualitätsmedien" immer mehr reiner Propaganda weichen, die auch relativ schnell zu entlarven ist. Dass aber dafür immer weniger Menschen bereit sind, auch noch Geld auszugeben, verwundert wahrscheinlich nur noch die Redakteure.

Grundsätzlich ist es bei derartigen „unabhängigen Organisationen oder Webseiten" immer sehr hilfreich, nachzusehen, woher eigentlich das Geld kommt. Die hiesigen Massenmedien bedienen sich sehr gerne bestimmter Quellen für ihre Berichte. Wenn man sich diese Quellen aber einmal genauer ansieht, wird schnell klar, welchen Spin diese vertreten und welche passenden Informationen dann geliefert werden. Auch in dem Interview mit der Stopfake.org-Chefredakteurin erwähnt diese die Organisation „Bellingcat" als eine valide Quelle. Bellingcat ist aber mittlerweile schon berüchtigt, und obwohl viele Massenmedien immer wieder auf deren Informationen zurückgreifen, um uns dann bestimmte angebliche Sachverhalte zu schildern, gibt es sogar in diesen Massenmedien auch bereits kritische Artikel zu Bellingcat. Diese kamen aber erst spät und auch nachdem in den alternativen Medien zu Bellingcat alles geschrieben wurde, was notwendig ist. Ich möchte an dieser Stelle auch einmal kurz darauf eingehen, denn es ist ein sehr schönes Beispiel, wie wenig Aufmerksamkeit der Qualität von Quellen in den Massenmedien noch geschenkt wird, solange von dort die „richtigen" Aussagen und „Beweise" kommen.

Eine relativ leise Kritik der FAZ an Bellingcat war am 4. Juni 2015 zu lesen; dort machte ein Experte im Bereich der Bildforensik klar, dass die von Bellingcat verwendeten Methoden unzulänglich sind, um Manipulationen nachzuweisen.[87] Bellingcat behauptet das immer wieder bei russischen Satellitenbildern, insbesondere auch im Fall MH17.

Es ist zumindest einmal ein bescheidener Anfang in der FAZ (auch der Spiegel griff das Thema auf) zu sehen, aber letztendlich dürfte Bellingcat eigentlich schon lange niemand mehr auch ansatzweise ernst nehmen, wie Sie gleich sehen werden. Die deutschen Massenmedien brachten aber natürlich die Aussagen von Bellingcat, Russland habe seine Satellitenbilder gefälscht, in breiter Form und ohne Nachfrage.

Aktuell beschäftigt sich Bellingcat mit Russland, aber angefangen hatten sie mit Syrien, als man dort einen Krieg von Zaun brechen und Assad beseitigen wollte. Gegründet wurde Bellincat von dem Engländer Eliot Higgins, der dort auch unter dem Pseudonym Brown Moses auftritt. Der Betreiber der Webseite ist auch eine Brown Moses Ltd.; das Geld zum Aufbau der Organisation hat Higgins angeblich durch „Crowdfunding" erhalten. Am Anfang war es eine reine „One-Man-Show", was aber die westlichen Massenmedien nicht davon abgehalten hatte, Informationen zu Syrien von dort zu verwenden. Sie müssen sich das einmal auf der Zunge zergehen lassen. Da gibt es einen „Enthusiasten", der irgendwo in England am Computer sitzt, kein Arabisch spricht, keine berufliche Laufbahn vorweisen kann, die ihn irgendwie befähigt, syrische Waffensysteme zu analysieren und der natürlich auch nie dort gewesen war. Er selbst sagte, dass er „vor dem Arabischen Frühling nicht mehr Ahnung von Waffen hatte als ein durchschnittlicher X-BOX-Nutzer" (Computerspielekonsole).

Dieser „Quelle" hatten wir aber die „Nachweise" zu verdanken, dass Syrien Clusterbomben und chemische Waffen gegen seine eigenen Bürger eingesetzt hätte. Grundsätzlich können auch von solchen Beobachtern wertvolle Arbeiten und gute Ergebnisse geliefert werden, allerdings wird von den Massenmedien genau dies als größter Kritikpunkt gegenüber dem Internet und alternativen Medien angeführt, dass dort nur Typen wie Higgins sitzen würden. Bei Higgins ist aber alles scheinbar ganz anders, denn er wurde in vielen westlichen Medien in den höchsten Tönen gelobt, wie in *The Guardian, The Independent, The Huffington Post, The New Yorker* oder auch in *CNN International.* Selbst NATO-Chef Philippe Breedlove verlinkte in seinem Tweet (Twitter-Account) direkt auf Bellingcat. Hier kommen wir der Sache mit der „Unabhängigkeit" schon näher, denn Lob von dem aktuell größten Kriegstreiber gegen Russland ist unmittelbar verdächtig. Das mag damit zusammenhängen, dass Higgins und seine Organisation eigentlich ausschließlich solche Dinge „entdecken", die vorteilhaft für die USA sind bzw. deren aktuellem Spin entsprechen. Schauen wir einmal auf die Finanzierung seiner Organisation. Das sorgsam gepflegte Bild des unerschrockenen Einzelkämpfers, der damals begonnen hat, seinen Kampf gegen die Schurkenstaaten von seinem Wohnzimmer aus aufzunehmen, steht und fällt natürlich mit der Frage, wie er sich und seine Familie ernährt und finanziert. Croudfunding, also Geld in Form vieler kleiner Beträge aus dem Internet zu sammeln, funktioniert durchaus bis zu einem gewissen Punkt. Grundsätzlich ist es aber sehr mühsam, über Spenden genügend Geld für eine Webseite einzusammeln, um alleine als Einzelkämpfer davon leben zu können, geschweige denn, eine ganze Organisation zu finanzieren. Verschiedene Webseitenbetreiber, auch von durchaus sehr erfolgreichen Seiten, können hier ein Lied davon singen.

Nun, zumindest seit September 2014 arbeitet Bellincat mit der Organisation OCCRP „Organized Crime and Corruption Reporting Project" (Berichterstattungsprojekt über organisierte Kriminalität und Korruption) zusammen. Diese wird durch die „NGO" USAID finanziert, die aber allein schon durch ihre .gov-Webseite zeigt, dass sie ein direkter Ableger der US-Administration ist. OCCRP fällt dadurch auf, dass es primär Korruption in denjenigen Ländern „aufdeckt", die gerade von den USA nicht gut gelitten sind. Bei der Finanzierung ist das aber auch kaum verwunderlich. Am Ende der Webseite von OCCRP kann man dann auch lesen:

„Made possible by Open Society Institute and Soros Foundation Network, and USAID."

Auch unser allseits bekannter George Soros taucht hier erneut wieder auf. Nicht zuletzt ist OCCRP auch mit der CIA in engerem Kontakt.[88] Bellingcat hat hier also einen passenden Partner gefunden, was dann aber auch die Ausrichtung von Bellingcat erklärt.

Vielleicht hatte Higgins am Anfang tatsächlich vorgehabt, neutral in diesen Angelegenheiten zu recherchieren und sachliche Ergebnisse zu liefern. Wie aber in geleakten Dialogen bei Facebook[89] etc. von ihm zu sehen ist, war er Anfang 2013 Consultant bei Human Rights Watch, einer weiteren NGO, die primär die Verfehlungen von denjenigen Staaten aufdeckt, die dem Westen gerade unangenehm sind. Es würde im Rahmen dieses Buches zu weit führen, darauf näher einzugehen, auf der Webseite von Human Rights Watch ist aber als Partner beispielsweise das Open Society Institute & Soros Foundations Network aufgeführt, was bereits für sich selbst spricht.

So richtig alleine und unabhängig war Higgins also bereits Anfang 2013 schon nicht mehr. Letztendlich verrät Higgins aber vor allem seine extrem einseitige Berichterstattung und die Tatsache, dass er als Nobody unmittelbar bei den größten westlichen Massenmedien als „die Quelle" für Informationen zu Syrien und den dortigen Waffeneinsätzen herausgestellt wurde. Dort wäre er beinahe der Hauptakteur für einen dringend gesuchten Casus Belli geworden, denn Präsident Obama hatte ja den Einsatz von Chemiewaffen zuvor als „rote Linie" deklariert, bei deren Überschreitung die USA militärische Maßnahmen einleiten würden.

Higgins wurde in den Massenmedien als Kronzeuge herumgereicht mit der Behauptung, der Giftgasangriff von Ghouta in Syrien könne nur von dem Regime und keinesfalls von den Rebellen ausgehen. Als eines von vielen Beispielen sei hier nur ein Interview in der *Welt* genannt, in der er am 5. September 2013 als „der bestinformierte Waffenexperte des syrischen Bürgerkriegs" vorgestellt wurde. Eine spannende Formulierung bei seiner Vita.[90]

Higgins arbeitete damals mit dem selbsternannten Chemiewaffenexperten Dan Kaszeta zusammen und brachte immer neue „Beweise" vor, dass das syrische Regime Chemiewaffen einsetzen würde, die regelmäßig schnell widerlegt wurden. Das „vergaßen" unsere Massenmedien aber leider zu berichten. Wirkliche

Experten auf diesem Gebiet wie der ehemalige UN-Waffeninspektor Richard Lloyd oder auch der MIT-Professor Theodore Postol nahmen sich Higgins und Kaszeta in einer Analyse vor, und spätestens seitdem müssten diese Namen und damit natürlich auch Bellingcat eigentlich ein absolutes No-Go für jedes Massenmedium sein, wenn man an einer wahrheitsgemäßen Berichterstattung auch nur ansatzweise interessiert wäre.[91]

Die Art und Qualität der Quellen scheint für unsere Massenmedien völlig irrelevant geworden zu sein, wenn sie nur diejenigen Informationen liefern, die man gerne haben möchte. Mit ernsthaftem Journalismus hat das aber nichts mehr zu tun.

Das neue Feindbild Russland und sein Diktator

Seit ein paar Jahren wissen wir dank unserer Massenmedien wieder ganz genau, wo der Feind sitzt. Es ist Russland und dort besonders Vladimir Putin, der scheinbar in die Fußstapfen Joseph Stalins tritt. Diese Entwicklung in den Medien begann lange vor der Krise in der Ukraine, wobei dadurch die Dinge natürlich noch einmal deutlich eskalierten. Beginnen wir am 29. August 2008. An diesem Tag wurde in der ARD ein ausführliches Interview mit Vladimir Putin gesendet. Interviewt wurde Putin damals von Thomas Roth, zu dieser Zeit noch Moskauer ARD-Studioleiter. Heute ist Roth ja zum Anchorman der ARD-Tagesthemen aufgestiegen. Kurze Ausschnitte dieses Interviews waren in den ARD-Tagesthemen mit dem Hinweis zu sehen, dass im Anschluss das vollständige Interview gezeigt würde.

„Das ganze exklusive Interview mit Vladimir Putin sehen Sie gleich im Anschluss an die Tagesthemen.“[92]

Tatsächlich konnte man danach ein ca. zwanzigminütiges Interview in der ARD sehen. Zum Unglück für die ARD wurde das Interview auch vom russischen Fernsehen aufgenommen und konnte im Internet angesehen werden. Damals war ja Georgien ein großes Thema, das letztendlich in die NATO geholt werden sollte; Russland schob dem aber einen Riegel vor. Damit hatte es sich Putin natürlich bei diversen westlichen Eliten verscherzt. Der erste Schnitt des Interviews hatte es gleich in sich, denn man schob Putin die Antwort auf eine ganz andere Frage zu:

„Thomas Roth: *Herr Ministerpräsident, nach der Eskalation in Georgien sieht das Bild in der internationalen Öffentlichkeit so aus – damit meine ich Politik, aber auch Presse: Russland gegen den Rest der Welt. Warum haben Sie Ihr Land mit Gewalt in diese Situation getrieben?“*

***„Vladimir Putin:** Ich bin überzeugt, dass das Ansehen eines jeden Landes, das imstande ist, das Leben und die Würde der Bürger zu verteidigen, eines Landes, das eine unabhängige Außenpolitik betreiben kann, dass das Ansehen eines solchen Landes mittel- oder langfristig steigen wird. Umgekehrt: Das Ansehen der Länder, die in der Regel die Interessen anderer Staaten bedienen, die die eigenen nationalen Interessen vernachlässigen – unabhängig davon, wie sie das auch erklären mögen –, wird sinken.“*

Dadurch, dass Putins Antwort einer ganz anderen Frage galt, entgegnet er scheinbar nichts auf den Vorwurf, dass er sein Land mit Gewalt in diese Situation getrieben hätte. Er scheint ihn sogar zu bestätigen.

Wir halten fest: Dieser Schnitt soll ganz klar den Sinn entstellen und muss mit voller Absicht geschehen sein. Es ist bei ehrlichem Journalismus völlig ausgeschlossen, dass einem Interviewpartner die Antwort auf eine ganz andere Frage untergeschoben wird. Hier wurde mit klarem Kalkül bösartig verfälscht. Nun, wenn es nur dieser eine Vorfall wäre, könnte man vielleicht noch von einem bedauerlichen Fehler reden, letztendlich wurden aber über 70 Prozent des kompletten Interviews herausgekürzt. Allein diese Menge ist bereits eine Frechheit, zumal wir zuvor in den Tagesthemen das „ganze“ Interview angekündigt bekommen hatten.

Wenn man sich dann angeschaut hat, welche Passagen dem Rotstift zum Opfer gefallen waren, wurde sehr schnell klar, dass man sehr gezielt, teilweise innerhalb von Sätzen, geschnitten hatte. Ziel war immer, Aussagen zu verändern oder zu unterschlagen. Ich bin sicher kein Fan von Vladimir Putin, aber dieser Mann ist hochintelligent und deckte in diesem Interview klar nachvollziehbar die Fehler und die Doppelmoral des Westens auf. Diese Aussagen sollte die deutsche Bevölkerung aber nicht hören. Putin sollte durch die Schnitte offensichtlich als militanter Machtmensch dargestellt werden.

Sehen wir uns noch einmal ein Beispiel an:

Der Auslöser des Krieges in Georgien wurde zwischen Roth und Putin eigentlich ganz sachlich diskutiert, und von Roth wurde der Aggressor sogar richtig benannt. Nur leider bekam der deutsche Zuschauer diese Sequenz gar nicht zu sehen:

*„**Vladimir Putin:** Was meinen Sie, wer hat den Krieg begonnen?"*

*„**Thomas Roth:** Der letzte Auslöser war der georgische Angriff auf Zchinwali."*

*„**Vladimir Putin:** (Ich) danke Ihnen für diese Antwort. So ist es auch, das ist die Wahrheit. Wir werden dieses Thema später ausführlicher erörtern. Ich möchte nur anmerken, dass wir diese Situation nicht herbeigeführt haben."*

Natürlich soll Putin als Aggressor dastehen, dieser Spin sollte klar erzeugt werden. Roth fragt dann doch tatsächlich ganz frech, warum Putin noch nicht nach der o.g. Frage nach der Isolation Russland geantwortet habe. Daraus erkennen wir, dass diese Manipulation offensichtlich von vornherein geplant war. Putin war natürlich verwundert und sagte Folgendes:

„Vladimir Putin: *Ich dachte, geantwortet zu haben, aber wenn Sie zusätzliche Erklärungen brauchen, das mache ich. Unser Land, das die Würde und den Stolz unserer Bürger verteidigen kann, und die außenpolitischen Verpflichtungen im Rahmen der Friedensstiftung erfüllen kann, wird nicht in Isolation geraten …*

[Schnitt – der folgende Rest wurde komplett unterschlagen:]

… ungeachtet dessen, was unsere Partner in Europa und USA im Rahmen ihres Blockdenkens sagen. Mit Europa und den USA endet die Welt nicht. Und im Gegenteil, ich möchte es nochmal betonen: Wenn Staaten ihre eigenen nationalen Interessen vernachlässigen, um außenpolitische Interessen anderer Staaten zu bedienen, dann wird die Autorität dieser Länder – unabhängig davon, wie sie das auch erklären mögen –, nach und nach sinken. D.h. wenn die europäischen Staaten die außenpolitischen Interessen der USA bedienen wollen, dann werden sie, aus meiner Sicht, nichts dabei gewinnen.

Jetzt reden wir mal über unsere internationalen rechtlichen Verpflichtungen. Nach internationalen Verträgen haben die russischen Friedensstifter die Pflicht, die zivile Bevölkerung von Südossetien zu verteidigen. Und jetzt denken wir mal an 1995 (Bosnien). Und wie ich und Sie gut wissen, haben sich die europäischen Friedensstifter, in dem Fall repräsentiert durch niederländische Streitkräfte, nicht in den Konflikt eingemischt und haben einer Seite damit erlaubt, einen ganzen Ort zu vernichten. Hunderte wurden getötet und verletzt. Das Problem und die Tragödie von Srebrenica ist in Europa sehr bekannt. Wollten Sie, dass wir auch so verfahren? Dass wir uns zurückgezogen hätten und den georgischen Streitkräften erlaubt hätten, die in Zchinwali lebende Bevölkerung zu vernichten?"

Mitten im Satz wurde geschnitten, die komplette weitere sehr ausführliche und vor allem auch sehr inhaltsreiche Aussage (ca. 80 Prozent) wurde dem deutschen Zuschauer vorenthalten. Natürlich durfte er diese Erklärungen nicht hören, denn ein treffendes Gegenbeispiel mit Bosnien anführen, das geht ja nun gar nicht!

Ich kann Ihnen nur empfehlen, sich beide Versionen des Interviews einmal anzusehen; sowohl die Version der Tagesthemen[93] als auch das vollständige Interview[94] sind im Internet zu finden.

Nun sind diese Manipulationen durchaus auch vielen Zuschauern aufgefallen, und es ergoss sich eine Flut entsprechender Kommentare u.a. in dem Chat zur Sendung und im Tagesschau-Blog. Natürlich hat die ARD dieses Protokoll des Chats[95] von ihrer Webseite genommen, aber das Internet vergisst nichts. Auf archive.org kann man es weiterhin einsehen.[96]

Ein paar treffende Aussagen als Beispiel:

Der Beobachter, 30. August 2008, 21:13 Uhr:

„Es ist ungeheuerlich, dass die ARD dieses wichtige Zeitdokument derart verstümmelt der deutschen Öffentlichkeit präsentiert – ich habe beide Versionen des Interviews gesehen – zunächst wusste ich gar nicht, dass ich eine gekürzte Fassung gesehen habe – die Unterschiede sind sehr erheblich und es ist ein ungeheuerlicher Skandal, in welcher manipulativen Weise inhaltliche Veränderungen an den Äußerungen Putins vorgenommen wurden – Deutschland ist in allen wesentlichen Bereichen offensichtlich von

Stasi-Leuten völlig unterwandert – der Wille zur Manipulation und totalen Überwachung der Bevölkerung ist mittlerweile derart offensichtlich – es ist erschreckend, dass sich die Deutschen erneut blenden und verführen lassen. Der Schoss ist fruchtbar noch … unter welchem Label der Betrug stattfindet, spielt letztlich keine Rolle mehr.“

Hans Pfitzinger, 30. August 2008, 20:32 Uhr:

„Lieber Herr Roth, auch wenn das Interview von Ihnen oder von der ARD zensiert wurde, konnten Sie nicht verhindern, dass bei mir der Eindruck entstanden ist: Putin ist Ihnen und Ihren Auftraggebern intellektuell meilenhoch überlegen. Warum bemühen Sie nicht mal selbst Ihren Menschenverstand, statt sich an den Vorgaben der ARD und des Auswärtigen Amtes zu orientieren? Es geht doch für Journalisten nicht darum, die Interessen irgendeiner Seite zu vertreten – es geht darum, den Propagandanebel zu zerreißen und, so weit wie möglich, die Wahrheit zu berichten. Das war aber nicht Ihre Absicht bei diesem Interview.“

Frank Mähler, 30. August 2008, 19:55 Uhr:

„Sehr geehrter Herr Roth, das Interview mit Herrn Putin fand ich sehr interessant, allerdings frage ich mich, weshalb nur weniger als die Hälfte veröffentlicht wurde (in den deutschen Medien). Sollte Herr Putin eventuell Meinungen geäußert haben, von denen man hier nicht möchte, dass sie öffentlich werden? Diese könnten vielleicht dazu beitragen, ein differenzierteres Bild der Ereignisse zu bekommen. Aber wahrscheinlich, so meine Vermutung, ist das in den deutschen Medien nicht erwünscht. Wenn es um (besser gesagt gegen) Russland geht, scheinen hierzulande die Medien fast gleichgeschaltet zu sein.“

Natürlich wiesen Thomas Roth und die Verantwortlichen der ARD jede Kritik weit von sich.

Thomas Roth schrieb in dem o.g. Chat zur Sendung:

„Ich habe diese Kürzung nach journalistischen Kriterien vorgenommen und versucht, dabei möglichst viele interessante Gesichtspunkte an diesem Abend zu berücksichtigen. …

Wir haben versucht, den inneren Sinn des Interviews zu erhalten, damit der Zuschauer dem Interview auch inhaltlich folgen kann, ohne Bezug auf Teile zu nehmen, die der Zuschauer nicht zur Kenntnis nehmen konnte.“

Wie wir zuvor gesehen haben, ist diese Aussage einfach lächerlich. Zwischen den Zeilen lesen wir hier aber bereits, dass der Zuschauer von den „Qualitätsjournalisten“ an die Hand genommen werden muss. Sonst bildet er sich ja vielleicht eine nicht gewünschte Meinung. Sehr empfindlich reagierten die Verantwortlichen auf den Vorwurf der Zensur. Wenn ich aber gezielt große Teile einer Aussage wegschneide und damit auch noch komplett den Sinn verdrehe, dann gibt es dafür genau einen sehr treffenden Ausdruck: Zensur!

Um letztendlich diesem Vorwurf dann auch Taten entgegenzusetzen und die umfassende Kritik etwas einzudämmen, entschloss man sich, doch das vollständige Interview nachträglich zu senden. Dieses geschah dann ein paar Tage später um 6:20 Uhr früh im WDR3 und auch im Internet als Text. Nun, die kritischen Zuschauer kannten es sowieso bereits, die anderen getäuschten Zuschauer wurden an diesem Sendeplatz kaum darauf gestoßen. Darum geht es immer, die Masse soll es nicht mitbekommen, da sind derartige Sendeplätze natürlich gut geeignet.

Eigentlich hätte Thomas Roth damals seinen Rücktritt erklären oder sogar gefeuert werden müssen, aber nein, er ist sogar zum Tagesthemen-Frontmann aufgestiegen. Das liegt daran, dass er natürlich nur einen Auftrag erfüllt hat und dieses scheinbar zur vollsten Zufriedenheit seiner Auftraggeber. Dann wird man auch mit einem besseren Posten belohnt. Deswegen geht es zu kurz, sich hier nun an Thomas Roth als Person abzuarbeiten. Aktuell ist er gegenüber manchen anderen seiner Kollegen sogar noch fast erträglich.

Was lehrt und dieses Beispiel für die Aussagenkraft von Interviews?

Viele Zeitgenossen mussten bereits feststellen, dass ihre Aussagen in Interviews durch geschickte Schnitte vollständig entstellt wurden. Wie man so etwas macht, haben wir an dem Beispiel Putins gesehen. Das ist aber bei Weitem kein Einzelfall. Grundsätzlich wird häufig geschnitten, um Interviews auf eine sinnvolle Länge zu kürzen. Das ist zunächst auch nicht verwerflich, aber das kann man durchaus so bewerkstelligen, dass der ursprüngliche Sinn und Inhalt der Aussagen nicht verfälscht wird. Besonders in Gefahr, Opfer einer derartigen Manipulation zu werden, sind zumeist Menschen, die nicht dem allgemeinen Mainstream folgen. Es empfiehlt sich deshalb, im Zweifelsfall das Interview parallel auch selbst aufzuzeichnen. Dann kann man im Manipulationsfall jederzeit nachweisen, was man wirklich gesagt hat, und die Manipulation belegen. Wenn der Interviewer nichts Böses im Schilde führt, sollte er nichts dagegen haben. „Böse russische Sender" wie Russia Today Deutsch haben nach Aussagen von Interviewpartnern damit keinerlei Probleme, einige unserer bekannten „Qualitätsmedien" aber durchaus.

Dieses erste Beispiel von 2008 zeigte uns aber klar den Spin auf, der gegenüber Russland in unseren Massenmedien eingeschlagen wurde. Neutralität, journalistische Grundsätze, Ehrlichkeit wurden komplett in der Berichterstattung zu Russland beerdigt.

Es werden alle möglichen Gründe von unseren Massenmedien in den Vordergrund gestellt, warum Russland und Putin nun „verachtenswert" geworden sind. Vor der Ukrainekrise, auf die wir gleich kommen werden, mussten dazu andere „Verfehlungen" herhalten. Da gab es zunächst die Gruppe „Pussy Riot", die in unseren Massenmedien zu Märtyrern der Freiheit hochstilisiert wurde. Eine Unzahl von Artikeln ergoss sich auf den deutschen Leser, nachdem die Mitglieder dieser Gruppe verhaftet und in einem ordentlichen Prozess verurteilt wurden. Sie kamen dann in Vorfeld der Olympischen Spiele in Sotschi wieder frei, was aber natürlich auch kritisiert wurde. Immer wieder sehen wir Artikel wie den folgenden als Beispiel:

Süddeutsche Zeitung, 17. August 2012
Ungenierter Abschied vom Rechtsstaat

„Der Prozess war ein bizarres Schauspiel, der Schuldspruch passt in Putins Kalkül: Mit der Verurteilung zu zwei Jahren Straflager für die drei Aktivistinnen

von „Pussy Riot" zeigt Russland der Weltöffentlichkeit, dass es sich von seinem Weg zu Rechtsstaat und Demokratie verabschiedet hat. Und das auch noch ohne jede Scheu."[97]

Diese angebliche russische Punkband, von der es allerdings faktisch keine dokumentierten Auftritte gab und nie eine CD produziert wurde, besteht aus Mitgliedern der „VOINA Art-Group"[98], die durch Aktionen wie öffentlichen Gruppensexorgien in einem Moskauer Museum oder auch Tierquälerei auf sich aufmerksam machten. [99]

Am 21. Februar 2012 startete Pussy Riot dann eine weitere Aktion im zentralen Gotteshaus der Russisch-Orthodoxen Kirche, der Christ-Erlöser-Kathedrale in Moskau. Sie bestiegen dort verbotenerweise den Altar und sprachen ein „Punk-Gebet", das in jeder Hinsicht geschmacklos war. Das Video dieses „Auftrittes" wurde angeblich nachträglich manipuliert; dann wäre erst auch Putin dort erwähnt worden. Diese Version wurde aber natürlich von unseren Massenmedien verbreitet, hier die Version des *Focus*[100]:

„Mutter Gottes, du Jungfrau, vertreibe Putin! Vertreibe Putin, vertreibe Putin!

Schwarzer Priesterrock, goldene Schulterklappen,
alle Pfarrkinder kriechen zur Verbeugung,
das Gespenst der Freiheit im Himmel,
Homosexuelle werden in Ketten nach Sibirien geschickt.

Der KGB-Chef ist euer oberster Heiliger,
er steckt die Demonstranten ins Gefängnis.
Um den Heiligsten nicht zu betrüben, müssen Frauen gebären und lieben.

Göttlicher Dreck, Dreck, Dreck! Göttlicher Dreck, Dreck, Dreck!

Mutter Gottes, du Jungfrau, werde Feministin, werde Feministin, werde Feministin!

Kirchlicher Lobgesang für die verfaulten Führer,
Kreuzzug aus schwarzen Limousinen.
In die Schule kommt der Pfarrer,
geh zum Unterricht, bring ihm Geld.

Der Patriarch glaubt an Putin. Besser sollte er, der Hund, an Gott glauben.
Der Gürtel der Seligen Jungfrau ersetzt keine Demonstrationen,
die Jungfrau Maria ist bei den Protesten mit uns!

Mutter Gottes, du Jungfrau, vertreibe Putin! Vertreibe Putin, vertreibe Putin!"

Selbst diese verbreitete Version, die wahrscheinlich verfälscht und entschärft wurde, dürfte die anwesenden Gläubigen wohl kaum erfreut haben. Stellen Sie sich einfach vor, drei locker bekleidete Damen stürmen während einer Messe zum Altar im Kölner Dom und veranstalten dort eine ähnliche Aktion. Sie würden wohl festgenommen werden und auch eine Anklage erwarten dürfen.

Als Folge dieser Aktion wurden die drei Mitglieder Nadeschda Tolokonnikowa, Marija Aljochina und Jekaterina Samuzewitsch dann in Untersuchungshaft genommen. Gegen sie wurde Anklage wegen grober Verletzung der öffentlichen Ordnung nach Paragraph 213 des russischen Strafgesetzbuchs erhoben, der für gemeinschaftlich geplante und durchgeführte schwere Störungen der öffentlichen Ordnung Geldstrafen oder Freiheitsentzug bis zu sieben Jahren vorsieht. Verurteilt wurden sie dann wegen „Rowdytums aus religiösem Hass" zu jeweils zwei Jahren Freiheitsentzug. Zu diesem vielleicht harten Urteil trug bei, dass sie keinerlei Reue zeigten.

Deutschsprachige Journalisten erweckten aber flächendeckend den Eindruck, dass die Mitglieder von Pussy Riot wegen der Kritik am russischen Staatschef Putin angeklagt und verurteilt wurden. Letztendlich wurden sie als Freiheitskämpfer gefeiert und deren Verhaftung verurteilt, als ob sie in einer Reihe mit Nelson Mandela stünden.

Wir sehen hier einen klaren Spin, der von den Massenmedien, aber auch von Politikern und selbst westlichen Künstlern, aufgebaut wurde, und weit an jeglichen Tatsachen vorbeigeht. In vielen anderen Ländern werden deutlich schärfere Strafen für viel geringere Delikte verhängt, aber dann kräht kein Hahn im Westen danach, wenn es sich um befreundete Staaten handelt.

Der nächste Punkt, um Russland anzugreifen, sind bestimmte Einschränkungen für Homosexuelle. Zunächst einmal fällt auch hier auf, dass bezüglich Russland in den westlichen Medien ein riesiger Popanz aufgebaut wird, während über Länder, in denen Homosexuelle wirklich verfolgt, ins Gefängnis geworfen oder sogar mit dem Tod bedroht werden, bestenfalls einmal unter ferner liefen berichtet wird. In den Staaten am Persischen Golf oder manchen afrikanischen Ländern ist das Alltag, aber dort stört das irgendwie keinen. In Russland wurde ein Gesetz erlassen, das es untersagt, sich in Anwesenheit Minderjähriger positiv über Homosexualität zu äußern; weiterhin wurden einige Rechte der Schwulen eingeschränkt, primär wird zu viel Öffentlichkeit bei diesem Thema sanktioniert. Das kann man durchaus auch kritisch diskutieren, aber verfolgt wird dort niemand.

In unseren Massenmedien hört sich das dann aber wie folgt an:

Spiegel Online:
„Gejagt, getreten, gedemütigt: Schwulenhass in Putin-Land.“[101]

Bild vom 13. August 2015:
„Schlägertrupps machen Jagd auf Homosexuelle in Russland.“

RTL am 15. Juli 2015:
„Homophobie in Russland: So werden Homosexuelle angegriffen.“

Zumeist bekommen wir hier Filme gezeigt, bei denen wir aber keinesfalls sicher sein können, dass sie die Wirklichkeit wiedergeben oder gestellt sind. Zu oft haben uns unsere Massenmedien bereits fehlerhafte oder völlig falsche Nachweise untergeschoben. Nun ist es tatsächlich so, dass Homosexualität in der russischen Gesellschaft nicht dieselbe Akzeptanz besitzt wie im Westen. Man muss aber auch einmal akzeptieren, dass die Welt nicht am westlichen Wesen genesen muss. Eine Verfolgung Homosexueller ist Russland nicht nachzuweisen. Wenn die westliche Politik und die Massenmedien wirklich etwas für Homosexuelle tun wollten, dann sollten sie sich zunächst einmal um diejenigen Länder kümmern, in denen diese Menschen mit dem Tode bedroht sind. Aber es geht natürlich nicht um diese Menschen, es geht eindeutig darum, weitere Negativpunkte gegen Russland zu sammeln.

Allerdings fragen sich auch immer mehr Menschen in Deutschland, ob nicht das Pendel bezüglich Homosexualität allmählich zu sehr in die andere Richtung ausschlägt? Muss man schon im Kindergarten und der Grundschule wirklich haarklein vorführen, was Homosexualität ist?

Wie verlogen die Politik und die Massenmedien hier agieren, sieht man deutlich daran, dass ein großer Teil westlicher Politiker angeblich wegen der Diskriminierung der Homosexuellen in Russland den Olympischen Spielen in Sotschi ferngeblieben war. Diejenigen, die doch hinfuhren, wurden auf das Schärfste kritisiert. Haben Sie eigentlich schon einmal etwas Ähnliches bezüglich der Fußballweltmeisterschaft in Katar gehört? Dort ist Homosexualität verboten und wird mit bis zu fünf Jahren Gefängnis bestraft. 1996 erhielt dort sogar ein US-Bürger dafür eine sechsmonatige Haftstrafe und 90 Peitschenschläge.[102] FIFA-Chef Sepp Blatter „empfahl" deswegen homosexuellen Fans, aus Respekt vor dem Gastgeberland auf Sex während der WM zu verzichten, wofür er allerdings massive Gegenreaktionen erhielt.[103] Wir sehen, dass dieses Thema allen Verantwortlichen durchaus sehr bekannt ist, aber es kräht kein Hahn danach, denn Katar ist ja ein guter Freund des Westens. Es wird mit zweierlei Maß gemessen, und die Homosexuellen werden nur dazu benutzt, um den Spin gegen Russland zu verstärken.

Kommen wir nun zur Ukraine. Selten wurden Tatsachen so frech verdreht, so unverschämte Lügen in den Massenmedien verbreitet und viele entscheidende Sachverhalte vorsätzlich verschwiegen, wie bei diesem Themenbereich.

Entgegen allem, was in unseren Massenmedien zu sehen und zu hören ist, wurde der Konflikt in der Ukraine nachweislich von den USA herbeigeführt. Wenn ich an dieser Stelle alle Beweise und Hintergründe dafür aufführen würde, wäre das Buch doppelt so dick. Ich habe das in meinem Infobrief „Zeitprognosen“ und meinen eBooks ausführlich getan. Deshalb werde ich hier nur einen kurzen Abriss geben, ohne alle Zusammenhänge zu sehr zu beleuchten. In den alternativen Medien finden Sie aber ebenfalls sehr viel gutes und auch ausgezeichnet recherchiertes Material dazu. Diese ganzen Tatsachen werden in unseren Massenmedien gezielt verschwiegen, denn sie würden den gewünschten Spin zerstören.

Die Krise in der Ukraine begann ja Anfang 2014 mit den Protesten auf dem Maidan, die dann eskalierten und schließlich die gewählte Regierung unter Janukowitsch vertrieben. Die westlichen Massenmedien verbreiteten damals einheitlich in etwa folgende Geschichte:

In der Ukraine hatte ein ganz schlimmer Diktator geherrscht, der sich zu allem Übel auch noch dem Reich des Bösen „Russland“ anschließen wollte und die helfende Hand der EU ausschlug. Daraufhin empörte sich die schwer leidende Bevölkerung in fast der gesamten Ukraine und stellte sich todesmutig auf den Maidan, um für ihre Freiheit zu protestieren, und das im Zweifelsfall unter Einsatz ihres Lebens. Die unglaublich brutalen Sicherheitskräfte des Diktators schlugen unbarmherzig zu und schossen auch scharf, sodass ein Massenmord an über 80 friedlichen Menschen begangen wurde (dass darunter auch eine Reihe von Polizisten waren, vergaßen unsere Medien irgendwie fast immer zu berichten).

Unter anderem durch den tapferen Recken Vitali Klitschko hat dann das Gute aber letztendlich gesiegt, und der böse Diktator musste flüchten. Es wurden unabhängige und gutwillige Menschen aus der Bevölkerung gesucht, die das Opfer auf sich nahmen, eine Übergangsregierung zu bilden. Leider konnte man den Diktator aber nicht festsetzen, er flüchtete zu seinen Freunden in das Reich des Bösen. Russland nutzt nun unfairerweise seine militärische Stärke aus, um von der Krim ausgehend, gegen den Willen der meisten Ukrainer das Ergebnis der Revolution umzukehren und den von fast allen Ukrainern gewünschten Beitritt des Landes zur EU zu verhindern.

Ein schönes Beispiel, wie die Medien vorgehen, können wir in dem abgehörten Telefongespräch zwischen der stellvertretenden US-Außenministerin Victoria

Nuland und dem amerikanischen Botschafter in Kiew, Geoffrey Pyatt, sehen. Über dieses Gespräch wurde sogar berichtet und dessen Authentizität von den Massenmedien nicht infrage gestellt. Allerdings bekamen wir immer nur das Zitat von Nuland „Fuck the EU“ zu hören, und darüber echauffierte man sich dann auch ganz erheblich. Dieses Telefongespräch fand am 4. Februar 2014 statt und wurde zwei Tage später im Internet veröffentlicht. Dieser eine Satz ist aber der uninteressanteste Teil, denn in dem Gespräch erklärt sie sehr genau, wie die Planung für die Ukraine aus US-Sicht aussieht.

Vitali Klitschko sollte demnach keine große Rolle spielen, dafür aber der damals noch fast unbekannte Jazenjuk.

„Ich meine wir sind im Spiel. Der Klitschko-Typ ist offensichtlich der komplizierte Elektron hier,“ sagt Pyatt zu Nuland. „Speziell die Ankündigung, er soll Vize-Premierminister werden. Und Sie haben meine Depeschen gesehen über den Ärger mit der Hochzeit (der Oppositionsführer) jetzt. Deshalb versuchen wir sehr schnell herauszufinden, wo er steht mit seinem Zeug. Aber ich glaube Ihre Argumente an ihn, die, ich glaube, Sie ihm gegenüber bringen müssen, das nächste Telefongespräch, das wir arrangieren müssen, sind genau dieselben, die Sie gegenüber Yats (Yatsenniuk) äußerten, und ich bin froh, Sie haben ihn bloßgestellt, wo er in diesem Szenario reinpasst. Und ich bin sehr froh, er sagte, was er sagte, als Antwort.“

„Ich glaube Klitsch sollte nicht Teil der Regierung sein. Ich glaube, es ist nicht notwendig. Ich glaube nicht, es ist eine gute Idee.“

„Ja … meine ich auch … dass er nicht in die Regierung gehört, er soll einfach draußen bleiben und seine politische Hausaufgaben machen,“ sagt Pyatt. „Ich denke, wie der Prozess vorwärtsgeht, wollen wir die moderaten Demokraten zusammenhalten.“

„Ich glaube Yats (Yatseniuk) ist der Typ mit der Wirtschaftserfahrung, die Regierungserfahrung … was er braucht, ist Klitsch und Tiahnybok ausserhalb. Er muss mit ihnen viermal die Woche reden, wissen Sie. Ich glaube, wenn Klitsch reingeht, wird er auf diesem Level sein, für Yatseniuk arbeiten, das wird nicht funktionieren.“ [104]

Siehe da, nach den „demokratischen Wahlen" passierte auch genau das Geplante: Jazenjuk wurde Präsident und hat bis heute eine mächtige Position inne. Dass genau dieser Mann es wurde, war aber nicht weiter verwunderlich, denn man hatte schon nachweislich viel Geld in ihn investiert. Er hat ja dann auch lautstark betont, dass er sein Land gerne in die EU und die NATO führen möchte. Weiterhin ließ er gleich das ukrainische Militär in Richtung Osten ausrücken – natürlich nur zu lang geplanten Manövern. Gegenüber Russland fand er auch deutliche Worte, die an eine Kriegserklärung erinnerten.

Wenn man seine „Sponsoren" kennt, wird aber völlig klar, warum und wie er agierte. „Verfolge die Spur des Geldes, und Du weißt, an welchen Fäden derjenige hängt." Jazenjuk besitzt eine Stiftung „Open Ukraine", und auf deren Webseite sind sogar seine Unterstützer aufgeführt. Diese Seite wurde natürlich zunächst vom Netz genommen, aber damit konnte er die Fakten nicht ungeschehen machen. Sogar bei archive.org war man scheinbar bemüht, die Spuren dieser Seite zu tilgen, aber sie wurde schon vielfach abgespeichert, sodass seine Hintergrundmächte nachgewiesen waren. Man sieht sehr gut, warum das Internet hier sehr hilfreich ist. Da die Seite der Stiftung im Internet bekannt war und nicht mehr wirklich verleugnet werden konnte, hat man sie dann auch wieder online geschaltet. Von daher können Sie hier selbst die „Partner" bewundern, wenn die Seite nicht wieder verändert oder erneut geschlossen wird.[105]

Die „Sponsoren" sind die NATO und sogar das Außenministerium der USA, da nimmt es kaum Wunder, dass er doch möglichst schnell in die NATO möchte. Auch das Chatham House spricht Bände. Es ist ein Think-Tank in London, der vergleichbar mit dem CFR in den USA ist: eine NGO, die berüchtigt ist und wirklich alle wichtigen Großkonzerne und Persönlichkeiten des Westens als Mitglieder hat, die für eine bestimmte Agenda bekannt sind. Allein die finanziellen Unterstützer des Chatham House sprechen erneut Bände:

- Rockefeller-Stiftung
- Bill & Melinda Gates Foundation
- Konrad Adenauer Stiftung
- NATO
- EU

Aber auch das NED (National Endowment for Democracy) ist erneut dabei.

Es wäre schon schön gewesen, wenn wir diese nicht zu leugnenden Fakten auch einmal von unseren „Qualitätsmedien" zu hören bekommen hätten. Ein Blick auf die Webseite der Stiftung von Jazenjuk hätte schließlich ausgereicht. Aber die Massenmedien „vergaßen" uns ja auch die großzügige finanzielle Unterstützung von Vitali Klitschko durch die Konrad-Adenauer-Stiftung mitzuteilen.

Auf der Webseite hartgeld.com hatte sich dann ein frustrierter Mitarbeiter des Norddeutschen Rundfunks NDR gemeldet und berichtet, wie es in den Redaktionen so abläuft und warum die Berichterstattung genau so aussah:

„Da ich in einem renommierten Politikmagazin eines öffentlich-rechtlichen Senders arbeite, habe ich zigfach erlebt, wie solche Berichte entstehen:
Ausschließlich westliche Sichtweise wird gesendet. Wenn vereinzelt Kollegen doch mal vorschlagen, in die andere Richtung zu recherchieren, kommen von oben sofort die bekannten, altbackenen Totschlagargumente: dafür ist jetzt keine Zeit, Recherche zu aufwendig, zu wenig Personal etc. pp.

Beispiele: Frage nach der Identität der Maidan-Scharfschützen, rechtlicher Status der Übergangsregierung, finanzielle Verbindung Klitschko-Adenauerstiftung, amerikanische Raketen an der südlichen Schwarzmeerküste, Faschismus/Antisemitismus der Swoboda-Partei und vieles mehr. Keiner dieser Punkte hat es jemals in einen Bericht geschafft, und gerade beim letzten Punkt sind das dieselben Journalisten, die sofort „Faschismus" brüllen, wenn ein Herr Lucke nur einmal das Wort „entartet" verwendet."

Das zeigt sehr schön, warum die Berichterstattung bezüglich der Ukraine genau so aussieht. „Irgendjemand" hält hier ganz stark seine Hand darauf, und der kleine Redakteur hat keine Chance, etwas anderes zu berichten, selbst wenn er es wollte.

Dann kam die „Annexion" der Krim durch Russland. Der Begriff „Annexion" wird durchgehend in den hiesigen Massenmedien verwendet, denn er suggeriert automatisch ein unrechtmäßiges Vorgehen Russlands. Das ist aber stark umstritten, denn es gab eine Volksabstimmung auf der Krim, bei der sich – vom Westen im Übrigen nicht angezweifelt – eine übergroße Mehrheit der Bürger für einen Anschluss an Russland ausgesprochen hat. Es würde an dieser Stelle zu weit führen, hier staatsrechtliche Details zu diskutieren, aber wir können auf jeden Fall festhalten, dass die Sachlage keinesfalls geklärt ist. Es ist aber ein übliches Vorgehen der Massenmedien, durch eine bestimmte Wortwahl die Leser/Zuschauer zu manipulieren. Wir haben das bereits an anderen Stellen ebenfalls gesehen.

Dieses Referendum auf der Krim passte dem Westen und auch den Massenmedien nicht wirklich, weshalb man natürlich versuchte, es zu diskreditieren. In den Tagesthemen geschah das aber derart lächerlich, dass man eigentlich von einer Satire hätte ausgehen müssen. Die meinten das aber ernst. Ich hatte damals in meinem Blog darüber berichtet und möchte es Ihnen zur Erheiterung auch hier nicht vorenthalten.[106]

Gestern (16. März 2014) wurde das Referendum auf der Krim abgehalten mit erwartetem Ausgang. Der entsprechende Bericht in den Tagesthemen hat mir aber die Augen über eine schockierende Tatsache geöffnet. Gut, dass wir diese stets kritischen Medien haben.

Es wurde ein Bericht gezeigt, in dem der finnische Wahlbeobachter Johan Bäckmann begleitet wurde, der zur Überwachung des Referendums auf die Krim geschickt worden war. Die Fragen des Reporters deuteten schon an, dass man es verwerflich findet, jemanden aus der freiheitsliebenden EU dort zu treffen, der sich für so etwas hergibt. Aber es wurde durch den Kommentator dann schnell klar, dass wir hier jemanden vor uns haben, der Russland zugewandt ist, denn er ist – oh Schreck – *„ein Mann, der eine Krawatte in pro-russischen Farben trägt …"*

Gut, dass ich nun weiß, woran ich die Agenten des Bösen erkennen kann, dachte ich mir. Sie tragen bestimmte Krawatten als geheimes Erkennungszeichen. Diese Art von Krawatten ist also russlandfreundlich. Aha! Im weiteren Verlauf der Sendung stockte mir dann aber der Atem: Unser Außenminister Frank-Walter Steinmeier ist ein Agent Moskaus! Er hatte nämlich bei dem

Interview in derselben Sendung eine fast identische Kravatte an, nur das Rot war noch intensiver. Wenn in Rottönen gehaltene, quergestreifte Krawatten also das Erkennungszeichen für Russlandfreundlichkeit ist, dann ist Steinmeier noch mehr Russland zugeneigt, als der finnische Wahlbeobachter.

Verlassen wir nun diese Sendung und wenden uns wieder der Realität zu. Es ist mir völlig schleierhaft, wie man diese Krawatte als russlandfreundlich identifizieren kann. Nach welchen Kriterien denn?
Langsam stechen Nachrichtensendungen in ihrer unfreiwilligen Komik manche Satiresendungen aus. In der Anmoderation des Berichts wurde auch behauptet, dass dieses Referendum „ohne Wahlbeobachter" durchgeführt worden wäre, nur um dann einen zu zeigen, der sogar aus dem Westen kommt. Oh, ich vergaß – das war ja ein Agent Moskaus.

Soweit mein damaliger Kommentar aus meinem Blog. Wie sie sehen, sind sich die Vertreter der Massenmedien nicht zu schade, auf billigste Floskeln zu verfallen, und wir reden hierbei immerhin von der „Institution" Tagesthemen.

Im Rahmen des Konflikts in der Ostukraine, bei dem übrigens eine nicht geringe Anzahl von westlichen Söldnern des Unternehmens Academi (ehemals Blackwater) auf der Seite der ukrainischen Truppen min Einsatz sind, was sogar an versteckten Stellen in den Massenmedien ab und zu einmal zugegeben wird, versucht man nun ständig, Russland einen direkten Eingriff zuzuschieben.

Mittlerweile sind die Versuche der Massenmedien, einen offiziellen Einmarsch Russlands in die Ukraine herbeizuschreiben, kaum noch zu zählen, es gab im Laufe der letzten vierzehn Monate über dreißig derartige Versuche. Die Quellen sind dabei teilweise dermaßen hanebüchen, dass man sich wirklich fragen muss, ob die Verantwortlichen in den Massenmedien noch bei Trost sind?

Letztendlich war keine dieser Behauptungen auch nur ansatzweise haltbar, weswegen sie auch schnell wieder verschwanden, bis man kurze Zeit später mit einer neuen Schauergeschichte aufwartete. In letzter Zeit wird dann immerhin die Quelle mit „Kiew" angegeben, was aber die Meldung unmittelbar in das Reich der Märchen verbannt. Von der Kriegspartei „Ukraine" verlässliche

Informationen zu erhalten, nachdem bereits unzählige Male lächerlichste und schnell widerlegbare Behauptungen von dort gekommen waren, kann eigentlich nur reines Wunschdenken sein. Das hält die Massenmedien aber nicht davon ab, es immer wieder zu berichten.

Alleine in dem Ticker zur der Ukraine-Krise des *Focus* lasen wir:

Nato-Bilder zeigen: Russische Panzer rollen durch die Ukraine. (13. Juni 2014)
Angeblich russische Fahrzeuge in Ukraine eingedrungen. ((15. August 2014)
Kiew meldet Eindringen von russischer Panzerkolonne. (25. August 2014)
Nato: Mehr als 1000 russische Soldaten in Ukraine. (28. August 2014)
Kiew: Panzerkolonne dringt von Russland in die Ukraine ein. (5. November 2014)[107]

Als Quellen werden uns Kiew und die NATO angegeben. Der aufgewachte und kritische Leser ordnet diese Meldungen natürlich entsprechend ein; die ständige Penetration aller Leser mit derartigen Meldungen verfehlt aber trotzdem nicht ihre Wirkung. Es geht aber natürlich noch dreister, denn in unzähligen Fernsehbeiträgen und Artikeln wurde immer wieder so berichtet, als ob eine direkte Kriegsbeteiligung Russland völlig außer Frage stände.

In der *Welt* lesen wir an 7. Februar 2015 in einem Kommentar zur Ukrainekrise unter dem Titel „Deutschland spielt die Führungsrolle“:[108]

„Ist das die Antwort auf die russische Aggression?

… der Ukraine Waffen zur Selbstverteidigung gegen die russische Aggression zu liefern.

Der russische Krieg gegen die Ukraine hat Europas Sicherheitsarchitektur so nachhaltig erschüttert …

Schließlich steht Deutschland in der zweiten Verteidigungslinie der Nato, wenn es Russland einfallen sollte, nach der Ukraine die östlichen Frontstaaten der Nato anzugreifen.

… es gebe keine militärische Lösung. Moskau hingegen glaubt sehr wohl, dass es eine solche Lösung gibt und verleibt sich immer weitere Teile der Ukraine mit kriegerischen Mitteln ein.

… gegen einen Aggressor zu verteidigen, der immer schwerere Waffen an die Front wirft.“

Ein weiteres Beispiel kommt aus dem Feuilleton der FAZ, in dem eine Talkshow von Anne Will zum Thema Ukraine besprochen wurde. Auch in dieser Talkshow konnte man von einigen Teilnehmern derartige Äußerungen hören.

In dem Artikel[109] lesen wir dann unter anderem:

„Und vor ihr donnert die „Siegesparade“ über den Roten Platz, darunter all das Kriegswerkzeug, mit dem Russland die Ukraine beschießen lässt, die Raketenwerfersysteme vom Typ „Hagel“, „Tornado“ und „Hurrikan“.“

„… hätte man genauer darüber reden sollen, was Russland derzeit treibt und warum. Dort, wohin es den Krieg zurückgebracht hat. Über die östliche Ukraine …“

Diese Artikel sind leider keine seltenen Ausnahmen, sondern wir finden derartige Formulierungen häufig. Ihre große Zeit war sicherlich die zweite Jahreshälfte 2014, seit den Abkommen von Minsk wurde dann auch in unseren Massenmedien sprachlich wieder etwas abgerüstet. Man sieht daran aber auch sehr gut, wie Eskalation und Deeskalation in unseren Massenmedien eins zu eins der Politik folgen.

Leider haben diese offensichtlichen Propagandasendungen auch 2015 noch nicht aufgehört. Am 6. Juli 2015 sendete die ARD im Rahmen der Serie „Die Story im Ersten“ eine erneute Dokumentation zur Lage in der Ukraine mit dem Titel „Zerrissene Ukraine – Zwischen Freiheit und Krieg“. Dort wurden erneut alle Mittel der psychologischen Kriegsführung ausgepackt, um Russland und insbesondere Vladimir Putin als Ursache für jedes Unglück in der Ukraine darzustellen. Wenn dann eine Mutter am Grab ihres Sohnes leise „… nur Putin, nur Putin“ flüstert, dann wurde das in eine Weise inszeniert, dass es jedem Hollywoodfilm gerecht werden würde. Ich will an dieser Stelle gar nicht behaupten, dass diese Mutter nicht existiert und das nicht gesagt hätte. Es gibt natürlich auch in der Ukraine Menschen, die daran glauben, dass Putin der Grund alles Übels wäre. Es werden aber aktuell auch in der Westukraine immer weniger. Auf der anderen Seite könnte die Szene aber auch vollständig gestellt worden sein. Es ist auf jeden Fall sehr unwahrscheinlich, dass diese Szene „zufällig“ spontan so entstanden ist. Ich erinnere an das Kapitel „Die Macht der Bilder“. Man versuchte damit auf emotionaler Ebene, die Menschen dahingehend zu manipulieren, Hass auf Vladimir Putin zu entwickeln; das war offensichtlich das Ziel. In einem Hollywoodfilm ist es große Kunst, derartige Emotionen zu erwecken, in einer sachlichen Dokumentation hat so etwas absolut nichts verloren – wenn man denn sachlich sein möchte.[110]

Dass in dieser „Dokumentation“ natürlich keinerlei Hinweise auf die Aktionen und die Verantwortung des Westens an der Situation in der Ukraine verschwendet wurden, dürfte natürlich niemanden mehr wirklich überraschen. Auf diesem Auge sind die hiesigen Massenmedien ja fast durchgehend blind. Da passt am Rande übrigens der Slogan des ZDF „Mit dem Zweiten sieht man besser“ gut dazu. Auf einem Auge sind sie nämlich vollständig blind und das betrifft alle üblen Dinge, welche USA, NATO und andere westliche Institutionen so vollbringen. Die USA kommen in diesem Machwerk kein einziges Mal vor, obwohl diese doch nach eigenen Angaben (O-Ton Victoria Nuland) über fünf Milliarden US-Dollar in die Ukraine „investiert“ haben. Die größte Sünde besteht einmal mehr in dem kompletten Verschweigen eines großen Teils der teilweise unzweifelhaften Hintergründe und einer ganz gezielten Dramaturgie, um eine Propagandabotschaft unter die Massen zu bringen. Diese Dokumentation steht wie viele andere damit ganz in der Tradition von Filmen und Sendungen aus schlimmen Zeiten deutscher Geschichte. Die meisten Macher dieser Propaganda merken selbst aber gar nicht, wie sie die alten Methoden erneut, natürlich für einen aus ihrer Sicht „guten Zweck“, anwenden. Propaganda mit großer Nähe zu reiner Hetze war aber noch nie hilfreich, denn „an ihren Taten werdet ihr sie erkennen“.

Wenn wir gerade bei dem Thema sind, was die Massenmedien gerne weglassen, dann kommen wir natürlich auch nicht an den rechtsradikalen Truppen in der Ukraine vorbei. Wenn jemand angeblich etwas Gutes an der Familienpolitik des Dritten Reiches findet, wird er medial hingerichtet, wie wir gleich noch einmal in Erinnerung rufen werden, aber wenn in der Ukraine ganze Bataillone gewisse Symbole verwenden, sich ganz offen zu ihren faschistischen Wurzeln von damals bekennen und auch ähnlich handeln wie früher, ist das für den Großteil unserer Massenmedien überhaupt kein Problem gewesen. Da mussten wir im August 2014 im Heute Journal wörtlich hören: *„Wir und viele Medien sind Hinweisen nachgegangen, ob das stimmt, aber wir haben festgestellt, es gibt diese Faschisten nicht."* Wie gesagt, mit einem Auge ist man dort ja auch blind. Im Sommer 2015 hat man aber auch im ZDF einmal festgestellt, dass es diese Rechtsradikalen scheinbar doch gibt. Zumindest sprach man in der Heute-Sendung vom 18. Juli 2015 immerhin von *„Rechten Nationalisten in der Ukraine"*. Dieser Begriff ist aber immer noch stark verharmlosend.

Sie sehen aber an dieser Tatsache sehr gut, dass alle sonst so schlimmen Angelegenheiten, wie beispielsweise Rechtsradikalismus inklusive entsprechender Taten, zunächst einmal überhaupt kein Problem darstellen, wenn sie der gewünschten Sache dienen. Das gilt übrigens in gleicher Weise für große Teile unserer Politik.

Geradezu unerträglich werden Beiträge wie derjenige aus *Spiegel-Online* vom 7. August 2015: „Die wahren Gründe für Putins Lebensmittelverbrennungen", in dem Russland doch tatsächlich mit der Terrororganisation Islamischer Staat (IS) gleichgesetzt wird:

„Dinge zu verbrennen, bringt einen schnell in zweifelhafte Gesellschaft. Nur ein paar Jahre ist es her, dass in Somalia Milizen Lebensmittel in Brand setzten, weil sie aus dem Ausland kamen. Die Terrororganisation „Islamischer Staat" hat neulich das gleiche mit Hilfspaketen aus den USA getan."[111]

Man ist sich dabei selbst der Instrumentalisierung der ungezählten Opfer des IS nicht zu schade und verhöhnt sie mit derartigen Aussagen. Ich möchte Sie in dem Buch nun nicht mit immer wieder ähnlichen Beispielen quälen. Wenn Sie in den letzten Monaten und Jahren die Massenmedien verfolgt haben, konnten Sie sicher auch viele Male ähnliche Dinge lesen oder hören.

Wir haben im Laufe der Ukrainekrise auch eine unglaubliche Anzahl von Talkshows zu dem Thema bewundern dürfen. Gerade in Talkshows hören wir auch teilweise die unglaublichsten Thesen von selbsternannten „Russlandexperten", die dadurch zu „Experten" wurden, dass sie die richtigen Thesen vertreten. Da werden dann z.B. durch nichts nachgewiesene Gedankengebäude aufgebaut, dass Vladimir Putin immer Kriege anzetteln würde, wenn seine Popularität sinkt – so geschehen in einer Talkrunde bei Phoenix.[112] Natürlich wären die Wahlen in Russland vollständig gefälscht worden, und der despotische Putin würde jederzeit erneut eine Krise herbeiführen, wenn ihm das nur nützen würde. Diese Thesen haben bisher noch nicht einmal von der NATO gehört.

Wenn dann aber tatsächlich einmal ausgewiesene Russlandexperten wie Gabriele Krone-Schmalz in eine solche Talkshow eingeladen werden, dann passieren oft merkwürdige Dinge. Frau Krone-Schmalz ist als langjähriger ARD-Korrespondentin in Russland mit einer Vielzahl von Verbindungen dorthin eine entsprechende Kompetenz nicht abzusprechen. Wir würden sie sicher auch viel häufiger in Talkshows antreffen, wenn sie „die richtige Meinung" verträte. Sie hat aber einen deutlich anderen Standpunkt, was Russland und die aktuelle Russlandpolitik betrifft, und kann diesen auch mit sehr belastbaren Argumenten untermauern. Gegen sie haben die üblichen Schwätzer in diesen Talkshows wenig Chancen, argumentativ anzukommen. Am 24. Februar 2015 war Frau Krone-Schmalz Gast in der Sendung „Menschen bei Maischberger". Dort traf sie auf eine ganze Reihe von Putin-kritischen Kontrahenten, wie es dem üblichen Zahlenverhältnis in derartigen Talkshows entspricht. Die gewünschte Mainstream-Meinung ist zumeist in der deutlichen Mehrheit vertreten, und gewöhnlich dürfen die Vertreter der Minderheit kaum einen Satz zu Ende sprechen, bevor sie von Kommentaren der Gegner unterbrochen werden. So geschah es dann auch in dieser Talkshow, wobei stets unter jeglicher sachlicher Gürtellinie agiert wurde. „Legenden aufgetischt", „Sie reden zu lange", „Sie haben doch nicht die Wahrheit gepachtet", sind einige Beispiele für reine

Angriffe auf die Person Krone-Schmalz, bei denen sich besonders ein Gast negativ hervorgetan hat.[113]

In der Folge wurde sie selbst noch im Nachgang von diesem indiskutablen Herrn im grünen Gewand eine „Putin-Rechtfertigerin" tituliert. Sein Vorgehen hat Methode. Im *Focus* hieß es dann in dem Artikel „Grünen-Politiker gegen Russland-Versteherin" (wieder das typische Vorgehen) weiter:[114]

„Die steilen Behauptungen und Lügen, die Frau Krone-Schmalz verbreitet, sind für mich einfach unerträglich."

„Mit ihren falschen Rechtfertigungen des russischen Handelns ist Krone-Schmalz für Putin das, was Lenin einst einen ‚nützlichen Idioten' nannte."

Und:

„Ich habe mir gedacht: Die hat doch einen Tick unterm Pony – aber das habe ich nicht gesagt, weil ich sachlich bleiben wollte."

Wer auf diesem Niveau daherredet, hat implizit jede Glaubwürdigkeit verspielt. Wenn man ein wenig nachforscht, wird man feststellen, dass die „steilen Behauptungen und Lügen" zweifellos eher auf seine Aussagen zutreffen. Wie bereits geschrieben, warten diese Herrschaften mit nur wenig sachlichen Argumenten auf, da sie diese schlicht nicht besitzen. Deshalb muss eben auf persönliche Weise diskreditiert werden. In der genannten Talkshow führte dies dazu, dass Frau Krone-Schmalz schon aufgestanden war, um das Studio zu verlassen. Die Moderatorin Sandra Maischberger konnte das gerade noch verhindern, wobei auch sie die gebotene Neutralität häufig vergaß. Allein, dass der Hintergrund des Studios großflächig mit Titelblättern und deren Schlagzeilen „Der gefährliche Nachbar", „Wann stoppt die Welt endlich Putin?" usw. drapiert war, zeigte schon deutlich die Stoßrichtung dieser Sendung.

Wir kennen dieses Vorgehen in Talkshows auch aus anderen Bereichen. Da gab es den leider verstorbenen Professor Hankel, der aufgrund seiner langen und sehr erfolgreichen Karriere im Finanzbereich, darunter als Chef der Bundesbank – er gilt als Erfinder der Bundesschatzbriefe –, eine außerordentliche Fachkompetenz mitbrachte. Prof. Hankel gehörte zu den Eurokritikern der ersten Stunde, und fast alle seiner Vorbehalte und Warnungen vor der Einführung des Euros sind mittlerweile genauso eingetroffen. Zunächst konnte man ihn in der einen oder anderen Talkshow sehen, aber da die Eurobefürworter außer den üblichen Luftblasen nur wenig Argumente liefern konnten und gegen Hankel keine Chance hatten, wurde er immer seltener eingeladen.

Natürlich kann man auch hier nicht alle Talkshows über einen Kamm scheren. Es gibt bessere und schlechtere Formate. Auch hier hängt es häufig vom Thema ab, ob fair und ergebnisoffen diskutiert werden kann oder nicht. Der Moderator bzw. die Moderatorin sollte eigentlich neutral auftreten, aber genau das passiert häufig nicht. Nicht selten ist ein Gast mit einer konträren Meinung einer Phalanx gegnerischer Gäste ausgesetzt, auf deren Seite sich der Moderator dann auch noch zusätzlich stellt. Manchmal ist sogar der Moderator die treibende Kraft, um einen bestimmten Gast niederzumachen. Ausgerechnet die Talkshow mit dem Wort „fair" im Namen – „Hart aber fair" – tut sich häufig besonders negativ hervor.

Eine der dunkelsten Stunden im deutschen Fernsehen war in diesem Zusammenhang die berüchtigte Talkshow mit Johannes B. Kerner, in der die ehemalige Tagesschausprecherin Eva Herman medial auf das Schafott geführt wurde.[115] Man hatte sie zuvor bereits wegen angeblich positiver Äußerungen bezüglich der Familienpolitik im Dritten Reich, die weit davon entfernt waren, irgendetwas zu beschönigen zu wollen, in verschiedenen Massenmedien in die äußerste rechte Ecke gestellt. In dieser Talkshow bekam sie keine Chance, irgendetwas zu erklären, sie wurde bloß vorgeführt und dann aus der Sendung geworfen. Es war die groß inszenierte „mediale Schlachtung" einer Frau, die sich nicht im Sinne der unfehlbaren Dogmen der Political Correctness geäußert hatte. Auch nach dem immer weiter verschärften Volksverhetzungsparagraphen konnte man Eva Hermann natürlich nichts vorwerfen, sonst wäre es selbstverständlich geschehen. Man kann über ihre Thesen sicherlich unterschiedlicher Meinung sein, aber das, was hier geschehen war, wirft ein sehr deutliches Licht auf unsere Massenmedien. Es war offensichtlich, dass alles zuvor genau so geplant gewesen ist und hier ein warnendes Exempel für eventuelle Nachahmer statuiert werden sollte. Die anderen Gäste der Talkshow, die sich an dieser peinlichen Farce beteiligt hatten, sind seitdem für mich vollständig indiskutabel. In abgeschwächter Form erleben wir Ähnliches immer wieder in Talkshows, und auch dort haben die Ansichten der „Verurteilten" in den allermeisten Fällen überhaupt nichts mit der deutschen Vergangenheit zu tun.

Talkshows sind ein wichtiger Bestandteil zur Erzeugung eines Spins. Auf der anderen Seite kann man dort immer wieder auch einmal hochinteressante Statements und Informationen von Menschen hören, die ansonsten gar nicht erst in das Programm gelangen würden. Die Moderatoren und Moderatorinnen decken ebenfalls die gesamte Bandbreite von einigermaßen neutral bis hin zu unerträglich ab. Völlig offene Diskussionen zu Themen, über die im Mainstream nicht gesprochen werden darf, kommen aber nur sehr selten bis gar nicht vor. Bezüglich Russlands waren die Talkshows in der großen Überzahl in der jüngeren Vergangenheit leider ebenfalls sehr einseitig ausgelegt. Sehr häufig fanden wir nur einen Gast, der für Russland Partei ergreifen durfte und einer großen Überzahl gegnerischer Gäste ausgesetzt war.

Leider gab es bisher in der grundsätzlichen Haltung zu Russland in den Massenmedien bisher keinerlei Veränderung. Die Sanktionen, die der deutschen Wirtschaft größten Schaden zufügen, sind nach wie vor aktiv. Ein wichtiger Punkt ist dabei der Abschuss des Fluges MH17 über der Ukraine, auf den wir noch ausführlich im nächsten Kapitel eingehen.

Das ZDF scheut sich übrigens auch nicht, sogar Kinder mit billigster antirussischer Propaganda zu indoktrinieren. In dem Kinder-Format Tivi werden regelmäßig auch politische Inhalte „kindgerecht" vermittelt. Die Sendung Anfang 2014 anlässlich der Olympischen Winterspiele in Sotschi zu Putin und Russland war dabei ein weiterer Tiefpunkt dieses Senders.[116] Besonders bei Kindern, die in ihrem Alter noch überhaupt nicht den Wahrheitsgehalt von Sendungen kritisch reflektieren können, ist das indiskutabel. Ich hatte damals diesen Spot gesehen, und er war geradezu unterirdisch schlecht. Wohlweislich hat das ZDF ihn nun in seinem Youtube-Kanal mit einigen anderen (die wahrscheinlich ähnlich gestrickt sind) als „privat" markiert, sodass er nicht mehr anzusehen ist. Man ist sich offenbar durchaus bewusst, was man hier getan hat.

Ich möchte am Ende dieses Kapitels noch ein besonders dreistes Beispiel für die „Beugung der Wahrheit" anbringen, das den Titel dieses Buches durchaus gerechtfertigt erscheinen lässt. Dabei ist der Anlass eigentlich derartig lächerlich, dass man darüber schon wieder schmunzeln kann. Die Deutsche Presseagentur (DPA) gab am 14. Mai 2015 eine Meldung heraus, ein geplantes Oktoberfest in Moskau sei verboten worden, da es „antirussisch" sei.

Die taz übernahm das scheinbar ungeprüft und brachte einen entsprechenden Artikel dazu.[117] Diese Meldung erschien danach zumeist unter dem Titel ***„Moskauer Stadtverwaltung: Oktoberfest ist „antirussisch""*** auch noch in einer großen Anzahl von weiteren Newstickern und Tageszeitungen. Der Bildblog hatte einen Teil der Meldungen im Internet davon zusammengetragen:[118]

Bild.de, Focus Online, FAZ.net, Zeit Online, Stern.de, N24, News.de, Shortnews, T-Online, Siegener Zeitung, Handelsblatt, Schweriner Volkszeitung, Kölner Stadt-Anzeiger, Mittelbayerische, Kölnische Rundschau, Emder Zeitung, Trierischer Volksfreund, Mitteldeutsche Zeitung, Augsburger Allgemeine, Stuttgarter Nachrichten, Berliner Morgenpost, Welt, Passauer Neue Presse, Westdeutsche Zeitung, Abendzeitung, Süddeutsche Zeitung, Frankfurter Neue Presse, Berliner Kuriers, Neue Osnabrücker Zeitung, Freie Presse, Dattelner Morgenpost, Frankfurter Rundschau, Lübecker Nachrichten, Stuttgarter Zeitung, Ruhr Nachrichten, Saarbrücker Zeitung, Express, Südwestpresse, Greenpeace Magazin, Münsterlandzeitung, Merkur, Hessisch/Niedersächsische Allgemeine, Nordkurier, General Anzeiger, Berchtesgadener Anzeiger, Neue Presse, Schwäbische, Berliner Zeitung und viele mehr.

Dieser Blog konnte auch nachweisen, dass die Meldung schlichtweg falsch war und welche Grundlage dafür herangezogen wurde. In der Originalmeldung von Interfax stand zu keiner Zeit etwas von einem Verbot oder dem entscheidenden Wort „antirussisch". Dort erklärte der Leiter der Moskauer Abteilung für

Handel und Dienstleistungen, Alexei Nemerjuk, lediglich, dass es keine Pläne für ein Oktoberfest gäbe, weil es in Russland diese Tradition nicht gibt. Daraus wurde – mit Sicherheit nicht irrtümlich – die o.g. Aussage herbeigelogen, um erneut Russland zu diskreditieren – ich muss es an dieser Stelle nun einmal so drastisch formulieren.

Immerhin hat sich die taz zwei Wochen später auf ihrer Webseite bei dem Artikel dafür entschuldigt, die über 50 anderen Verbreiter dieser Ente wohl nicht. Es bleibt aber auch die Frage, wie viele der taz-Leser diese Korrektur noch mitbekommen haben?

Man sieht aber auch an diesem Beispiel sehr gut, was eine einzige falsche Agenturmeldung für Auswirkungen hat und damit die Macht der Pressagenturen. Es wird einfach vielfach ungeprüft übernommen und großflächig verbreitet. Um Russland in ein schlechtes Licht zu rücken, scheint dabei jede journalistische Sorgfalt eher hinderlich.

Der Flug MH17 – der finale Absturz der Massenmedien

Am 17. Juli 2014 stürzte ein Flugzeug über der Ostukraine ab, das den Massenmedien endgültig die Maske einer „freien und unabhängigen Berichterstattung“ heruntergerissen hat und die hässliche Fratze der Lüge und Manipulation vielen Menschen offen aufzeigte. Als Folge davon kommen immer mehr Medien schwer unter Druck, was sich besonders bei Printerzeugnissen in einem Absturz der Verkaufszahlen zeigt. Mir fehlt an dieser Stelle jedes Mitleid; es zeigt sich, dass es für die Menschen hierzulande Grenzen für das gibt, was sie sich noch gefallen lassen. Da dieses Ereignis aber besonders in Deutschland und Teilen Europas einen ähnlichen Impakt auf die Massenmedien hatte wie 9/11, möchte ich hierauf auch ausführlich eingehen. Bei dem Versuch, diesen Abschuss des Flugzeuges Russland anzuhängen, hat man alle journalistischen Grundsätze verabschiedet und auch nicht vor billigster Propaganda im Geiste überwunden geglaubter Zeiten zurückgeschreckt. Den bisherigen Tiefpunkt hat sich dabei der *Spiegel* geleistet, wir kommen darauf noch zurück.

Bevor ich auf die Ungereimtheiten des Falles MH17 eingehe, zunächst noch einmal die bis heute (Stand von August 2015) in den Massenmedien primär verbreitete Variante zu dem Hergang: Die pro-russischen Rebellen in der Ost-Ukraine haben versehentlich oder auch absichtlich mit einem BUK-M1-Raketensystem das Flugzeug von Himmel geholt. Mehr oder weniger dafür verantwortlich ist Russland und dort in persona Vladimir Putin, der diese Rebellen unterstützt.

Von vornherein merkwürdig war die unglaubliche Häufung der Zahl 17 bei diesem Vorgang. Es ist aber nicht nur am 17.7. eine weitere Boeing 777 der Malaysian Airlines nach MH370 im März 2014 verunglückt – nein, diese hatte auch noch die Flugnummer MH17. Damit nicht genug, hatte diese Maschine am 17.7.1997 ihren Jungfernflug und damit eine Lebensdauer von exakt 17 Jahren. Immer wieder Malaysian Airlines und dann die Häufung der Zahlen 7 und 17 – das könnte schon darauf hindeuten, dass wir es hier eventuell mit einer geplanten Aktion zu tun haben. Immerhin hatte niemand Geringeres als die Chefin des IWF Christine Lagarde am 15. Januar 2014 auf einer Veranstaltung des National Press Club explizit auf Numerologie und die Bedeutung der „magischen Zahl 7“ hingewiesen[119], was sich in diesem Jahr 2014 dann auch an einer unglaublichen Häufung dieser Zahl bei wichtigen Ereignissen bewahrheitet hat. An einen Zufall mag man da kaum noch glauben.

Eine interessante Frage bei derartigen „Unglücken“ ist immer das Vorauswissen. Sollte es nachweisbar jemand vorher gewusst haben, ist die Chance nicht gering, dass es gezielt geplant wurde. Mir ist sofort ungewöhnlich vorgekommen, dass Israel am 15. Juli 2014 seine Bodentruppen an der Grenze zu Gaza versammelt hat, dann aber nicht einmarschierte. Fachleute sagen, dass man eine derartige Bereitstellung nicht beliebig lang aufrechterhalten kann, auch aus Kostengründen.

Unmittelbar nach dem Abschuss von MH17 marschierte dann die israelische Armee ja auch in Gaza ein. Der Zeitpunkt wurde perfekt abgepasst, um die Aufmerksamkeit der Weltöffentlichkeit für MH17 zu nutzen. Die Frage ist, warum man gewartet hatte, wenn man es sowieso durchführen wollte? Man hat dadurch das Leben israelischer Staatsbürger unnötig aufs Spiel gesetzt. Der Eindruck entsteht deshalb, dass der Mossad von den Planungen zum Abschuss von MH17 gewusst haben könnte. Nicht, dass es der Mossad selbst gewesen wäre, aber der beste Geheimdienst der Welt dürfte mit Sicherheit informiert gewesen sein, wenn es jemand geplant hat.

Dann gab es tatsächlich im Internet bereits im Mai eine konkrete Warnung, die Flüge MH16/MH17 nicht zu benutzen. In dem chinesischen Twitter Sina Weibo wurde am 29. März 2014 folgende Nachricht von dem User „Holland chinesisches Netz“ verschickt:

„Holland chinesisches Netz macht Sie darauf aufmerksam, schätzen Sie das Leben, bleiben Sie fern von dem Malaysia Airlines Flug MH 17 / MH 16 von Amsterdam

nach Kuala Lumpur! Bitte überreden Sie Ihre holländischen und anderen Freunde, eine große Versicherung zu kaufen und ein Testament zu hinterlassen, bevor man mit Malaysia Airlines fliegt.“

Damals wurde es kaum beachtet, es scheint aber so, als hätte dieser User Insider-Informationen gehabt. Demnach wäre bereits im März dieses Ereignis geplant gewesen. Das bestätigt die Vermutung, dass wir hier ganz großes Kino von den Eliten gezeigt bekommen, in dem die Ukraine eine Hauptrolle spielt.

Diese beiden Indizien sind natürlich zu schwach, aber viele Vorgänge rund um MH17 zeigen ja ebenfalls deutlich, dass hier nur wenig zusammenpasst. Ganz wichtig ist für mich zunächst einmal die Tatsache, dass MH17 eklatant von der normalen Flugroute abgewichen ist. Dies wurde am Anfang (immer ein wichtiger Zeitpunkt bei derartigen Ereignissen, da dann noch nicht alle Mitarbeiter der Massenmedien auf die offizielle Linie eingenordet worden sind) sogar von den Massenmedien gemeldet. Diese Information verschwand aber sehr schnell wieder und wurde nicht mehr thematisiert. Es wurde zuvor u.a. in einem Artikel der FAZ[120], und auch in *Focus Online* darüber berichtet.

Ohne diese Kursänderung wäre MH17 gar nicht über das kritische Gebiet geflogen. Nun kann der Pilot nicht einfach seinen Kurs ändern, er muss die Luftraumkontrolle um Erlaubnis bitten. Anderenfalls riskiert er einen Crash mit anderen Flugzeugen. Kursabweichungen gibt es normalerweise aufgrund von Gewittern, die man umfliegen möchte. So oder so muss die zuständige Luftraumkontrolle aber hierüber informiert werden und es genehmigen. Wenn nicht, dann hätte sie sicher nachgefragt, sobald sie die Abweichung auf ihrem Radar bemerkt hätte. Der Schlüssel sind also die Aufzeichnungen der Kommunikation zwischen Flugsicherung und Pilot. Genau diese wurden aber sogar nach Aussage der BBC vom ukrainischen Geheimdienst konfisziert.

„Ukraine's SBU security service has confiscated recordings of conversations between Ukrainian air traffic control officers and the crew of the doomed airliner, a source in Kiev has told Interfax news agency.“

„Der Geheimdienst SBU der Ukraine hat die Aufnahmen der Konversation zwischen den ukrainischen Fluglotsen und der Crew des Unglücksfliegers beschlagnahmt, wie eine Quelle in Kiew der Interfax Nachrichtenagentur mitteilte."

Bis heute ist ja auch kein Stück dieser Gespräche, die sicher viel zur Aufklärung des Falls beitragen würden, jemals aufgetaucht. Diese Kursabweichungen sind also eine der Schlüsselfragen bei der Ermittlung des genauen Hergangs. Genau darüber ist aber ein dunkler Mantel des Schweigens ausgebreitet worden. Warum?

Natürlich ist es völlig klar, dass hier der „rauchende Colt" des Täters verborgen ist. Wenn diese Änderung der Flugroute dem Piloten vorgeschrieben oder vielleicht auch einfach ferngesteuert durchgeführt wurde, dann zeigt das ein Vorauswissen und eine gezielte Aktion an. Nebenbei können das dann natürlich keinesfalls die ostukrainischen Separatisten gewesen sein. Dass eine Boeing 777 komplett von außen ferngesteuert werden kann, ist durch die Fly-by-wire-Technologie moderner Vekehrsflugzeuge durchaus möglich. Die Boeing 777 ist der erste Flugzeugtyp dieser Firma, der ein sogenanntes Fly-by-wire-System eingebaut hat. Hier werden Ruder, Antrieb und alle anderen Funktionen nicht mehr durch mechanische Verbindungen gesteuert, sondern rein elektronisch über den Computer. Ältere Airbus-Maschinen mit Fly-by-wire wie der A320 haben für die Ruder noch eine mechanische Notsteuerung, bei A340-500/600 und A380 gibt es diese nicht mehr. Auch die Boeing 777 hat keine mechanische Notsteuerung mehr!

Das heißt aber nichts anderes, als dass der Pilot keine Chance mehr hat, manuell einzugreifen, wenn jemand ihm gezielt die Kontrolle entziehen möchte. Es hält sich schon länger das Gerücht, dass derartige Verkehrsflugzeuge komplett und jederzeit ferngesteuert werden können, wenn es die Situation erfordert. Seit 9/11 besteht daran höchstes Interesse.

Es gibt also auf jeden Fall die sehr realistische Möglichkeit, dass den Piloten jegliche Kontrolle genommen wurde, das Flugzeug zu steuern. Sie konnten nur zusehen, wie sie entführt werden. Letztendlich ist eine solche Fernsteuerungsmöglichkeit ein reines Softwarethema geworden. Alles dazu Notwendige ist in einem derartigen Flugzeug bereits enthalten, sogar die Funktechnologie. Es ist überhaupt kein Problem, eine Funktion zu implementieren, um mit einem bestimmten Aktivierungscode das Flugzeug von außen zu übernehmen.

2006 gab Boeing folgende Aussage in einem Artikel von John Croft in dem Magazin *Flight Global* ab:

„Boeing last week received a US patent for a system that, once activated, removes all controls from pilots to automatically return a commercial airliner to a predetermined landing location.

The „uninterruptible" autopilot would be activated – either by pilots, by onboard sensors or even remotely via radio or satellite links by government agencies like the Central Intelligence Agency, if terrorists attempt to gain control of a flight deck.

Boeing says: „We are constantly studying ways we can enhance the safety, security and efficiency of the world's airline fleet."

„Boeing erhielt letzte Woche ein US-Patent für ein System, das einmal aktiviert, alle Kontrolle dem Piloten entzieht und einen kommerziellen Airliner automatisch auf eine vorbestimmte Landelokation zurückführt. Der „ununterbrechbare" Autopilot würde entweder von den Piloten, von Sensoren an Bord oder ferngesteuert über Funk oder Satellitenverbindung durch Regierungsbehörden wie die CIA aktiviert, wenn Terroristen versuchen, die Kontrolle über das Flugzeug zu erlangen.
Boeing sagt: „Wir sind ständig auf der Suche nach Wegen, die Sicherheit und Effizienz der Flotten von den Fluggesellschaften in der Welt zu erweitern."

Wir können mit hoher Wahrscheinlichkeit davon ausgehen, dass in modernen Flugzeugen zumindest aus den USA eine derartige Funktion eingebaut wurde. Diese kann natürlich nicht Hinz und Kunz nutzen, Hersteller und Geheimdienste aber mit Sicherheit.

Dass man in diesem Fall natürlich jegliche Gespräche der Piloten der Öffentlichkeit vorenthalten möchte, versteht sich von selbst. Es ist bei dem Fall MH17 nur eine Möglichkeit von mehreren, aber keinesfalls völlig auszuschließen. Auch bei der im März desselben Jahres über dem Indischen Ozean „verschwundenen"

Boeing 777 der Malaysian Airlines MH370 ist diese Möglichkeit ein realistisches Szenario.

Die ukrainische Flugsicherung muss es aber bei MH17 so oder so mitbekommen haben. Dort arbeitete wohl am 17.7. ein spanischer Fluglotse mit dem Namen Carlos, der über Twitter eine Reihe von hochinteressanten Informationen herausließ, bevor dieser Account gesperrt wurde.

Die Ukraine behauptet natürlich, dass es diesen Carlos gar nicht gäbe, aber er wurde bereits am 8. Mai von Russia Today interviewt[121], da er damals von Maidan-Aktivisten bedroht wurde. Ihn gibt es also nachweislich! Dieser Fluglotse konnte noch eine Reihe von interessanten Dingen twittern, bevor er abgewürgt wurde.

Chronologie von @spainbuca's TWITTER FEED,[122] 10:21

„Kiev Authorities, trying to make looks like an attack by pro-Russian."
„Die Offiziellen aus Kiew versuchen es wie einen Angriff der pro-russischen Kräfte aussehen zu lassen."

10:24
„warning! It can be a downing, Malaysia Airlines B777 in ukraine, 280 passengers"
„Warnung! Es kann ein Abschuss sein, Malaysia Airlines B777 in der Ukraine, 280 Passagiere"

10:25
„Warning! Kiev has what they wanted"
„Warnung! Kiew hat, was es will"

10:25
„[Military] has taken control of ATC in Kiev"
„Das Militär hat die Kontrolle über die Flugsicherung in Kiew übernommen"

10:27
„The Malaysia Airlines B777 plane disappeared from the radar, there was no communication of any anomaly, confirmed"

„Malaysia Airlines B777 ist vom Radar verschwunden, es wurde keine Anomalie mitgeteilt, bestätigt“

10:30
„Plane shot down, shot down, shot down, no accident“
„Das Flugzeug wurde abgeschossen, abgeschossen, abgeschossen, kein Unfall“

10:31
„Kiev have what they wanted, I said in the first tw [Tweets], Kiev is responsible @ ActualidadRT“
„Kiew hat, was es wollte, wie ich in den ersten Tweets gesagt habe, Kiew ist verantwortlich @ ActualidadRT“

10:35
„An accident that is not quite normal, they are threatening us in the same tower of Kiev airport“
„Ein Unfall, der nicht normal ist, sie bedrohen uns in demselben Tower des Kiewer Flughafens“

10:35
„they will take from our phones and others stuff at any moment“
„Sie werden unsere Mobiltelefone und andere Dinge jeden Moment abnehmen“

10:38
„Before They remove my phone or they break my head, shot down by Kiev“
„Bevor sie mir mein Telefon abnehmen oder meinen Kopf einschlagen, es ist ein Abschuss durch Kiew“

11:12
„We have confirmation. Plane downed, Kiev authorities already have the information, downed, we are calm now“
„Wir haben die Bestätigung. Das Flugzeug ist abgestürzt, die Offiziellen aus Kiew haben bereits die Information, abgestürzt, wir sind jetzt ruhig“

11:13
„What are doing foreigners with kiev authorities in the tower? Gathering all the information"
„Was machen Fremde zusammen mit den Offiziellen aus Kiew im Tower? Alle Informationen einsammeln"

11:15
„When possible I'll keep writing" – „Wenn möglich, schreibe ich weiter"

11:48
„The B777 plane flew escorted by Ukraine jet fighter until 2 minutes before disappearing from the radar"
„Das B777-Flugzeug flog, von Kampfflugzeugen der Ukraine eskortiert, bis zwei Minuten, bevor es vom Radar verschwand"

11:54
„If kiev authorities want to tell the truth, It's gathered, 2 jet fighters flew very close minutes before, wasn't downed by a fighter"
„Wenn die Offiziellen aus Kiew die Wahrheit sagen wollten, zusammengefasst flogen zwei Jet-Kampfflugzeuge sehr nahe nur Minuten zuvor, aber es wurde nicht durch ein Kampfflugzeug abgeschossen"

12:00
„Malaysia Airlines B777 plane just disappeared and Kiev military authority informed us of the downing, How they knew?"
„Das Flugzeug Malaysia Airlines B777 war gerade verschwunden, da informierte uns das Kiewer Militär von dem Abschuss. Wie konnten sie das (zu diesem Zeitpunkt bereits) wissen?"

12:00
„7:00 minutes after [plane dissapeared], the downing was notified, later our tower was taken with foreigner staff, they still here"
„7:00 Minuten nachdem (das Flugzeug verschwand) wurde der Absturz registriert, später wurde unser Tower durch fremdes Personal übernommen, diese sind immer noch hier"

12:01

„all this is gathered in radars, to the unbelieving, shot down by kiev, here we know it and military air traffic control also"

„Alles dieses ist in Radaraufzeichnungen gespeichert bis hin zu dem unglaublichen Abschuss durch Kiew, wir hier wissen es und die militärische Luftraumkontrolle ebenso"

13:15

„Here the military commanders manage and support it could be military following other orders, but no, the pro-Russian"

„Die militärischen Kommandeure hier haben es gemanagt und unterstützt, wahrscheinlich haben sie Befehle befolgt, aber nein, die pro-russischen Aktivisten (sollen es gewesen sein)"

13:29

„Interior Minister knew what the fighters were doing in the area, the defense minister didn't."

„Der Innenminister wusste, was die Kampfflugzeuge in diesem Gebiet gemacht haben, der Verteidigungsminister wusste es nicht."

13:31

„Military confirm it was Ukraine, but still does not know where the order came from"

„Das Militär bestätigt, dass es die Ukraine war, aber bislang weiß man noch nicht, woher der Befehl gekommen ist"

13:36

„Days ago I said here, kiev military wanted to rise against the current president, this may be a way, ordered by timoshenko [following timoshenko orders]"

„Ein paar Tage zuvor sagte ich hier, das Kiewer Militär wollte gegen den amtierenden Präsidenten putschen, das könnte ein Weg sein, den Anweisungen von Timoshenko folgend"

13:38

„The fighters flew close to 777, up to 3 minutes before disappearing from the radar, just 3 minutes"

„Die Kampfflugzeuge flogen nahe bei der 777 bis 3 Minuten bevor sie vom Radar verschwunden ist, nur 3 Minuten"

13:43
„Airspace closed" – „Luftraum geschlossen"

13:45
„Airspace is closed, more downings feared"
„Der Luftraum ist geschlossen, es werden weitere Abschüsse befürchtet"

15:17
„military control now officially [say] the plane was shot down by missile"
„Die militärische (Flug-)Kontrolle sagt nun offiziell, dass das Flugzeug durch eine Rakete abgeschossen wurde"

15:23
„Government has the official report signed by the control military authorities in Kiev … [plane] shot down"
„Die Regierung hat nun unter der Kontrolle der militärischen Befehlshaber einen Bericht unterschrieben, nach dem das Flugzeug abgeschossen wurde"

15:26
„The report indicates where the missile had come out [from], and specified is not from the selfdefence in rebel areas"
„Der Bericht beschreibt, woher die Rakete gekommen ist und dass sie nicht zur Selbstverteidigung aus den Rebellengebieten kam"

15:34
„Military radar collected data from missile fired to the plane, civilian radars didn't"
„Militärisches Radar zeichnete die Daten von der auf das Flugzeug abgefeuerten Rakete auf, die zivilen Radars nicht"

15:36
„military high command did not gave the order to fire the missile, someone screw it ine the name of ukraine"

„Das militärische Oberkommando gab nicht den Befehl zum Abschuss der Rakete, irgendjemand klinkte sich im Namen der Ukraine ein"

15:38
„For those who do not know, let's say, there are military under the orders of the defense minister and military under the orders of Interior Minister"
„Für diejenigen, die es nicht wissen, lassen sie mich sagen, dass es Militär unter dem Befehl des Verteidigungministers und Militär unter dem Befehl des Innenministers gibt"

15:38
„The military under the orders of Interior Minister knew what happened all the time."
„Das Militär unter dem Befehl des Innenministers wusste die ganze Zeit, was passiert."

16:06
„Military commanders here (ATC) control tower, confirm that the missile is from the ukranian army."
„Militärkommandeure hier im (ATC) Kontrolltower bestätigen, dass die Rakete von der ukrainischen Armee stammte."

16:07
„military commanders that knew it and others didn't"
„Militärkommandeure, die es wussten, andere wussten es nicht"

16:08
„290 dead innocent people. What a useless war, where patriotism is bought with money"
„290 unschuldige tote Menschen. Welch ein nutzloser Krieg, in dem Patriotismus mit Geld gekauft wird"

16:09
„The way the control tower was taken minutes after & knowing all the details, made us think that they [made it]"

„Die Art und Weise, wie der Kontrolltower nur Minuten später übernommen wurde und alle Details kannte, führt uns zu der Annahme, sie (waren es)"

16:10
„The face of the soldiers who came later saying [what you just did], no chance for doubts"
„Die Gesichter der Soldaten, die später kamen, sagten (was sie gerade getan hatten), kein Grund zu Zweifel"

16:12
„Such is the decline that military who came first accompanied by foreigners came to us asking us to tell their version"
„So ist der Abfall, dass das Militär, das zuerst in Begleitung von Fremden kam, um uns zu fragen, ob sie uns ihre Version erzählen"

16:13
„Our response was, these radars do not collect the launching of missiles, the military ones does, there were no doubts"
„Unsere Antwort war, dass diese (zivilen) Radars nicht den Abschuss von Raketen registrieren, die militärischen tun es, ohne jeden Zweifel"

Natürlich könnten diese Meldungen auch gefälscht sein. Allerdings gibt es immer mehr Bestätigungen für die Aussagen von Carlos. Wir erhalten hier zunächst die Information, dass MH17 Begleitung von zwei Abfangjägern hatte. Dafür gibt es auch Zeugenaussagen, die entsprechende Beobachtungen gemacht haben.

Sehr interessant ist seine Aussage, dass es offensichtlich zwei Parteien im ukrainischen Militär gibt und wohl eher die dem Innenministerium unterstellte Gruppe verantwortlich für den Abschuss erscheint. Ein Teil des Oberkommandos schien überhaupt nicht zu wissen, woher der Befehl zu dem Abschuss stammte. Das lässt sehr stark darauf schließen, dass bestimmte Kräfte im Hintergrund (wahrscheinlich US-Geheimdienst) die ganze Sache durchgeführt haben. Dabei wurden so wenig ukrainische Militärangehörige wie möglich involviert. Es ist gut vorstellbar, dass der übergroße Anteil der ukrainischen Militärangehörigen massive Skrupel hätte, einfach ein Zivilflugzeug vom Himmel zu holen.

Der Innenminister der Ukraine war zu dieser Zeit Arsen Awakow, der als enger Vertrauter und Unterstützer von Julia Timoshenko gilt. Letztere ist ja die am stärksten prowestliche und russlandfeindlichste ukrainische Politikerin überhaupt. Sie hatte bereits gefordert, Atomwaffen gegen Russland einzusetzen. Awakow war eng mit den Maidan-Rebellen verbunden. Von daher wäre er schon genau der Richtige für eine derartige Aktion im Auftrag der USA.
Es stellt sich aber auch die Frage, ob überhaupt das ukrainische Militär MH17 abgeschossen hat, oder ob es nicht eine ganz andere Partei gewesen ist, die nur die Spuren so legte, dass sie auf die Ukraine verweisen. Eine derartig skrupellose Tat zeigt deutlich die Handschrift von bestimmten Geheimdiensten und den herrschenden Eliten hinter ihnen.
Die Aussagen von Carlos legen nahe, dass hier in üblicher Manier eine klassische False-Flag-Operation stattgefunden hat, bei der sogar die Sündenböcke noch selbst glaubten, sie hätten es getan – aber nicht wussten, warum.
Es ist völlig sicher, dass drei Parteien grundsätzlich wissen, von wem MH17 abgeschossen wurde. Sowohl Boden-Luftraketen als auch Abfangjäger sind auf der militärischen Luftraumüberwachung deutlich zu sehen. Die Ukraine, die USA/NATO und Russland haben dieses Gebiet überwacht und wissen auch genau, was passiert ist.

Während die USA behaupten, dass von dem Gebiet der Rebellen eine Boden-Luftrakete abgeschossen worden wäre, bisher aber keinerlei Beweis dafür vorlegen konnten, hat Russland nun seine Version präsentiert. Demnach bestätigen auch die Russen die Anwesenheit zumindest eines Jagdflugzeugs in der Nähe von MH17 und stellen die sehr berechtigte Frage, was es dort zu suchen gehabt hat. Es passt zu Augenzeugenberichten und auch zu den Aussagen von Carlos. Der Abschuss von MH17 könnte sehr gut auch durch Kampfflugzeuge erfolgt sein.

Russland hat seiner Überwachung folgende Informationen entnommen:

- die Ukraine hat Buk-M1-Raketensysteme im Osten stationiert
- die Ukraine verlegte derartige Systeme am 17. Juli in die Nähe der Rebellen
- Flug MH17 war im Radarbereich der ukrainischen Buk-Stellungen
- Der Kurs von MH17 wurde scheinbar vorsätzlich in das Krisengebiet umgelenkt

- mindestens ein ukrainischer Kampfjet war in unmittelbarer Nähe von MH17
- es gab am Absturztag deutlich mehr aktive militärische Radare als gewöhnlich

In einer Pressekonferenz wurde das alles präsentiert (auch mit englischer Übersetzung). Natürlich könnte alles auch erlogen sein, aber zumindest einiges davon sieht durchaus nach harten Fakten aus. Die Abweichung vom Kurs beispielsweise wurde ja auch von anderer Seite nachgewiesen. Warum verlegt die Ukraine eigentlich diese Systeme in die Nähe der Rebellen? Flugzeuge besitzen diese nun definitiv nicht. Jetzt schauen wir uns einmal die „Beweise" der Gegenseite an.

In unseren Massenmedien hörten wir ja gebetsmühlenartig, dass die Rebellen in der Ostukraine ein Buk-M1-System erbeutet und damit versehentlich MH17 von Himmel geholt hätten. Es gibt dafür drei „Beweise", die von unseren Massenmedien vorgelegt wurden:

1. die Aussage der USA
2. einen abgehörten und auf Youtube veröffentlichten Mitschnitt einer Kommunikation zwischen den Rebellengebieten
3. einen Film, der das von den Rebellen verwendete Raketensystem bei der Wegfahrt im Rebellengebiet zeigt und auf dem zwei von vier Raketen fehlen.

Die Aussage der USA, die eindeutig nachweisbar eine bestimmte Agenda verfolgen, würde jeder Richter sofort aufgrund von Befangenheit ablehnen. Der angebliche Kommunikationsmitschnitt könnte komplett gefälscht sein (es wurde nachweislich in der Audiodatei geschnitten) und beweist an sich noch gar nichts.

Der Film, der in unseren Massenmedien eifrig vorgeführt wurde, beweist genauso wenig. Man sieht, wie ein derartiges System auf der Straße transportiert wird. Die Behauptung, es wäre im Rebellengebiet gewesen, ist auf keine Weise nachweisbar. Auch könnte dieses Video Monate zu alt sein. Es hatten sich dann auch Ukrainer gemeldet, die erkannt haben, wo dieses Video aufgenommen wurde – und siehe da: es war nicht in den Rebellengebieten.[123]

Das sind also die „Beweise“, die unsere Massenmedien dazu bringen, eine absolut einseitige Berichterstattung zu fahren. Es ist bisher auch strittig, ob die Rebellen überhaupt ein derartiges Buk-M1-System erbeutet haben. Deren bisherige Flugzeugabschüsse erfolgten mit einem Ein-Mann-System, das aber nur in sehr begrenzte Höhen reicht und MH17 nicht annähernd hätte bedrohen können. Es wird bei dem angeblich erbeuteten Buk-M1-System auch immer nur der Raketenträger gezeigt. Es ist aber nicht so, dass man nur dieses Fahrzeug erbeuten müsste und dann Flugzeuge abschießen könnte. Damit ein Buk-M1-System funktioniert, benötigt man auf jeden Fall noch ein Radar- und ein Kommandofahrzeug.[124] Diese müssten die Rebellen dann auch erbeutet haben.

Man muss aber auch bedenken, dass dieses System extrem komplex ist. Es kann nicht einfach „mal so“ bedient werden. Deshalb gehen auch Experten mit 90 Prozent Wahrscheinlichkeit davon aus, dass der Abschuss nicht durch die Rebellen, sondern durch die an dem System geschulten ukrainischen Kräfte erfolgt ist. *„Das ist kein System, das man so ohne Weiteres gleich benutzen kann“*, sagte Douglas Barrie vom Internationalen Institut für Strategische Studien (IISS) in London.

Dann wurden ja auch die Flugschreiber von MH17 gefunden, und deren Auswertung sollte ursprünglich bereits am 25. Juli 2014 zur Verfügung stehen. Außer Floskeln war hierüber in den Massenmedien aber nichts zu hören. Primär wurde auf die aufgezeichneten Flugzeugdaten angespielt, die wohl eine plötzliche Dekompression in der Kabine anzeigen, die aber tatsächlich bei einem Abschuss genau so zu erwarten wäre. Noch interessanter sind natürlich die Inhalte des Voicerecorders, der die Gespräche im Cockpit aufzeichnet. Über diese wurde praktisch vollständiges Stillschweigen gewahrt, obwohl er gefunden wurde. Dabei wären auf ihm die wichtigsten Hinweise zu finden. Zunächst einmal müsste man auch hier erkennen können, warum die eklatante Kursabweichung in Richtung des Rebellengebiets erfolgte. Außerdem ist anzunehmen, dass Pilot und Co-Pilot eventuelle Jagdflugzeuge in der Nähe erwähnt hätten, wenn sie diese rechtzeitig bemerkten.

Die Auswertung der Blackboxes erfolgte in London, was natürlich nicht unbedingt das Vertrauen in die Ergebnisse erhöht. London ist ja der Schoßhund von

Washington. Schauen wir einmal, was die „offiziellen" Ergebnisse noch so ans Tageslicht bringen oder auch nicht. Diese lange Verzögerung lässt auf jeden Fall darauf schließen, dass der Inhalt entweder noch entsprechend „angepasst" werden muss oder doch so brisant ist, dass die Veröffentlichung große Wellen schlagen würde.

Am 17. Juli 2015 jährte sich der Abschuss der MH17 zum ersten Mal. Normalerweise müssten nun die Untersuchungsergebnisse veröffentlicht werden, doch was passierte? Nichts! Laut den Regeln der Internationalen Flugbehörde ICAO muss der Bericht innerhalb eines Jahres nach dem Absturz vorgelegt werden, also bis zum 17. Juli 2015. Aktuell steht jetzt der Oktober 2015 für die Veröffentlichung im Raum. Die niederländische Kommission behauptet, es gäbe Hinweise auf eine BUK-M1-Rakete, und natürlich käme diese von den russischen Rebellen; die Voicerecoder-Aufnahmen, und jeder Beweis für diese Aussage bleiben aber weiterhin unter Verschluss. Man bricht also klar internationale Vereinbarungen, um bloß nichts Beweiskräftiges veröffentlichen zu müssen.

Es gibt allerdings ein Abkommen zwischen der Ukraine, Holland und den USA/England im Hintergrund, die Ergebnisse der Auswertungen der Flugschreiber nicht vor September 2014 bekannt zu geben.[125] Auch zu diesem Zeitpunkt passierte bekanntermaßen ja nichts. Es dürfte durch ein Veto verhindert worden sein, das im Abkommen vorgesehen war. Die Wahrscheinlichkeit, dass die Ukraine als wahrscheinlichster Verursacher der Katastrophe dieses Veto eingelegt hat, liegt nahe bei 100 Prozent. Man muss sich das einmal auf einen Strafprozess übertragen vorstellen. Der Hauptverdächtige kann verhindern, dass die wichtigsten Beweise gegen ihn verwendet werden dürfen. Für unsere Massenmedien ist das aber alles gar kein Problem. Es waren ja die Russen, Punkt!

Hier haben wir die Antwort, warum immer noch nichts herausgegeben wurde, obwohl die Ergebnisse schon lange feststehen. Die Wahrscheinlichkeit ist extrem hoch, dass die Ukraine oder deren Verbündete im Hintergrund versehentlich oder vorsätzlich MH17 haben abschießen lassen. Es ist ganz offensichtlich, dass der Voicercoder Hinweise auf den wirklichen Verursacher gibt – wenn es Russland wäre, hätten wir das bereits am Tag der ersten Auswertung in allen Schlagzeilen zu lesen bekommen.

Es haben sich im Laufe der Zeit weitere und auch relativ belastbare Indizien ergeben, dass MH17 gar nicht durch eine Boden-Luft-Rakete, sondern durch eine Luft-Luft-Rakete und/oder die Bordkanone eines oder mehrerer Jagdflugzeuge vom Himmel geholt wurde.

Wie auf den Fotos von Wrackteilen der MH17 zu sehen ist, sind die meisten Teile in ihrer Struktur nicht stark beschädigt. Eine Ausnahme bildet aber ausgerechnet ein Teil im Bereich des Cockpits, das offensichtlich vielfach durchlöchert wurde. Es gibt dabei sowohl Eintritts- als auch Austrittslöcher von Geschossen. Diese Beschädigungen können eigentlich nur durch ein Maschinengewehr hervorgerufen worden sein. Zu diesem Ergebnis kommt zumindest der Luftfahrtexperte Peter Haisenko in seinem Blog.[126]

Dazu passt auch das Teil einer Tragfläche, die scheinbar einen Streifschuss abbekommen hatte. Es kamen nun auch bereits entsprechende Aussagen von OSZE-Beobachtern vor Ort.[127]

Besonders interessant ist allerdings ein Wrackteil des Cockpits, das bei entsprechender Vergrößerung zeigt, dass dort nicht nur viele kleine Einschusslöcher, sondern auch Austrittslöcher zu sehen sind. Das spricht sehr stark dafür, dass das Cockpit mit einer Bordkanone beschossen wurde. Die hochauflösenden Bilder dieses Teils wurden im Web gelöscht (warum wohl?) – aber zum Ärger mancher Verschwörer: Das Internet vergisst nichts! Sie können sehen, dass bei manchen Löchern die Ränder nach außen gebogen sind. Das kann nur passieren, wenn ein Geschoss wieder dort ausgetreten ist.

Im weiteren Verlauf sind weitere Aufnahmen und Details bekannt geworden, sodass die Analyse von Haisenko momentan der Wahrheit mit Abstand am nächsten kommen dürfte.[128]

Wir können mit hoher Wahrscheinlichkeit davon ausgehen, dass auf den Tonaufzeichnungen des Cockpits Hinweise auf einen derartigen Beschuss zu finden sein dürften. Die Nachrichten von dem Fluglotsen Carlos und die Radaraufzeichnungen der Russen, die diese übrigens im Gegensatz zu der NATO bereits alle an UN, Malaysia und die Niederlande übergeben haben, lassen keinen anderen Schluss zu. Dann gibt es ja auch eine Reihe von Augenzeugenberichten, die ein Kampfflugzeug in unmittelbarer Nähe von MH17 während des Abschusses bezeugen. Diese Aussagen wurden sogar in einem Beitrag des russischen Büros der BBC gezeigt. Dieser Beitrag wurde jetzt allerdings von der BBC aus dem Netz genommen. Ein Schelm, wer Böses dabei denkt ...

Es wird immer klarer, wie man es gemacht zu haben scheint. Schon allein aus den Daten von Flightradar24.com konnte man herauslesen, dass der nur kurze Zeit später kommende Flug SQ351 von Singapore Airlines genau auf den Weg von MH17 dirigiert wurde. Die von Russland freigegebenen militärischen Radaraufzeichnungen bestätigen, dass ein Kampfflugzeug sich wohl zunächst bei MH17 versteckt hatte und danach in der Nähe von SQ351 flog, um seine Radarspuren zu tarnen. Das entspricht auch den Zeugenaussagen des zuvor genannten BBC-Berichtes. Dort geben die Augenzeugen ebenfalls an, dass sich ein Kampfflugzeug in direkter Nähe darunter befunden hat.

Augenzeugin 2: *„Und da war noch ein Flugzeug, ein militärisches, daneben. Jeder hat das gesehen."*
Augenzeugin 1: *„Ja, ja. Das ist drunter geflogen, weil es sonst hätte gesehen werden können. Es bewegte sich unterhalb des zivilen [Flugzeugs]."*

Es gab auch schon vor dem Abschuss von MH17 Berichte, dass sich ukrainische Kampfflugzeuge in der Nähe von Zivilflugzeugen bewegten und nur kurz zur Bombardierung herunter stießen.

Bevor wir nun zur Rolle der Massenmedien in diesem ganzen schlimmen Spiel kommen, fassen wir einmal zusammen:

Es gibt faktisch keinerlei belastbare Hinweise für ein Verschulden der ost-ukrainischen Rebellen, dafür aber eine Reihe von starken Indizien und Hinweisen, dass MH17 durch ein oder mehrere Kampfflugzeuge abgeschossen wurde. Ich habe hier bei Weitem noch nicht alle aufgeführt. Dazu kommen die Aussagen und Analysen von OSZE-Beobachtern vor Ort und von Luftfahrtexperten wie Peter Haisenko. Allein das müsste bei einer freien Presse dazu führen, dass stark nachgebohrt würde und schmerzhafte Fragen gestellt würden. Die Beweise für dieses Szenario sind definitiv auf den Aufnahmen der Voicerekorder und der Kommunikation zwischen Fluglotsen und Piloten zu finden. Beide werden bis heute unter Verschluss gehalten, und es wurden sogar internationale Abkommen gebrochen, damit das so bleibt. Auch dieses scheint die „stets kritischen" Massenmedien überhaupt nicht zu stören. Allein diese Unterlassungen zeigen ganz klar, dass die Massenmedien an der Wahrheit in diesem Fall nicht interessiert sind.

Derweil hören wir unbelehrbar immer wieder, dass man angeblich „zahlreiche Angaben" für die Schuld der Rebellen hätte, beispielsweise zu der Zeit des damaligen Nato-Generalsekretär Anders Fogh Rasmussen, der nun übrigens einen Job bei der Großbank Goldman Sachs erhalten hat.[129]

Nur leider bekommt diese „Angaben" niemand zu sehen. Im Gegenteil, die Pressesprecherin des US-Außenministeriums Marie Harf gab unter Druck des Journalisten Matt Lee von der Nachrichtenagentur Associated Press mehr oder weniger zu, dass die bisherigen „Beweise" eigentlich nur aus den sozialen Medien wie Youtube und Facebook bzw. dessen russischen Pendant VK kämen.[130]

Es ist schon wirklich grotesk. Da wird den alternativen Medien (manchmal nicht ganz zu unrecht) vorgeworfen, sie würden nur auf ungeprüfte Quellen wie Youtube-Videos zurückgreifen, und dann machen die Offiziellen und natürlich ebenfalls die Massenmedien nichts anderes. Nur mit dem Unterschied, dass der Westen daraufhin schwere Sanktionen gegen Russland ins Leben ruft, die nun auch die deutsche Wirtschaft massiv schädigen und außerdem gezielt einen Krieg herbeiführen sollen. Auf der Basis von Youtube-Videos holen sie sich ihre Berechtigung dazu!

Dabei zeigen schon recht einfache Untersuchungen auf, dass diese Videos manipuliert bzw. gefälscht wurden bzw. überhaupt nicht das Behauptete zeigen. Auch einer der „Beweise" dafür, dass sogar russische Soldaten in der Ost-Ukraine operieren sollen, kommt aus einem sozialen Medium, wie uns „Die Welt" erklärte.[131]

Nun unterließen die Massenmedien nicht nur vollständig jeden Beitrag zu einer Aufklärung – nein, sie übertrafen sich auch noch mit Schuldzuweisungen und Hetze gegenüber Russland und Vladimir Putin persönlich. Für diese Hetze gibt es eine sehr genau treffende Bezeichnung: Kriegspropaganda!

Nicht zufällig fand dieses Ereignis fast genau 100 Jahre nach dem Attentat in Sarajewo statt, das ja bekanntlich der Auslöser des Ersten Weltkriegs gewesen war. Wir hörten seit 2013 immer wieder „orakelnde" Politiker, die einen Zusammenhang zwischen 1914 und 2014 herstellten. Bereits Anfang 2013 begann Jean-Claude Juncker zu mutmaßen, dass 2013 ein „Vorkriegsjahr" sein könnte wie auch 1913. Gegen Ende 2013 und Anfang 2014 kamen Aussagen von vielen Politikern, dass 2014 wie 1914 werden könnte, darunter von Merkel und Putin sowie von anderen Führungspersönlichkeiten insbesondere auch beim Weltwirtschaftsforum in Davos.

Glücklicherweise hat dieser Auslöser MH17 2014 nicht funktioniert, primär, weil Russland der Versuchung widerstanden hat, in der Ukraine einzumarschieren, um dem schrecklichen Spiel ein Ende zu setzen. Wäre das passiert, könnten Sie wahrscheinlich jetzt nicht mehr gemütlich im Sessel sitzen und dieses Buch lesen. Im gesamten Jahr 2014 versuchte man Russland zum Einmarsch zu provozieren, um dann militärische Maßnahmen dagegen zu ergreifen. Aussagen der NATO-Spitze und von Insidern zeigten ganz klar, dass dies als rote Linie gewertet worden wäre, um den Dritten Weltkrieg zu beginnen.

Machen Sie sich bitte nichts vor, es gibt besonders in den USA Kreise, die ganz ernsthaft vorhaben, diesen Krieg gegen Russland zu führen. Leider ist die Gefahr auch noch lange nicht vom Tisch. Die NATO hat Unmengen an militärischem Material an die russische Grenze verbracht. Davon hören wir in den Massenmedien nur wenig, aber eine große Anzahl von genau beobachteten Militärtransporten in Richtung Osten sprechen zusätzlich zu Insiderinformationen eine deutliche Sprache.

Ich hoffe, dass diese Pläne nicht aufgehen werden, aber den Vertretern der Massenmedien schreibe ich ganz klar in ihr Stammbuch:

Mit Ihrer Kriegshetze und völligen Verdrehung aller Tatsachen in Richtung Kriegspropaganda sind Sie ursächlich dafür mit verantwortlich, wenn tatsächlich ein derartiger Krieg mit unabsehbaren Folgen ausbrechen würde!

Da gibt es nichts zu beschönigen und zu verniedlichen. Sie sind willige Handlanger dieser Kriegstreiber. Jeder, der hier Vorschub leistet, sollte sich genau überlegen, ob er für die Folgen verantwortlich sein möchte.

Sehr viele westliche Medien begannen im Nachgang des MH17-Abschusses mit einer unglaublichen Hetzjagd gegen Russland und Putin. Irgendwelche auch nur ansatzweise belastbaren Hinweise auf dessen Verantwortung wurden nie geliefert, wie zuvor beschrieben. Auf unzähligen Titelseiten mit teilweise unverschämten Bildern wurde Vladimir Putin als angeblich Verantwortlicher angeprangert. Die englische Presse tat sich hierbei besonders unverfroren hervor mit Schlagzeilen wie „Putin's killed my son – Putin ermordete meinen Sohn" (*Daily Mail*), „Putin's victims – Putins Opfer" (*Daily Mirror*), oder „The fingers point at Putin – Die Finger zeigen auf Putin" (*The Independent*). Aber auch die deutsche Presse stand dem kaum nach:

Bild, 19.10.2014:
„Jetzt ist sich der Bundesnachrichtendienst (BND) sicher: Es waren die pro-russischen Rebellen – es waren die Schergen von Kreml-Chef Putin!"

Focus Magazin, 21.7.2014:
„Die Tragödie von Todesflug MH 17 – Putins brutale Handlanger"

Oder auch aus der Schweiz: blick.ch, 20.7.2014:
„Katastrophen-Flug MH 17 – Niemand stoppt Zar Putin"

Ich könnte an dieser Stelle noch viele weitere Beispiele aufführen. Den Vogel hierbei schoss der *Spiegel* ab, der sich nicht scheute, Bilder der Opfer schamlos zu instrumentalisieren. Hier wurde jede Grenze überschritten, die der Anstand eigentlich vorgibt. 280 tote Menschen für politische Zwecke zu instrumentalisieren, ist wirklich die unterste Schublade eines verkommenen Journalismus.

Natürlich ließ der *Spiegel* die zahlreichen kritischen Kommentare an sich abprallen und zeigte keinerlei Schuldbewusstsein darüber, wie im *Spiegel*-Blog geschrieben wurde. Ja, *wörtlich* zu einem militärischen Vorgehen gegen Russland hat man dort tatsächlich nicht aufgerufen. Allerdings wird die „Schuld Putins" stets als selbstverständliche Tatsache dargestellt, die jedoch durch nichts auch nur annähernd belegt ist. Das Titelblatt zeigte die Aufforderung *„Stoppt Putin jetzt!"* Weiter lesen wir im zugehörigen Leitartikel unter anderem Folgendes:

„Europa muss Putin für den Abschuss von Flug MH17 zur Rechenschaft ziehen.

Hier, in der ostukrainischen Einöde, hat sich Putins wahres Gesicht gezeigt. Der russische Präsident steht enttarnt da, nicht mehr als Staatsmann, sondern als Paria der Weltgemeinschaft. Die Toten von Flug MH17 sind auch seine Toten, er ist für den Abschuss mitverantwortlich, und es ist nun der Moment gekommen, ihn zum Einlenken zu zwingen – und zwar mit harten wirtschaftlichen Sanktionen.

Wer harte Maßnahmen verlangt, um Russland zum Einlenken zu bewegen, ist kein Kriegstreiber."

Auch wenn der *Spiegel* Anschuldigungen wie Kriegstreiberei als „absurd" bezeichnet,[132] die Menschen lesen zwischen den Zeilen etwas anderes heraus, und glücklicherweise bezahlt dieses Blatt nun auch mit starken Auflageverlusten. Der *Spiegel* war aber nur ein Beispiel im großen Chor der westlichen Medien, die alle in dieselbe Richtung tendierten, seien es Printmedien, private oder öffentlich-rechtliche TV- und Radiostationen.

Man konnte auch sehr schön erkennen, wie in den westlichen Medien die ost-ukrainischen Separatisten gezielt als unmenschliche Rabauken dargestellt wurden. Man nutzte dazu nur eine kleine Manipulation; man zeigte einfach nur einen Teil eines Videos bzw. ein Bild daraus. Dort sehen wir einen Kämpfer, der einen Stoffschimpansen aus dem abgestürzten Flugzeug scheinbar als Trophäe in die Luft hält. Der damalige Kommentar im WDR-Blog spottet jeder Beschreibung. Natürlich ist dieser auf der WDR-Seite nun nicht mehr verfügbar, aber das Internet vergisst leider nichts … Im Webarchiv archive.org kann man ihn nach wie vor lesen:[133]

„Da steht ein sogenannter prorussischer Separatist und hält ein Stofftier in die Kamera, einen Schimpansen – vor Tagen noch das Spielzeug eines Kindes, das jetzt eines der vielen Opfer nach dem Abschuss der MH 17 über dem Osten der Ukraine ist. In der rechten Hand der kleine Affe, in der linken lässig eine Zigarette, über der Schulter ein Maschinengewehr. Eine gespenstische, eine fürchterliche Szene!" …

„Unterdessen gebärden sich die Freischärler von Putin's Gnaden weiter wie Gorillas, denen man Waffen in die Hand gegeben und die man mit Uniformen ausgestattet hat. Gorillas – so nannte der ukrainische Ministerpräsident die prorussischen Söldner. Sehr treffend! Diese Söldner verhöhnen die Opfer, die Hinterbliebenen, verspotten die zivilisierte Welt. Da zusehen zu müssen, ist kaum auszuhalten ...“

Als „Beweis“ dafür muss dieses eine Bild herhalten. Diesen Mann als „Gorilla“ zu bezeichnen, ist natürlich auch einfach nur jenseits jeglichen Anstands.

Wenn man das Video vollständig ansieht, legt er den Schimpansen dann vorsichtig zu Boden, nimmt seine Mütze ab und bekreuzigt sich. Er hielt dieses Stofftier als Anklage für die Verursacher dieser Katastrophe hoch, aber das passte natürlich nicht in das gewünschte Bild unserer Massenmedien. Hier wurde also gezielt manipuliert, um eine ganz andere und gezielt falsche Aussage zu generieren.[134] Das ist dann so ein Fall, bei dem der Begriff „Lügenpresse“, bzw. „Lügenmedien“, durchaus nicht übertrieben erscheint. Wenn man derartig wie unsere Massenmedien bei der oben gezeigten Faktenlage berichtet und gezielt manipuliert, dann kann das nur als Kriegshetze bewertet werden, auch wenn man natürlich dieses Wort „Krieg“ so nicht in den Mund nimmt. Das ideologische Ziel ist natürlich auch immer, die Gegenseite zu bestimmten Aktionen zu provozieren.

Auch wenn die Massenmedien gerne betonen, dass sie ja „nur Sanktionen fordern“ und keinesfalls einen Krieg heraufbeschwören wollten, schweigen sie zumeist über besorgniserregende Vorgänge, die seit Monaten vor sich gehen. Es werden große Mengen an militärischem Material der NATO an die russische Grenze verbracht. Es wurden in Deutschland und Österreich sehr viele Züge mit Panzern beobachtet, die in Richtung Osten unterwegs waren. Mittlerweile gibt es sogar Unmut bei deutschen Lokführern, die diesen offensichtlichen Aufmarsch nicht unterstützen wollen.

Anton C., langjähriger Lokführer aus Bayern, gegenüber RT Deutsch:
„Hatte ich in meiner jahrzehntelangen Laufbahn als Lokführer zusammen genommen vielleicht fünf Militärzüge befördert, so waren es seit Beginn der Ukrainekrise schon über 15 solcher NATO-Transporte mit diversem Kriegsgerät.“[135]

Natürlich werden das die Vertreter der Massenmedien auch wieder als russische Propaganda abtun, aber leider haben es neutrale Beobachter mehrfach bestätigen können. Da wird etwas vorbereitet, das nicht nur nach Sanktionen aussieht …

In den Massenmedien kommt vielleicht einmal eine nebensächliche Meldung, dass beispielsweise das Panzergrenadierbataillon 411 aus Viereck in Mecklenburg-Vorpommern mit 700 Soldaten und 44 Schützenpanzern dauerhaft in die polnische Armee integriert werden soll – ergo an oder zumindest deutlich näher an die russische Grenze verlegt wird.[136]

Der Aufmarsch an sich findet in den Massenmedien aber faktisch nicht statt. Die Massenmedien sind auf diesem Auge völlig blind, obwohl sie gerade hier Schlagzeilen veröffentlichen und „Brennpunkte" veranstalten müssten, denn es geht um nicht weniger als um Krieg und Frieden. Deren Kriegspropaganda passt allerdings sehr gut zu diesem Aufmarsch. Wenn die Friedensbewegung nicht sehr bald aufwacht, könnten wir uns schnell in einer extrem unangenehmen Situation befinden.

Immer wieder kamen auch im Laufe der Monate neue Artikel und Sendungen zum Thema MH17 heraus, die unverändert denselben Spin verbreiten. Am 27. April sendete beispielsweise die ARD „Die Story im Ersten – Todesflug MH 17".[137] Peter Haisenko äußerte sich sehr treffend dazu: *„Selten habe ich einen perfider und perfekter aufgebauten Propagandafilm gesehen."* In seinem Blog nimmt er die Inhalte dieses Machwerks gekonnt auseinander.[138]

Wir treffen in dieser Reportage auch wieder unseren wohlbekannten „Fachmann" Moses Brown bzw. Eliot Higgins von Bellingcat wieder, der dort als Kronzeuge für die Schuld Russlands vorgeführt wird. Über ihn habe ich ja bereits ausführlich geschrieben, es zeigt sich also bereits hieran, dass „die Story" erneut eine klare Desinformations-Story war.

Wer nun glaubt, es hätte sich innerhalb eines Jahres bei den Massenmedien wenigstens eine kleine Veränderung ergeben, der musste sich anlässlich des Jahrestages leider eines Besseren belehren lassen. In sämtlichen Nachrichtensendungen wurde erneut das alte Lied von den bösen schuldigen Russen gesungen.

Kein Wort darüber, warum nicht endlich die Flugdatenschreiber- und Voicerekorderdaten veröffentlicht werden.

Alles in allem ist MH17 das „Corpus Delicti“ – der eindeutigste Beweis, dass wir eine Medienlandschaft haben, die mit Wahrheit und neutraler Recherche zumindest bei einer Reihe von Schlüsselthemen nichts mehr am Hut hat. Die Ungereimtheiten schreien jeden normal denkenden Menschen förmlich an, nur die Medien wollen sie nicht wahrnehmen. Dafür werden eindeutige Propaganda und Hetze verbreitet, und man schreckt auch nicht davor zurück, unschuldige Opfer gnadenlos dafür zu instrumentalisieren. Es werden unglaubwürdigste „Quellen“ als „Beweise“ herangezogen und mit hanebüchensten Argumenten das Vorgehen verteidigt. Wie man aber an der Reaktion der Leser und Zuschauer und den Verkaufs- und Zuschauerzahlen beobachten kann, ist der Fall MH17 das endgültige Waterloo für die Glaubwürdigkeit vieler Massenmedien geworden. Es wirkt einfach nur noch lächerlich, wie man stur an der vorgegebenen Linie festhält.

Pressefreiheit und Demokratie

Wenn die Presse nicht mehr frei ist, stirbt die Demokratie. Um seine Wahlentscheidung treffen zu können, muss der Wähler sich zuvor über alle Alternativen und Ansichten umfassend in der Presse bzw. den Massenmedien informieren können. Dann werden ihn diejenigen Argumente, die ihn am meisten überzeugen, zu einer Wahlentscheidung bewegen. Dazu muss es zum einen eine breite Vielfalt politischer Parteien geben, die einen maximalen Ausschnitt möglicher Alternativen anbieten, und zum anderen Medien, die alle derartigen Alternativen auch vollständig vermitteln. Soweit die Theorie. Beides ist in Deutschland nur noch sehr eingeschränkt zu erkennen. Das Wort „populistisch" hat eine negative Bedeutung erhalten (natürlich ein sehr gezielter Spin); immer öfter sagen Politiker ganz frech und offen, dass man das Volk bei bestimmten Fragen außen vor lassen müsse, weil es die Zusammenhänge nicht verstünde. Altkanzler Helmut Kohl sagte das beispielsweise bezüglich der Einführung des Euros. Angesichts der aktuellen Probleme und der vielen Milliarden Euro, die der Steuerzahler schon dafür schultern musste, würde ich sagen, dass wohl das Volk damals deutlich schlauer war als die Politiker. Noch klarer wird das werden, wenn der Euro in naher Zukunft komplett kollabieren wird.

Seit Jahren wird immer wieder gewitzelt, dass eigentlich die DDR die Bundesrepublik Deutschland 1990 übernommen habe und nicht umgekehrt. Das Lachen darüber bleibt einem spätestens seit 2014 im Halse stecken. Der Wille der Menschen im Land wird immer weniger überhaupt wahrgenommen, und erst recht wird keine Veränderung herbeigeführt. Sei es der Euro, die Asylpolitik, die Auslandseinsätze der Bundeswehr, die Rettung von Banken und korrupten Pleitestaaten, Freihandelsabkommen und vieles andere mehr – es gibt nur noch „alternativlose" Lösungen, welche die Bürger gefälligst zu schlucken haben. Wahlen verändern daran leider nur wenig. Bekanntlich lautet eine sehr zutreffende Aussage von Kurt Tucholsky: *„Wenn Wahlen etwas ändern würden, wären sie verboten."* Für die USA charakterisierte US-Schriftsteller Gore Vidal einmal durchaus passend die politische Situation wie folgt: *„Wir haben ein Einparteiensystem mit zwei rechten Flügeln."* Für Deutschland kann man diesen Satz seit den letzten Jahren entsprechend umwandeln:

Wir haben ein Einparteiensystem mit vielen linken Flügeln!

Auch wenn die Parteien nun laut aufschreien dürften, in vielen Themenbereichen gibt es eine beängstigende Einigkeit. Wenn man die politische Einordnung dieser neuen „Blockparteien" auf der Basis der Bundesrepublik Deutschland von sagen, wir einmal 1965, vornehmen würde, dann wären heute sämtliche Parteien – inklusive der CSU – links von der Mitte bis ultralinks. Dieses Parteienspektrum ist gar nicht mehr so weit weg von der Ausrichtung der ehemaligen SED, natürlich ohne die Banken und Großkonzerne in irgendeiner Art und Weise zu beschränken. Von daher passen die alten Links/Rechts-Ausrichtungen auch nicht mehr wirklich zur aktuellen Situation. Jede unserer heutigen Parteien wird eine derartige Aussage natürlich ganz weit von sich weisen, man muss aber nur einmal auf die Ergebnisse der Abstimmungen im Deutschen Bundestag sehen, und dann wird man sehr schnell feststellen, dass diese Behauptung gar nicht abwegig ist.

Schauen Sie sich bitte einmal diese Zahlen an, es sind die prozentualen Ja-Stimmen in einer Reihe von Abstimmungen eines deutschen Parlaments innerhalb eines halben Jahres:[139]

Ja-Stimmen

- ***74,3%***
- ***81,5%***
- ***54%***
- ***69,2%***
- ***81,1%***
- ***100%***
- ***52,2%***
- ***88%***
- ***88%***
- ***81,1%***
- ***81,6%***

Wenn Sie nun glauben, Sie sehen hier die Auflistung der DDR-Volkskammer, dann muss ich Sie leider enttäuschen, es sind die Abstimmungsergebnisse des Deutschen Bundestags vom 29. Juni 2012 bis zum 31. Januar 2013. Die Abstimmungen zu den wirklich wichtigen Themen wie Milliardenhilfen oder Bundeswehreinsätzen weisen hierbei die höchsten Zustimmungsquoten auf; bei weniger wichtigen Themen gibt es dann auch mal so etwas wie eine Opposition. Nun gab es natürlich noch deutlich mehr Abstimmungen in diesem Zeitraum, die auch anders ausgefallen sind. Es ist aber schon auffallend, dass bei den namentlichen und damit wichtigen Abstimmungen ein sehr hoher Ja-Stimmenanteil zu verzeichnen ist. Es ging u.a. um neue und bestehende Auslandseinsätze der Bundeswehr, um Milliardenhilfen für klamme EU-Staaten und die eigene Budget-Entmachtung durch den ESM. Besonders brisant an der Sache ist es, dass gerade bei diesen Themen meist die deutsche Bevölkerung mehrheitlich mit „Nein" stimmen würde.

Ich bin sicherlich kein Fan von „Der Linken", aber den Abstimmungsergebnissen nach ist sie die einzige Partei, die sich überhaupt noch ansatzweise als „Opposition" bezeichnen kann. Die anderen Parteien werden ja immer häufiger in kritischen Kommentaren „Blockparteien" genannt, und wenn man sich die Abstimmungsergebnisse ansieht, ist die Bezeichnung auch nicht so falsch.
Dabei ist es ein Treppenwitz der Geschichte, dass ausgerechnet die Nachfolgepartei der SED nun die Fahne der Demokratie noch ein wenig hochhält. Natürlich gibt es in allen Fraktionen einige wenige aufrechte Abgeordnete, die sich nicht dem Block-, Entschuldigung: Fraktionszwang unterwerfen. Diese werden von den anderen Bundestagsabgeordneten nun immer öfter „Dissidenten" genannt. Beachten Sie bitte, dass diese Daten aus einer Zeit stammen, als es keine große Koalition gab, sondern eine CDU-/FDP-Koalition!

Ich verlasse nun wieder die Politik und wende mich den Massenmedien zu. Diese bezeichnen sich ja so gerne als „die vierte Macht" im Staat, da sie der Politik normalerweise auf die Finger schauen und Fehlentwicklungen gnadenlos aufdecken würden.

Die Massenmedien bilden hier aber nicht etwa ein Gegengewicht, nein, sie befeuern die Politik mit größtenteils totaler Zustimmung und Unterstützung. Man kann grundsätzlich ausschließen, dass es immer nur genau eine einzige gute und „alternativlose“ Lösung für verschiedene Probleme gibt, es existieren immer Alternativen. Die Politik behauptet aber in großem Einvernehmen mit unseren Massenmedien, dass es diese nicht gäbe und jeder, der danach fragt, wird öffentlich ausgestoßen.

Die Massenmedien haben als „Vierte Gewalt“ seit Jahren nachweisbar vollständig versagt. Anstatt der Politik auf die Finger zu schlagen, haben sie sich vollständig angebiedert, und nur bei einigen wenigen unkritischen Themenbereichen tun sie dann noch so, als würden sie Dinge kritisch hinterfragen.

Der mündige Bürger ist von gewissen Kreisen auch nicht mehr erwünscht, aber es gibt ihn noch und momentan holt er sich seine Informationen aus Büchern und dem Internet. Es steht zu befürchten, dass man auch hier versuchen wird, dem einen Riegel vorzuschieben. Entsprechende Ansätze werden immer wieder gefahren, natürlich sind „Raubkopien“, „Jugendschutz“, „Bombenbauanleitungen“, „Pornografie“ oder auch „fehlende Toleranz“ bzw. aktuell „Hetze“ die offiziellen „guten Gründe“. Leider werden Begriffe wie „Terrorismus“ dann sehr schnell auf ganz andere Bereiche ausgeweitet, wie wir das in verschiedenen westlichen Ländern nun hochaktuell erleben können. Die Meinungsfreiheit wird gerade großflächig besonders in westlichen Ländern unter Beschuss genommen. Das ist eine sehr gefährliche Entwicklung, und wenn sie nicht gestoppt wird, könnte das deutlich weiter gehen, als jemals zuvor in der Geschichte. Die aktuellen technischen Möglichkeiten zur Überwachung jedes einzelnen Menschen gab es in der bekannten Geschichte bisher noch nie. Immer mehr Worte und Begriffe werden verbannt, wir bewegen uns in gerader Linie auf ein „Neusprech“ eines George Orwell zu. Die Massenmedien arbeiten hier an vorderster Front mit.

Ich will gar nicht ausführlich auf die Auswüchse der Political Correctness eingehen, die wegen vermeintlicher Diskriminierung oder Störung anderer Menschen immer unmöglichere Verbote von Worten oder neue Wortkreationen erzeugt. Wenn es in Schweden, das in solchen Dingen immer schon etwas weiter ist, keinen Vater und keine Mutter mehr gibt, sondern nur noch „Elter 1“ und „Elter 2“, dann hätte man das früher für einen schlechten Witz gehalten, heute ist es bitterer Ernst. Auch Weihnachtsmärkte werden schon zu „Lichtermärkten“ umdeklariert und vieles mehr.

Gerade jetzt (im August 2015) wird in den Massenmedien und der Politik extrem gegen „Hetze" vorgegangen. Das ist auch wieder so ein Begriff, der sehr schnell viel weiter ausgelegt werden kann und voraussichtlich auch wird, als es sich die meisten Menschen momentan vorstellen können. Extrem bedenklich werden nun die immer häufigeren Aufforderungen zur Denunziation von Menschen, die angeblich „hetzen" würden. Es ist mehr als bedenklich, wenn bekannte amtierende Politiker in einer Nachrichtensendung öffentlich dazu aufrufen, dass Bürger ihre Mitbürger und Nachbarn anzeigen sollen, wenn diese sich „volksverhetzend äußern".[140] Weder die Politiker noch die Massenmedien merken, welcher völlig indiskutabler Mittel aus einer überwunden geglaubten Vergangenheit sie sich hier bedienen.

Zunächst wurde hierbei auch Facebook im August 2015 stark in den Vordergrund gestellt, wo vielfach Hetze gegen Flüchtlinge verbreitet würde. Ich möchte das hier auch gar nicht anzweifeln, wobei allerdings völlig unklar ist, wie groß dieses Problem insgesamt wirklich ist. Zunächst einmal gibt es dort sicherlich Kommentare, genau wie auch an anderer Stelle im Internet, die völlig unhaltbar sind. Es ist allerdings völlig unklar, welche und wie viele von Geheimdiensttrollen stammen, die als Agent Provocateur auftreten, um ein Problem zu schaffen, auf das man dann reagieren „muss". Die Existenz dieser Trolle dürfte, wie bereits geschrieben, spätestens nach den Enthüllungen von Edward Snowden als nachgewiesen gelten. Dann lesen wir auf Facebook &. Co. natürlich auch viele Hassbotschaften anderer Herkunft, beispielsweise von der Antifa gegen Deutsche, von Salafisten gegen Deutsche, von Salafisten gegen Kurden oder auch umgekehrt, die weder unsere Massenmedien noch den Justizminister irgendwie zu stören scheinen.

Auch von Politikern der Linken oder auch von Massenmedien wie der *Zeit* wird in Äußerungen auf Facebook, beispielsweise in einem Artikel mit dem Titel „Melden, anzeigen, anprangern", ganz offen zur Denunziation aufgerufen.[141]

Dieser Spin tauchte Ende August 2015 ganz stark auf. Natürlich beginnt so ein Schritt in ein totalitäres Gesinnungssystem immer mit Aussagen, gegen die der Großteil der Menschen eine natürliche Abscheu hat. Allerdings ufert so etwas dann sehr schnell aus, sodass die besonders „Anständigen" im Lande den

Begriff der „Hetze" sehr schnell viel weiter auslegen. Dieser Begriff ist genau wie „Terrorismus" sehr weit dehnbar. In immer mehr westlichen Staaten ist bereits eine ausgeprägt kritische Meinung gegenüber der jeweiligen Regierung „Terrorismus". Wir haben ja bereits gelernt, dass eine neutrale Diskussion zu dem Flüchtlingsproblem nicht mehr möglich und gewünscht ist. Jeder, der nicht der offiziellen Linie folgt, läuft unmittelbar Gefahr, als „Rassist" gebrandmarkt zu werden. Das können übereifrige Nachbarn schnell als Einladung verstehen, jede kritische Äußerung gleich als „Hetze" auszulegen.

Ich möchte an dieser Stelle einfach einmal August Heinrich Hoffmann von Fallersleben zitieren, dessen Aussage sich in Diktaturen der Vergangenheit immer wieder als sehr zutreffend gezeigt hat:

„Der größte Lump im ganzen Land,
das ist und bleibt der Denunziant."

Immer glauben die Denunzianten und Mitläufer, etwas „Gutes" zu tun. Wenn Sie ein Problem mit der Aussage eines Nachbarn haben, dann sagen Sie ihm klar und deutlich ins Gesicht, dass Sie es missbilligen. Mit dem Anzeigen von Meinungen begeben Sie sich aber auf ein ganz dünnes Eis.
Der Denunzierte bekommt dann auf jeden Fall Ärger, auch wenn Polizei und Justiz aktuell nicht die Kapazitäten haben, diese Fälle in großer Zahl zu bearbeiten. Trotzdem ist bereits wieder ein Klima der Angst vor offener Meinungsäußerung in Deutschland entstanden, denn viele Menschen, die tägliche Erlebnisse mit Migranten haben, die definitiv nicht nur positiv sind, trauen sich nicht mehr, darüber etwas zu sagen. Polizisten, Mitarbeiter auf Ämtern, Mitarbeiter in Flüchtlingsheimen, Personal bei der Bahn, Angestellte im Einzelhandel und viele mehr haben unmittelbar Angst, ihren Job zu verlieren, wenn sie die Missstände ansprechen. Es passiert bestenfalls anonym. Dort erfährt man dann auch, dass Vorgesetzte bzw. Unternehmen teilweise entsprechende Anweisungen erteilt haben.

Die Medienkampagne Ende August 2015 zeigt, dass Politik und Massenmedien nun einen Gang höher schalten möchten.

Es werden immer wieder bestimmte Schlüsselorte in Politik und den Medien aufgebaut, um dort den Spin voranzutreiben. Im August 2015 gab es beispielsweise in Heidenau Demonstrationen gegen das dortige Flüchtlingsaufnahmelager, die in mehreren Nächten in schwere Krawalle mündeten. Während die erste Demonstration noch von der NPD organisiert wurde, war das in den darauffolgenden Nächten nicht mehr so. Dort gab es dann aber die schwersten Krawalle. Zunächst einmal muss man bei Aktionen der NPD immer davon ausgehen, dass letztendlich der Verfassungsschutz der eigentliche Urheber sein kann. Ein Verbot dieser Partei wurde ja höchstrichterlich vom Bundesverfassungsgericht mit der Begründung verworfen, dass zu viele V-Leute in der Führungsspitze dieser Partei versammelt wären. Natürlich fuhren zunächst der Vizekanzler und später auch die Kanzlerin dorthin, um ihre „Betroffenheit" zu zeigen. In den Massenmedien hörten und lasen wir u.a. Folgendes:

„Am Mittag will Kanzlerin Angela Merkel *die Flüchtlingsunterkunft im sächsischen Heidenau besuchen,* ***wo Rechtsextremisten und Rassisten in den vergangenen Tagen Asylbewerber bedroht und Polizisten angegriffen hatten.***"[142]

Oder auch im bayrischen Rundfunk:

„Um zu verhindern, dass die Rechtsextremen auf die Asylbewerber und eine Gruppe Gegendemonstranten losgehen, stellt sich den Rechtsextremen ein großes Polizeiaufgebot in den Weg. Dann eskaliert die Situation. Die Polizei berichtet später von etwa 100 Randalierern, die eine offensichtlich organisierte massive Attacke gegen Polizisten geführt hätten. Der Bundesinnenminister kündigt die gesamte Härte des Rechtsstaats an."

In den nächsten Nächten waren aber die NPD-Demonstranten gar nicht mehr anwesend. Wir verdanken es dem lokalen Bürgermeister Opitz, der in einem Interview klar sagte, wer dort Krawall machte, dass die Wahrheit ans Licht kam.[143]

„… dass sich die Gewalt schon in der Nacht 2 und 3 weder gegen die Asylbewerber noch gegen die Einrichtung gerichtet hat, sondern ausschließlich gegen die Polizei."

„Und gerade in der vergangenen Nacht war es so, dass sich die Autonomen nur mit der Polizei beschäftigt haben und versucht haben, noch einige Rechte *aufzutreiben, mit denen sie sich gewalttätig auseinandersetzten, und die Polizei ist dann dazwischengegangen."*

Das haben die meisten Massenmedien leider „vergessen" zu berichten. Es wurden offensichtlich linke Berufsdemonstranten der Antifa aus dem ganzen Bundesgebiet dorthin gekarrt, um wieder einmal richtig Randale zu machen, damit man Heidenau zu dem gewünschten Brennpunkt machen konnte.

Bereits in der Vergangenheit gab es eine Vielzahl von glaubwürdigen Berichten aus erster Hand in den alternativen Medien, dass in Ämtern, Universitäten und sogar Schulen dazu aufgerufen wurde, sich an den Gegendemonstrationen zu PEGIDA und ähnlichen Bewegungen zu beteiligen. In nicht wenigen Fällen wurden auch negative Konsequenzen angedroht, wenn jemand sich dieser Aufforderung widersetzen sollte.

Im Fall der Antifa gibt es auch immer mehr Hinweise, dass diese Krawallmacher nicht nur geduldet, sondern tatsächlich gezielt von staatlicher Stelle bezahlt und an bestimmte Brennpunkte gebracht wurden. Natürlich ist das in unseren Massenmedien eine „Verschwörungstheorie" – aber leider kann es zweifelsfrei nachgewiesen werden.

Der Abgeordnete Tischner (CDU) startete eine Kleine Anfrage im Thüringer Landtag zu dem Thema „Zuschüsse für Fahrten zu Gegendemonstrationen bei rechten Aufmärschen". Er stellte drei Fragen, und das Thüringer Ministerium für Bildung, Jugend und Sport antwortete am 24. Juni 2015:

1. Entspricht es den Tatsachen, dass aus Mitteln des Thüringer Landesprogramms für Demokratie, Toleranz und Weltoffenheit öffentliche Zuschüsse für Fahrten zu Gegendemonstrationen bei rechten Aufmärschen gezahlt werden?

Antwort: Ja

2. Wenn die Frage 1 seitens der Landesregierung mit Ja beantwortet wurde, wie viele und welche Fahrten wurden seit Entstehung des Landesprogramms gefördert?

Antwort: Seit dem Jahr 2011 wurden in 46 Fällen die Organisation und die Fahrt zu einer Gegendemonstration gefördert. Eine entsprechende Aufstellung ist in der Anlage beigefügt.

3. Wie bewertet die Landesregierung die Förderung von Fahrten zu Gegendemonstrationen bei rechten Aufmärschen aus öffentlichen Mitteln?

Antwort: Die Förderung von Fahrten zu Gegendemonstrationen bei rechten Aufmärschen stellt einen Beitrag zur Erreichung der interventionsorientierten Ziele und Strategien laut Kapitel 3.2 des Thüringer Landesprogramms für Demokratie, Toleranz und Weltoffenheit dar. Neben Demonstrationen selbst wird dadurch die Vernetzung und Zusammenarbeit der Bürgerbündnisse, Netzwerke und Initiativgruppen in Thüringen gefördert.[144]

Die unterzeichnende Ministerin Dr. Klaubert fand also absolut nichts dabei, Demonstranten mit Steuergeldern zur politischen Agitation zu unterstützen. Das ist leider absolut kein Einzelfall, und wie friedlich diese Demonstranten dann sind oder auch nicht, dürfte kaum zu steuern sein.

Man konnte bereits bei Besuchen wie dem von Angela Merkel in der „No-Go-Area" Duisburg-Marxloh sehen, dass reine Showveranstaltungen mit sorgsam ausgewählten Jubelgarden dargeboten wurden. Die Demonstranten hielt man auf Abstand. Merkel hat diese Dinge in ihrer Vergangenheit bei der Jugendorganisation FDJ in der DDR ja auch bestens gelernt. Selbst in der *Welt* konnten wir lesen, dass sie dort die Position der Sekretärin für Agitation und Propaganda der FDJ innegehabt haben soll.[145]

Ich gestehe jedem Menschen zu, dass er Fehler in der Vergangenheit macht, diese einsieht und sich verändert. Deshalb werfe ich Frau Merkel diese ehemalige Position auch nicht vor, selbst wenn völlig klar ist, dass man damals in der DDR eine derartige Führungsposition nur bekam, wenn man zu 110 Prozent auf Linie war. Ich habe aber ein Problem damit, wenn alte Methoden aus dieser Zeit in der heutigen Bundesrepublik Deutschland fröhliche Urständ feiern.

Lachen Sie immer noch über die Behauptung, dass wir nun die DDR 2.0 haben und nicht mehr die alte Bundesrepublik?

Sie sehen aber auch sehr gut, dass es kein parteienspezifisches Thema mehr ist. Bei Thema X finden wir einen CDU-Abgeordneten, der einmal die richtigen Fragen stellt, bei Thema Y ist es einer der Linken. Das wird auch immer nur solange geduldet, wie es die allgemeine Entwicklung nicht aufhält. Man war bei der Abstimmung zur erneuten Griechenlandhilfe im August 2015 im Deutschen Bundestag sehr nachsichtig mit „Abweichlern". Es lag aber auch nur daran, dass die große Regierungskoalition sowieso eine sehr komfortable Mehrheit hatte, sodass die Abweichler nicht weiter ins Gewicht fielen. Bei einer knappen Mehrheit wäre es mit der Entspanntheit schnell vorbei, wie wir ein paar Jahre zuvor noch erleben konnten. Mit einer Demokratie im ursprünglichen Sinne hat das alles nur noch sehr wenig zu tun.

Letztendlich ist das aber kein deutsches Problem, sondern findet sich in fast ganz Europa und auch in anderen westlichen Ländern genauso wieder. Nun gibt es Hinweise darauf, dass sogar auf globaler Ebene bestimmte Vorgehensweisen „alternativlos" festgeschrieben werden sollen. Das wird natürlich je nach Land dann besser oder schlechter funktionieren, aber der Westen dürfte hier „vorbildlich" nach vorne preschen. Bisher (Stand Anfang September 2015) hat man in den Massenmedien nur relativ wenig über eine neue Agenda der UNO gehört und gelesen, die unser Leben massiv verändern könnte.

Bei der UN-Vollversammlung vom 25. September 2015 bis 27. September 2015 soll diese Agenda verabschiedet werden (bei Redaktionsschluss lag das Ereignis noch in der Zukunft, es dürfte nun bereits geschehen sein). Es geht dabei um:

THE 2030 AGENDA FOR SUSTAINABLE DEVELOPMENT

(Die UN-Agenda 2030 für nachhaltige Entwicklung)

Der komplette Maßnahmenkatalog kann im Internet heruntergeladen werden, und ich habe dies getan und ihn mir komplett durchgelesen.[146]

Diese Agenda soll die „Welt verändern", deshalb sollten wir einmal einen genaueren Blick darauf werfen, denn ihre Durchführung soll ab dem 1. Januar 2016 beginnen und bis 2030 die gewünschten Ziele erreichen. Die Agenda umfasst einen Katalog von insgesamt 17 sogenannten „Nachhaltigen Entwicklungszielen“ (SDG). Die Festlegung dieser Ziele dauerte fast zweieinhalb Jahre, und an den Verhandlungen waren neben den Staaten auch zahlreiche Vertreterinnen und Vertreter von Nichtregierungsorganisationen, der Wissenschaft sowie Unternehmen beteiligt.

Hier wird es schon einmal unmittelbar verdächtig, denn „normale Menschen“ aus der ganzen Welt waren daran nicht beteiligt. Regierungen, NGOs, Wissenschaftler und Unternehmen sind genau diejenigen Gruppen, die uns einen Großteil der Probleme ursächlich eingebrockt haben, welche nun angeblich beseitigt werden sollen. Alle diese beteiligten Gruppierungen stehen zudem unter eingehender Kontrolle der Hintergrundeliten.

Aber schauen wir uns doch einmal die 17 Ziele an, die dann noch jeweils eine Reihe von Unterzielen beinhalten, insgesamt 169:

1. Die Armut überall und in jeder Form beenden.
2. Den Hunger beenden, sichere Nahrungsversorgung erreichen und eine verbesserte Nährstoffversorgung bei der Verbreitung nachhaltiger Landwirtschaft.
3. Gesundes Leben sicherstellen und das Wohlbefinden aller in allen Altersklassen fördern.
4. Umfassende und gleichwertige Erziehung sicherstellen und die Möglichkeiten für lebenslanges Lernen für alle fördern.
5. Die Gleichstellung der Geschlechter (gender equality) erreichen und alle Frauen und Mädchen dazu ermächtigen.
6. Sicherstellung der Verfügbarkeit und des nachhaltigen Managements von Wasser und Abwasser für alle.
7. Sicherstellung des Zugriffs auf bezahlbare, verlässliche, nachhaltige und moderne Energie für alle.
8. Förderung von anhaltendem, integrativem und nachhaltigem ökonomischen Wachstum, vollständiger und produktiver Beschäftigung und annehmbarer Arbeit für alle.
9. Aufbau einer belastbaren Infrastruktur, Förderung integrativer und nachhaltiger Industrialisierung und Unterstützung von Innovation.

10. Reduktion der Ungleichheit innerhalb und zwischen Ländern.
11. Macht Städte und menschliche Ansiedlungen intergrativ, sicher, widerstandsfähig und nachhaltig!
12. Sicherstellung nachhaltigen Konsums und entsprechender Produktionsmethoden
13. Ergreifen dringender Maßnahmen, um den Klimawandel und seine Folgen zu bekämpfen.
14. Beschütze und nutze nachhaltig die Ozeane, Meere und maritime Ressourcen für eine nachhaltige Entwicklung!
15. Schütze, fördere und stelle die nachhaltige Nutzung von Ökosystemen auf der Welt wieder her, verwalte nachhaltig Wälder, bekämpfe Wüstenbildung, stoppe und kehre die Degeneration des Lands um und stoppe den Verlust der Biodiversität!
16. Fördere friedfertige und integrative Gesellschaften für nachhaltige Entwicklung, ermögliche den Zugriff auf die Justiz/das Recht für alle und erschaffe effektive, verantwortliche und integrative Institutionen auf allen Ebenen!
17. Verstärke die Mittel zur Einrichtung und revitalisiere die globalen Partnerschaften für nachhaltige Entwicklung.

Alles in allem klingt das doch zunächst einmal gar nicht so verkehrt, oder? Ich bin mir sicher, dass eine Reihe von beteiligten Personen auch gar nichts Übles im Schilde führt und es ehrlich meint. Dem gut Informierten fallen aber ein paar Dinge direkt ins Auge. Bei mir erzeugt das Ziel Nummer 13 sofort Unbehagen, denn es wird durch die Formulierung eindeutig als vorrangigstes Ziel ausgewiesen („dringende" Maßnahmen). Es geht hierbei um den angeblich menschengemachten Klimawandel, der nun bekämpft werden soll. Bisher kam man damit trotz großer Kampagnen ja nicht so recht weiter. Hier packt man ihn nun erneut hinein – aber er ist eine reine Erfindung der globalen Eliten. Klimawandel gibt es durchaus, aber menschengemacht ist er genauso wenig wie noch weit extremere Klimaveränderungen auf fast allen Planeten des Sonnensystems und auf vielen Monden. Die Daten der NASA-Sonden haben diese starken Veränderungen in den letzten dreißig Jahren unzweifelhaft belegt. Deshalb kann man wohl mit allerhöchster Wahrscheinlichkeit annehmen, dass die Ursache auch bei dem Klimawandel auf der Erde aus dem Weltall kommt und „Sonne" heißt.

Nun erzeugt jeder Mensch allein durch sein Atmen CO2, und fast jede Aktion, die er durchführt, auch. Bisher kam man mit Maßnahmen wie einer angedachten CO2-Steuer auch noch nicht so richtig weiter. Es wird nun erneut versucht, mit dieser Agenda das Thema voranzubringen. Beachten Sie bitte auch, welche Nummer ausgerechnet dieses Thema hat: 13. Eine Zahl, die bestimmten Eliten sehr am Herzen liegt. Bereits zuvor wird darauf hingewiesen, dass der Klimawandel angeblich die größte Bedrohung der Menschheit wäre.

„Climate change is one of the greatest challenges of our time and its adverse impacts undermine the ability of all countries to achieve sustainable development. Increases in global temperature, sea level rise, ocean acidification and other climate change impacts are seriously affecting coastal areas and low-lying coastal countries, including many least developed countries and small island developing States. The survival of many societies, and of the biological support systems of the planet, is at risk."

„Der Klimawandel ist eine der größten Herausforderungen unserer Zeit, und dessen nachteilige Auswirkungen unterminieren die Fähigkeit aller Länder, eine nachhaltige Entwicklung zu erreichen. Der Anstieg bei der globalen Temperatur, des Meeresspiegels, Übersäuerung der Ozeane und andere Klimawandelfolgen bedrohen ernsthaft die Küstenregionen und tief liegenden Küstenländer, einschließlich vieler minder entwickelter Länder und kleiner Inselstaaten. Das Überleben vieler Gesellschaften und des Ökosystems des Planeten ist in Gefahr."

Allein dass dieses Thema derartig prominent platziert wird, zeigt, dass hier andere Ziele im Hintergrund liegen. Die meisten der o.g. Ziele kann man ja durchaus gutheißen, allerdings kommt das Wort „nachhaltig" und „Nachhaltigkeit" nun schon sehr oft – zu oft – vor.

„Nachhaltigkeit ist ein Handlungsprinzip zur Ressourcen-Nutzung, bei dem die Bewahrung der wesentlichen Eigenschaften, der Stabilität und der natürlichen Regenerationsfähigkeit des jeweiligen Systems im Vordergrund steht." (Wikipedia.org)

Der Begriff der Nachhaltigkeit kam in früheren Zeiten zuerst bei der Forstwirtschaft auf. Man rodet nur so viele Bäume und pflanzt diese wieder nach, dass der

Wald erhalten bleibt. Hier wird das nun auf alle Wirtschaftszweige ausgedehnt. In Verbindung mit dem Kampf gegen den Klimawandel sehen wir die üblen Auswüchse ja teilweise jetzt mit dem großflächigen Anbau von Pflanzen für Biosprit oder Unmengen von neuen Staudammprojekten weltweit. Die Folgen davon sind erheblich, wie der Film Climate Crimes sehr schön aufzeigt.[147]

Das nächste Problem ist, dass Nachhaltigkeit mit dem aktuellen Finanzsystem und der Verteilung des Reichtums auf der Welt prinzipiell nicht realisierbar ist. Im Gegenteil, genau dieses System hat viele kleinere gesunde Wirtschaftskreisläufe in vielen Ländern zerstört und diese ausgeblutet. Die Globalisierung hat dann ihr Übriges getan. Nicht zuletzt werden neue Energieerzeugungsarten zurückgehalten, die in jeder Hinsicht nachhaltig wären, den Menschen aber Freiheit geben würden. Der größte Teil des Raubbaus an der Natur wird heute durch Großkonzerne betrieben, die aber bei dem Entwurf der Agenda mit am Tisch saßen. Von dort werden wir nicht erwarten können, dass diese sich ändern.

Es ist ja sehr schön, dass man die Armut in der Welt beseitigen möchte, aber momentan führt die Entwicklung besonders in den westlichen Ländern dazu, dass die Armut im Gegenteil immer mehr ansteigt. Der Mittelstand wird aufgelöst. Wie auch in Ziel Nummer 10 formuliert wurde, sollen die Ungleichheiten zwischen den Ländern verringert werden. Es läuft allerdings eher in die Richtung, dass die Menschen in den reichen Ländern ärmer gemacht werden und nicht diejenigen in den armen Ländern unterstützt werden sollen. Wenn man nicht die superreichen Eliten entmachten und deren Vermögen gerecht verteilen und einsetzen will – und dafür gibt es nicht den geringsten Hinweis –, kann man diese Ziele eigentlich nur durch eine massive Verminderung der Weltbevölkerung erreichen.

Der verbleibende Rest dürfte dann tatsächlich seine Grundbedürfnisse befriedigen können und einen minimalen Wohlstand erhalten. Dieser dürfte gerade so groß sein, dass diese Menschen nicht aufbegehren.

Wenn Sie das ziemlich lange Dokument der Agenda lesen, dann stellen Sie fest, dass das Wort freedom = Freiheit nur dreimal vorkommt. Am Anfang heißt es:

„It also seeks to strengthen universal peace in larger freedom."
„Sie [die Agenda] versucht auch, den universellen Frieden bei größerer Freiheit zu verstärken."

Das ist nur eine allgemeine Floskel. Später dann:

„We emphasize the responsibilities of all States, in conformity with the Charter of the United Nations, to respect, protect and promote human rights and fundamental freedoms for all, without distinction of any kind as to race, colour, sex, language, religion, political or other opinion, national or social origin, property, birth, disability or other status."

„Wir betonen die Verantwortlichkeit von allen Staaten, entsprechend der Charta der Vereinten Nationen, die Menschenrechte und die fundamentalen Freiheiten für alle zu respektieren, zu schützen und zu fördern, ohne jegliche Unterscheidung von Rasse, Hautfarbe, Geschlecht, Sprache, Religion, politischer oder anderer Meinung, nationaler oder sozialer Herkunft, Besitz, Geburt, Behinderung oder einem anderen Status."

Hier wird die Freiheit nur als Ausdruck für die Gleichheit benutzt, es geht nicht um die Freiheit als solche. Und noch hier:

„Ensure public access to information and protect fundamental freedoms, in accordance with national legislation and international agreements."
„Sicherstellung von öffentlichem Zugriff auf Informationen und Schutz fundamentaler Freiheiten in Übereinstimmung mit nationaler Gesetzgebung und internationalen Vereinbarungen."

Hier sind auch wieder die „fundamentalen Freiheiten" zu finden, wobei gleich betont wird, dass nationale Gesetze oder auch internationale Verträge diese begrenzen können. Das war es auch schon – das Wort „Freiheit" kommt kein weiteres Mal vor. In der Formulierung der 17 Ziele fehlt es völlig. Wenn Sie das Dokument lesen, werden Sie feststellen, dass für die ganzen Ziele sehr genaue Pläne und Meilensteine definiert wurden, jeder Aspekt wird ausführlich beleuchtet.

Die Freiheit der Menschen kommt aber faktisch in dieser Agenda nicht vor!

In dem Dokument mit 14.830 Wörtern erscheint der Begriff „Freiheit“ nur dreimal, die Begriffe „Nachhaltigkeit“ oder „nachhaltig“ hingegen finden wir 181 Mal. Es kommt zwischen den „wohlklingenden“ Zeilen gut heraus, dass in dieser Agenda die Freiheit der Menschen keine Rolle mehr spielt. Alles wird der „Nachhaltigkeit“ untergeordnet. Es wird dafür Sorge getragen, dass alle Menschen eine bestimmte materielle Versorgung erhalten, ein wenig Bildung und andere Maßnahmen, damit sie keine unmittelbare Not leiden müssen.

Wenn wir einmal den Umweltgedanken ausklammern und die Ziele für die Menschen in dieser Agenda betrachten, wäre die alte DDR also schon ziemlich gut gewesen. Die Menschen wurden versorgt, sodass sie weder hungern noch frieren mussten, es gab einen bescheidenen Wohlstand, Zugang zu Bildung und ein brauchbares Gesundheitswesen. Solange man mit der Partei und deren Ansichten konform ging, hatte man durchaus auch „fundamentale Freiheiten“ und konnte sein Recht gegenüber anderen mit der Justiz durchsetzen.

Das entspricht aber ziemlich exakt dem, was Insider und auch Mitglieder der Hintergrundeliten über die geplante Neue Weltordnung aussagen: Es gibt dann bei einer massiv verkleinerten Weltbevölkerung die große Gruppe der untersten Schicht, die versorgt wird und ansonsten zu dienen hat. Dafür hat man eine universelle Überwachung. Dann gibt es die sehr kleine Elitenschicht, die herrscht, und eine etwas bessergestellte kleine Zwischenschicht, welche die Überwachungs- und Verwaltungsarbeit für die Oberschicht übernimmt. Die untere Schicht wird in wenigen Megastädten hausen, ein Großteil der Natur wird wieder frei von Menschen sein und nur den Eliten zu deren Erbauung zur Verfügung stehen. Freiheit wird nur die oberste Schicht besitzen.

Genau diese Weltsicht ist der im September zu verabschiedenden Agenda auch zu entnehmen. Diese Agenda widerspricht nicht der Neuen Weltordnung, im Gegenteil. Die verbleibenden Menschen werden auch nicht mehr hungern müssen. Man wird ihnen eine Grundversorgung zubilligen, damit es keine Aufstände gibt. Unterhaltung wird man ihnen auch bieten, und solange sie mit dem System konform sind, werden sie keine Schwierigkeiten bekommen. Eine totale Überwachung wird aber sicherstellen, dass niemand auch nur falsche Gedanken bekommt. Die Bewegungsfreiheit wird dabei extrem eingeschränkt werden.

Sie halten das für zu pessimistisch? Nun, wie auch in früheren Zeiten profitieren die Mächtigen immer davon, dass sich die Menschen nicht vorstellen konnten, was noch passieren kann. Gegen Nachhaltigkeit kann doch auch niemand etwas haben, oder? Dann kommt aber ein Satz, der klare Auswirkungen auf das Leben von uns allen haben wird:

„28. We commit to making fundamental changes in the way that our societies produce and consume goods and services."

„Wir verpflichten uns, fundamentale Veränderungen in der Art und Weise, wie unsere Gesellschaften Güter und Dienstleistungen produzieren und konsumieren, durchzuführen."

Wenn man dieses wirklich machen wollte, müssten auch das Finanzsystem und die Struktur der Konzerne fundamental verändert werden. Da das aber ansonsten nirgendwo erwähnt wird, bleibt nur die andere Variante, dass den normalen Menschen viele Dinge nicht mehr zugestanden werden. Es ist die Androhung, dass wir nicht mehr selbst bestimmen dürfen, was wir kaufen oder auch selbst produzieren. Dass wir es hier nicht mit einer theoretischen Überlegung zu tun haben, beweisen die Aktionen verschiedener westlicher Länder, die teilweise bereits den eigenen Anbau von Gemüse im Garten verbieten. Alle Gesetze der EU gehen immer mehr in die Richtung, dass nur große Unternehmen bestimmte Dinge anbieten können. Ein gutes Beispiel dafür sind Naturheilmittel. Die Zulassungshürden wurden derartig nach oben geschraubt, dass nur noch große und finanzstarke Unternehmen die notwendigen Bedingungen erfüllen können. Die Freihandelsabkommen wie TTIP etc. sind ebenfalls ein Teil dieser Entwicklung. Wir sind bei der Umgestaltung in dieser Richtung bereits mittendrin, deshalb ist auch klar, wer hier die Lasten zu tragen hat. Die Großkonzerne werden es nicht sein. Dieser Satz ist die klare Ankündigung, dass wir unsere Freiheit in vielen Bereichen verlieren werden.

Später wird übrigens auch Migration in der Agenda befürwortet, denn diese würde Wachstum und nachhaltige Entwicklung positiv beeinflussen.

„29. We recognize the positive contribution of migrants for inclusive growth and sustainable development."

„Wir erkennen den positiven Beitrag der Migranten für integratives Wachstum und nachhaltige Entwicklung."

Auch hier erleben wird aktuell sehr spürbar in Europa, dass es keine theoretischen Überlegungen mehr sind, sie werden gerade mit Hochdruck in die Tat umgesetzt. Bisher waren die Agenden der UNO nicht wirklich bindend, sodass vieles auch nur ein Wunsch blieb. Die meisten Menschen dürften davon ausgehen, dass es auch hier wieder so ist, selbst wenn sie die Fallen in der neuen Agenda entdecken. Diesmal könnte es aber anders laufen, denn die Neue Weltordnung soll nun ausgerollt werden.

Diese Agenda wird/wurde Ende September 2015 verabschiedet, und wenn sie dann auch wirklich ernsthaft in die Umsetzung geht, werden Kontroll- und Steuerinstrumente aufgebaut, die global wirken. Das wird in dem Papier auch so angekündigt; vieles läuft unter dem Dach der Welthandelsorganisation WTO, anderes unter dem Dach der UNO. Das ist aber nichts anderes als der Einstieg in eine Weltregierung. Bis dann das Ganze wirklich konkrete Formen annimmt, muss noch einiges passieren, aber auf genau das können wir uns in den nächsten Monaten und Jahren zur Genüge einstellen.

Sie sehen, in Deutschland, in der EU und sogar bei der UNO ist die Freiheit der Menschen kein Thema mehr. Natürlich wird alles mit schönsten Worten ausgeschmückt und mit „besten Gründen" verziert, aber der Inhalt ist mehr als faul. Die Verursacher präsentieren uns (den normalen Menschen auf der ganzen Welt) ihre „Lösungen" unter vollständigem Ausschluss der Betroffenen.

Mit einer freien Presse wäre das aber kaum möglich, denn dann würden genau diese Unstimmigkeiten aufgedeckt werden. Die Massenmedien versuchen, sogar

Diskussion über immer mehr aufgestellte Dogmen vollständig zu unterdrücken. Nicht umsonst kam das Wort „alternativlos" in den letzten Jahren stark in Mode. Natürlich hätte es auch Alternativen dazu gegeben, Banken mit Hunderten von Milliarden Euro Steuergeldern zu retten, es kann auch ein friedliches Europa ohne den Euro geben, und dass die angebliche Klimakatastrophe nach der Ansicht praktisch aller Wissenschaftler menschengemacht sei, ist nicht nur durch die o.g. Daten der NASA-Sonden aus dem Sonnensystem zu widerlegen, sondern auch anhand von einer großen Anzahl entsprechender Stellungnahmen und Studien eben dieser Wissenschaftler, nur halt der kritischeren.

Politik und Massenmedien sind aber eine unheilvolle Allianz eingegangen, um uns unser zukünftiges Gefängnis schmackhaft zu machen. Die Freiheit der Presse und die Möglichkeit, unterschiedliche Meinungen zu erfahren und diese auch vertreten zu können, ist ein sehr exakter Gradmesser für den Zustand eines Staates. Wenn Meinungen geächtet und verboten werden, sind wir in einem diktatorischen Zwangssystem, denn ein wirklich freiheitlicher Rechtsstaat kann es sich leisten, unterschiedliche Meinungen zuzulassen.

Die Dinge kommen schleichend, momentan muss noch niemand um sein Leben fürchten, der eine andere Auffassung als die Regierung und die Presse hat. Seinen Job zu verlieren und bei größerer Bekanntheit in den Medien zur Unperson erklärt zu werden, ist heute aber bereits Standard.

Das Fazit

Wir sind nun beim letzten Kapitel dieses Buches angekommen. Wir haben gesehen, wie die Massenmedien die Wahrheit an die gewünschte Sichtweise anpassen, sie verdrehen oder auch komplett auf den Kopf stellen. Man kann ihnen das in sehr vielen Fällen nachweisen, was aber keinerlei Einsicht oder sogar Besserung bewirkt. Die in diesem Buch gezeigten Beispiele sind nur die ganz kleine Spitze eines riesengroßen Eisbergs. Jeden Tag kommen neue Beispiele dazu. Es gibt Internetseiten,[148] die sich darauf spezialisiert haben, diese Manipulationen an die Öffentlichkeit zu bringen, und auch ich mache das regelmäßig in meinem Newsletter.

Wir haben bemerkt, dass die scheinbare Vielfalt der Massenmedien, die wir zu haben glauben, auf eine extrem kleine Anzahl mächtiger Medienmogule zusammenschrumpft, wenn man etwas genauer hinsieht. Eine freie Presse gibt es zumindest in der westlichen Welt nicht mehr und schon gar nicht in Deutschland. Die Verstrickung einer Vielzahl führender Medienleute in Hinterzimmerorganisationen wie die Atlantikbrücke trägt ihr Übriges dazu bei, dass nur noch gewünschte Inhalte auf den Bildschirm, ins Mikrophon oder auf das Papier gelangen. Es werden klare Spins definiert und dann entsprechend ausgerollt. Man benutzt alle Verfahren der Massenpsychologie, um Kritiker und Andersdenkende mundtot zu machen.

Dabei wird heute aber in vielen Fällen nicht mehr so plump vorgegangen wie beispielsweise noch in der DDR. Trotzdem bemerken immer mehr Menschen diese Manipulation, auch weil die „erlaubten" Meinungen von Tag zu Tag mehr eingeschränkt werden. Nur bei bestimmten Themen, die offensichtlich von einer unbekannten Stelle „erlaubt" wurden, können die Massenmedien sich dann austoben, wie beispielsweise der NSA-Überwachung durch die USA. Es kommt hierbei immer auf den gewünschten Spin an: was ist gerade „gut" und was ist „böse"?

Im Endeffekt ist das heute nicht sehr schwer herauszufinden. Zu eindeutig zeigt sich das in Artikeln und TV-Sendungen. Da gibt es sakrosankte Themen, bei denen es genau eine akzeptierte Sichtweise gibt. Dann gibt es Themen, bei denen begrenzte Kritik auch einmal gesendet/geschrieben werden darf. Natürlich gibt es auch Bereiche, die völlig freigegeben wurden. Diese Regeln gelten sogar bis in Satire hinein, es kommt auf den Satiriker und auch die Sendung an, wie weit gegangen werden kann.

Ein besonders negatives Beispiel ist die Heute Show im ZDF, die letztendlich als lustige Ausgabe des Heute Journals angesehen werden kann. Dort kann man aber gut den jeweiligen Spin beobachten. Sich grundsätzlich über Politiker lustig zu machen, ist absolut erlaubt, genauso über Parteien. Der Euro gehört nicht zu den sakrosankten Themen, auch bei diesem Thema wird hin und wieder gelungene Satire präsentiert. Bei Russland und Putin hört es dort aber auf, dieser ist böse, und das wird auch in jedem Witz entsprechend transportiert. Genauso ist natürlich jeder, der auch nur einen kleinsten Einwand gegen die Asylpolitik hat, sofort ein „rechter Idiot". Alternative Bewegungen wie die Montagsmahnwachen werden gnadenlos – mit nachweislichen Manipulationen – als eine Bewegung rechter Vollidioten dargestellt.

Ich nenne solche Sendungen „Mainstream-Satire", die es natürlich nicht nur im ZDF, sondern auch gehäuft in der ARD gibt. Der Anchorman der Heute Show Oliver Welke hat im ZDF eine steile Karriere hingelegt; eine solche ist nicht möglich, wenn man sich nicht an die Regeln hält. Oliver Welke greift sich in der Sendung gefühlte einhundert Mal an seine Brille, es gab daraufhin natürlich Kommentare, dass dies kein Zufall sei. Das Thema wurde dann in einer Sendung auch entsprechend behandelt, ich möchte im Rahmen dieses Buches nicht auf die möglichen Hintergründe dafür eingehen. Ich würde allerdings dringend meinen Optiker aufsuchen, wenn ich so oft meine Brille zurechtrücken müsste wie Oliver Welke …

Ich habe nun viel über das ZDF gemeckert, an einer Stelle möchte ich es aber tatsächlich auch einmal loben. Die Ausnahme bestätigt die Regel. Man kann dort im Monatsrhythmus eine sehr empfehlenswerte Satiresendung sehen, die eine letzte Insel der Hoffnung darstellt: „Die Anstalt" bzw. „Neues aus der Anstalt". Seit Jahren und mit immer wieder wechselndem Personal wird dort regelmäßig ausgelotet, wie weit man mit kritischer Satire im Deutschen Fernsehen noch gehen kann. Von dem unerreichten Georg Schramm über Urban Priol und Erwin Pelzig bis hin zu den aktuellen Frontmännern Max Uthoff und Claus von Wagner hat die Qualität dieser Sendung bisher einen sehr hohen Pegel halten können. Wir haben ja bereits von deren Aufdeckung der Verbindungen großer Medienvertreter zu bestimmten Organisationen gelesen, was sogar ein Gerichtsverfahren nach sich zog. Ich möchte im Rahmen dieser Aufzählung meiner Meinung nach sehr guter Kabarettisten auch noch Volker Pispers erwähnen, den man hin und wieder im Fernsehen zu sehen bekommt, leider aber viel zu selten.

Interessanterweise arbeitet der Journalist und Kabarettredakteur Dietrich Krauß sowohl im Autorenteam der Heute Show als auch in dem der Anstalt. Wir sehen daran, dass es scheinbar für verschiedene Sendungen auch unterschiedliche Rahmen gibt, in denen sich die Akteure bewegen können.

Neben den Programmen von Kabarettisten finden wir auch immer wieder einmal Dokumentationen, die wirklich kritisch sind und wichtige Dinge aufdecken. Häufig muss man dazu aber auf Sender wie ARTE ausweichen oder sehr lange aufbleiben. Ähnlich ist es auch mit dem einen oder anderen brauchbaren und guten Artikel in den Printmedien. Es wird aber zumeist sehr genau darauf geachtet, dass nicht zu viele Zuschauer oder Leser darauf stoßen.

Ich habe in diesem Buch bewusst nur wenige Namen genannt, und ich möchte auch bewusst keine einzelnen Menschen verurteilen, sondern nur ihre Taten. Letztendlich ist dort auch jeder austauschbar, es würde also nichts verändern, wenn Anchorman X verschwindet und durch Anchorfrau Y ersetzt wird. Man wird Sorge dafür tragen, dass auch Anchorfrau Y wie gewünscht funktioniert. Das soll aber keinesfalls eine Absolution für die in den Massenmedien Tätigen sein. Ich weiß nicht, welche Redakteure und sonstigen Journalisten dieses Buch lesen. Ich könnte mir aber vorstellen, dass es der eine oder andere tun wird. Deshalb habe ich nun eine Botschaft an Sie. Ich hatte bereits drei Gruppen von Presse-Mitarbeitern definiert – Täter, Verblendete und Mitläufer. Für jede Gruppe habe ich eine Botschaft.

Beginnen wir mit den Mitläufern:

Sie sind diejenigen, die es sicher am schwersten haben. Sie haben eigentlich noch ihren gesunden journalistischen Sinn bewahrt und leiden immer wieder daran, dass Sie nicht frei sind und vorgegebene Spins ausführen müssen. Meistens haben sie auch rein zeitlich nur wenig Raum, noch kreativ tätig zu sein, und wenn sie einmal kritische Vorschläge machen, werden diese vom Chef abgebügelt. Natürlich müssen Sie von irgendetwas leben, Ihre Familie ernähren, vielleicht Schulden abzahlen. Richtig viel dürften die meisten von Ihnen nicht verdienen, denn in die gut bezahlten Posten kommt man als Mitläufer nicht mehr so oft. Wenn Sie bei diesem Zirkus nicht mehr mitmachen wollen, müssen Sie aus den Massenmedien ganz aussteigen, denn auf einem anderen Posten ist es kaum besser. Allerdings dürfte die wirtschaftliche Lage vieler Medien demnächst sowieso dazu führen, dass Sie Ihren armseligen Job verlieren. Es ist nicht einfach, dort auszusteigen, im Buchbereich oder bei den alternativen Medien anzufangen und dort dann auch genügend Geld zu verdienen. Es ist aber möglich, wie eine Reihe von Ihren Ex-Kollegen bewiesen hat, und danach können Sie sich auch wieder im Spiegel anschauen. Auf der anderen Seite riskieren Sie im Gegensatz zu früheren noch schlimmeren Zeiten momentan in Deutschland (noch) nicht Freiheit, Gesundheit und Leben, wenn Sie nicht mehr mitlaufen. Sie haben jetzt die Möglichkeit, selbst den mutigen Schritt zu wagen, das sinkende Schiff der Massenmedien zu verlassen und etwas Neues aufzubauen, das den Namen Journalismus wieder verdient. Warum nicht sich mit gleichgesinnten Kollegen zusammentun und eine wirklich unabhängige Zeitung aufbauen? Die Möglichkeiten sind gerade auch durch das Internet umfangreich, und man benötigt minimale Investitionen. Man muss nur Inhalte bringen, welche die Menschen auch wieder überzeugen.

An die Verblendeten:

Ihnen brauche ich eigentlich nicht zu schreiben, denn Sie werden es voraussichtlich sowieso nicht an sich heranlassen. Ich probiere es aber trotzdem. Der eine oder die andere von Ihnen ist wohl im Laufe der Karriere immer tiefer in den Sumpf gezogen worden, da es ja viele Kollegen genauso machen. Sie tun schließlich auch das, was die Regierenden und die Mächtigen wollen – deshalb kann es doch nicht falsch sein? Leider waren immer wieder in der Geschichte Menschen wie Sie die großen Stützen schlimmer Regime und verantwortlich für katastrophale Entwicklungen. Ich möchte damit keinesfalls die heutigen Regierenden in irgendeiner Weise mit früheren Regimen in Verbindung bringen, Geschichte wiederholt sich nicht exakt. Aber auch früher begannen schlimme Entwicklungen langsam und leise, und wir haben heute eine Reihe von Ansätzen zur Einschränkung der Freiheit und der Rechte der Menschen, die vor zwanzig Jahren noch unvorstellbar gewesen wären. Sie arbeiten aktiv daran mit, preschen eventuell sogar voran, aber wissen Sie wirklich, wo das am Ende noch hinführen wird?

Aktuell sind viele Menschen, die in den Massenmedien beispielsweise gegen Putin hetzen, nicht etwa die Täter, sondern kommen aus Ihrer Gruppe der Verblendeten. Sie sind so überzeugt, dass sie hier etwas „Gutes" machen, dass sie besonders aktiv und lautstark in diese Richtung gehen. Zu allen Zeiten dachten die Menschen aber immer, sie würden etwas „Gutes" oder zumindest „Notwendiges" machen, egal wie schrecklich es am Ende dann auch war. Wenn Sie nur Ihre Vorteile, große Einkommen und Mitgliedschaften in exklusiven Kreisen nicht verlieren möchten, dann ist dies natürlich nur noch verwerflicher. Es wird der Tag kommen, da werden Sie aus Ihrer Verblendung aufwachen, und Sie werden einen sehr großen Kater bekommen. Das Aufwachen wird extrem unsanft werden, und glauben Sie bitte nicht, dass Sie davonkommen werden. Wann, wie und durch wen Sie zur Verantwortung gezogen werden, kann ich nicht ermessen, aber es wird passieren. Noch haben auch Sie die Möglichkeit, selbst Ihr Tun zu überdenken und umzukehren. Es wird für Sie sicher noch schwieriger als für die Mitläufer, aber auch Sie riskieren viel weniger als mutige Menschen in früheren Zeiten. Auch wenn Sie es momentan nicht glauben mögen, die Zeiten werden sich in den nächsten Jahren extrem verändern, sodass Sie Ihr aktuelles, eventuell sehr bequemes Leben sowieso nicht fortführen können. Warum nicht vorher den selbstbestimmten Absprung schaffen?

An die Täter:

Sie sind diejenigen, welche genau wissen, was sie tun und warum. Sie sind Mitglied in verschiedenen Zirkeln der Macht oder glauben das zumindest. Sie wissen mehr als viele Ihrer Kollegen und natürlich auch der Menschen da draußen. Je nachdem, auf welcher Stufe der Hierarchie Sie stehen, meinen Sie größeren Werken zu dienen, bei denen es eben auch „Kollateralschäden“ gibt, worunter als Erstes die Wahrheit fällt. Zunächst einmal habe ich eine schlechte Botschaft für Sie: egal wie hoch Sie sich in Ihrer Hierarchie wähnen, es gibt immer noch mindestens einen, der höher steht. Sie werden genauso manipuliert und gesteuert, wie Sie es mit anderen machen. Sie haben viele Vorteile, aber es kann jederzeit geschehen, dass Sie fallen gelassen werden wie eine heiße Kartoffel. Das mussten nicht wenige Ihrer Kollegen schon erleben, aber vielleicht wissen Sie das ja auch.

Viele von Ihnen dürften wissen, dass große Veränderungen bevorstehen, und Sie kennen auch die eine oder andere Planung, was danach geschehen soll. Am Ende hoffen Sie, mit zu den Gewinnern zu gehören, oder zumindest auch, wie mancher aus den anderen Gruppen, wenigstens für eine gute und/ oder notwendige Sache Ihre Seele verkauft zu haben. Das abschließende Urteil darüber wird aber verheerend ausfallen. Diejenigen geplanten Veränderungen, die Sie vielleicht kennen und erwarten, sind nur ein Teil des Ganzen. Bei Ihnen ist es zugegebenermaßen am problematischsten, umzukehren und auszusteigen, denn in Ihren Kreisen versteht man keinen Spaß. Trotzdem ist es nie zu spät, und Sie haben natürlich den größten Hebel der drei Gruppen in der Hand, Veränderungen zu erzeugen.

Ich hoffe wirklich, dass vielleicht der eine oder andere sich tatsächlich aufrafft, aus diesem Zirkus aussteigt und Mitkämpfer für die Wahrheit wird. Das würde mich sehr freuen, und dann hätte dieses Buch einen sehr wichtigen Zweck erfüllt. Es liegt mir fern, in Bausch und Bogen alle Journalisten und Redakteure zu verurteilen. Diese müssen sich aber im Klaren sein, dass sie einem Herrn dienen, den und dessen Ziele sie nicht wirklich kennen. Die Geschichte wird erneut darüber richten, wie verwerflich das aktuelle Tun war. Es ist aber bereits jetzt schon klar abzusehen, dass das Urteil wohl nicht positiv ausfallen wird. Jeder, der aufgrund materieller Gründe trotzdem weiter mitmacht, trägt die Verantwortung für sein Wirken.

Diejenigen, die allerdings nicht hören wollen, werden unweigerlich mit ihrem System der Manipulation und Lüge verschwinden. Immer mehr Redakteure erleben es bereits dadurch, dass Publikationen eingestellt, Verlage geschlossen, Leute entlassen werden. Sie können sich gerne über die angeblich unmündigen Bürger, die „zu dumm" sind, um Ihre Auslassungen zu verstehen, über die Trolle aus Russland oder das böse Internet aufregen – wenn Sie nicht die eigentliche Ursache sehen wollen, werden Sie mit Ihren Dinosauriermedien untergehen.

Es ist dabei gar nicht wünschenswert, dass nun alle Massenmedien auf einmal, anstelle gegen Vladimir Putin zu hetzen, ihn in den Himmel heben sollen. Das hat dieser sicher nicht verdient, und ich verfüge über Quellen, die ihn wirklich gut kennen. Vladimir Putin dürfte voraussichtlich sehr bald auch keine Rolle mehr spielen, trotzdem ist dieses Buch dann nicht überholt, denn es geht nicht um die Person Putin, sondern um das Vorgehen der Massenmedien. Was Putin aktuell in diesen widerfährt, gab es zuvor bereits bei vielen anderen Menschen auch, und es wird auch wieder geschehen. Ich erwarte übrigens auch, dass sich Politik und Massenmedien in nicht sehr ferner Zukunft um 180 Grad bezüglich der Behandlung von Migranten drehen werden. Während jetzt noch jede negative Zeile über diese verfemt ist, wird es dann jede positive sein. Solange wir in dem dialektischen Feld gefangen sind, wird es kaum besser werden. Denken Sie immer an „Teile und Herrsche". Es wäre zumindest ein Anfang, wenn wir wieder Massenmedien hätten, die eine Vielfalt darstellen. Wenn die Springerpresse in ihren Richtlinien stehen hat, dass sie pro Israel, pro USA berichtet, dann soll sie das so tun. Natürlich ist die Bezeichnung „überparteilich" und unabhängig" dann lächerlich. Wenn es aber andere Blätter gäbe, die im Gegensatz dazu gnadenlos die Verbrechen und Verfehlungen dieser Länder aufzeigen, dann wäre schon einiges gewonnen. Vladimir Putin hat genügend Dinge getan, die man kritisieren kann. Allerdings kommt er im Vergleich zu vielen seiner westlichen Kollegen noch eher gut weg. Ich möchte in gleicher Verteilung beides lesen können. Große Nachrichtensendungen müssen wieder beide Seiten bringen und sich nicht pauschal auf eine Seite schlagen. Das wäre ein guter Weg, dass der mündige Bürger wieder verschiedene Informationen auch über die Massenmedien einholen kann.

Sehr perfide ist der Versuch, bestimmte Gedanken und Möglichkeiten allein durch die gezielte Steuerung der Sprache zu diskreditieren. Es wird besonders in den Massenmedien bereits sehr stark mit gezielt ausgewählten Begriffen gearbeitet. Natürlich äußert man sich dort nur noch „politisch korrekt". Ein und derselbe Sachverhalt kann aber zudem völlig unterschiedlich bezeichnet werden, je nachdem, welche Seite gemeint ist. Sehr bekannt sind hier „Terroristen", die gute Regierungen bekämpfen, aber unmittelbar zu „Freiheitskämpfern" mutieren, sobald sie gegen unerwünschte Regierungen vorgehen. Der Westen und die NATO führen natürlich grundsätzlich auch keinen Krieg, selbst wenn alle Waffengattungen ausgiebig zum Einsatz kommen und Hunderttausende von Menschen sterben. Krieg führen immer nur die anderen. Die NATO macht bestenfalls „robuste Friedenseinsätze" oder stellt „Flugverbotszonen" her, unsere Bundesregierung spricht gerne von „Friedenseinsatz", „Stabilisierungseinsatz" oder „Mission".

Wir haben zuvor schon über die ausschließliche Verwendung des Begriffs „Annexion" der Krim durch Russland gelesen, obwohl das durchaus nicht klar ist und die völkerrechtliche Argumentation eher dagegen spricht. Die ständige Benutzung des Begriffs rückt Russland aber automatisch in einen negativen Kontext.

Wir haben diese Techniken der Medienmanipulation auch früher schon vielfach erleben können. Die Massenmedien gehen dabei zumeist eine unheilige Allianz mit der Politik ein, und das ausgerechnet dann, wenn es um Krieg oder Frieden geht. Immer wieder erleben wir, dass ein und derselbe Herrscher eines Landes urplötzlich zum Diktator und Despot wird – nämlich genau dann, wenn er im Westen in Ungnade gefallen ist. Saddam Hussein war immer schon ein Despot, nur solange er noch gegen den Iran kämpfte, störte das kaum jemanden, selbst als er Giftgas einsetzte. Legendär ist die Aussage des ehemaligen US-Verteidigungsministers Donald Rumsfeld: „Saddam Hussein ist ein Hurensohn, aber er ist unser Hurensohn." Mit dieser Doktrin gegenüber Diktatoren arbeiten die USA schon seit hundert Jahren, und die Massenmedien samt den europäischen Politikern klinken sich stets ein.

In vielen Bereichen kann man diese schlimme Doppelmoral bei Politik und Massenmedien erkennen; es wird jeweils verniedlicht oder gnadenlos losgeschossen, ganz nachdem, wie es gerade zu den politischen und geostrategischen Zielen passt. Dadurch sind in den letzten Jahrzehnten in der Welt viele Millionen unschuldiger Menschen gestorben. Bis heute sterben täglich Zivilisten, Frauen Kinder durch Drohnenangriffe unserer US-amerikanischen Freunde. Eines der Unwörter des Jahres, die ich ebenfalls vorbehaltlos als solches benennen würde, ist das von 1999: „Kollateralschaden". Ab und zu hört man in den Massenmedien tatsächlich auch einmal leise Kritik an den Drohneneinsätzen, die außerhalb jeglichen völkerrechtlichen Rahmens ablaufen, oder auch einmal zu Guantanamo Bay. Dort werden ohne Beweise und einem ordentlichen Prozess Menschen unter unwürdigen Bedingungen festgehalten. Mit Folter haben die USA auch keine Probleme, wenn sie denn dem „guten Zweck" dient. Sicher ist in Russland nicht alles Gold, was glänzt, aber Gefangenenlager außerhalb jedes Rechts, Tausende von Toten als „Kollateralschäden" durch Drohnenangriffe in souveränen Ländern oder vorsätzliche und offen zugegebene Folter wurden Putin noch nicht einmal durch die heutigen westlichen Hetzer vorgeworfen.

Diese extreme Doppelmoral der Massenmedien, die vollständig mit zweierlei Maß misst, je nachdem wie es gerade gebraucht wird, ist absolut verwerflich. Deshalb tragen die Massenmedien und deren Mitarbeiter eine klare Mitverantwortung daran, dass diese Dinge weiterhin passieren. Wenn in den USA die Medien großflächig gegen diese Undinge aufstehen würden, wären diese sehr schnell Geschichte. Wenn genügend Menschen gegen etwas sind, kann es nicht aufrechterhalten werden. Man hat das am Vietnamkrieg gesehen.

Momentan sieht es leider nicht so aus, als würden Politik und Massenmedien sich eines Besseren besinnen, nein, es wird gerade täglich schlimmer. Das dürfte leider System haben und bestimmten Planungen folgen. George Orwell war ein sehr visionärer Mann, leider konnte er sich damals noch nicht die technischen Möglichkeiten wirklich vorstellen, die heute zur Verfügung stehen. Ich habe es bereits angedeutet: Wir werden in den nächsten Monaten und Jahren eine Veränderung unserer Welt erleben, die für viele Menschen noch völlig unvorstellbar ist. Es würde an dieser Stelle zu weit führen, in das Thema tiefer einzusteigen, ich habe das in anderen Publikationen ausführlich getan. Abkürzend kann man sagen, dass wir in die schlimmste Diktatur der Weltgeschichte hineinlaufen werden, die diesmal nicht auf ein Land beschränkt bleiben wird, wenn wir die

Entwicklung nicht aufhalten. Diese Diktatur wird entgegen den Erwartungen der Planer zwar nicht lange bestehen, aber wir haben jetzt noch die Möglichkeit, sie überhaupt zu verhindern. Mit vielen bald eintretenden großen Ereignissen wird man versuchen, die Menschen zu manipulieren, und den Massenmedien kommt dabei eine Hauptrolle zu. Die Mächtigen dieser Erde wissen nämlich genau, dass sie gegen den Willen vieler Menschen nichts ausrichten können. Deshalb versuchen sie, diesen Willen nach ihren Wünschen zu manipulieren. Darin sind sie allerdings ziemlich gut. Zum Beispiel wären viele Einschränkungen der Freiheit und Überwachungsmaßnahmen ohne 9/11 nicht durchsetzbar gewesen. So arbeiten sie, und es wird weitere „Probleme" geben, auf die sie reagieren und uns dann eine „Lösung" vorschlagen.

Jeder, der an den Massenmedien klebt, dürfte eingefangen werden, man wird viel mit Angst und natürlich auch mit Gier arbeiten. Mit der gut kanalisierten Angst kann man aber Menschen zu ziemlich allem bringen. Denken Sie bitte immer daran: Alles, was momentan großflächig in den Massenmedien berichtet und ausgebreitet wird, dient einem bestimmten Zweck, selbst wenn es zunächst scheinbar entgegen vorheriger Spins gerichtet zu sein scheint. Solange sich in der grundsätzlichen Struktur der Massenmedien nichts verändert, wird das so bleiben.

Sie müssen alles kritisch hinterfragen und auf jeden Fall von anderen Quellen zusätzliche Informationen hinzuziehen.

Wir werden in sehr naher Zukunft Enthüllungen erleben, die momentan noch völlig unglaublich erscheinen. Lassen Sie sich überraschen, aber gehen Sie immer davon aus, dass es dabei auch einen Hintergedanken gibt. Viele Menschen können es sich momentan einfach nicht vorstellen, dass tatsächlich viele Dinge geplant werden und nicht einfach zufällig geschehen. Das ist genau der Grund, warum Politik und Massenmedien immer wieder mit Dingen durchkommen, die eigentlich niemand möchte.

Ich bin wirklich gespannt, ob und wie die Massenmedien auf dieses Buch reagieren werden. Wenn sie so agieren, wie sie es meistens machen, ist die Entwicklung aber einfach vorherzusehen. Solange dieses Buch nicht zu erfolgreich wird, dürften sie es vollständig ignorieren und totschweigen. Wenn es zu störend werden sollte, dürften die üblichen Floskeln kommen. Es wären „Verschwörungstheorien" enthalten, die Quellen sind grundsätzlich unseriös, und natürlich muss der Autor vom rechten Rand der Gesellschaft sein. Allerdings glauben immer weniger Menschen diese Floskeln, und das gibt mir Anlass zur Hoffnung. Die Massenmedien schaffen sich gerade selbst ab, und sie merken es noch nicht einmal. Alternative Medien haben beeindruckende Zuwachsraten. Es gibt also Menschen, die durchaus bereit sind, auch Geld auszugeben, wenn der Inhalt stimmt. Das ist auch die Chance für Aussteiger aus dem aktuellen Medienzirkus.

Ein wichtiges Instrument zur Meinungsmanipulation sind auch Umfragen. Eigentlich sollten diese ja umgekehrt die aktuelle Meinung der Menschen wiedergeben. Tatsächlich wird damit aber auch gezielte Beeinflussung betrieben. Man kann gut erkennen, dass mit den offiziellen Umfragen etwas nicht stimmen kann, wenn man ihnen Internetumfragen entgegensetzt. Auch Massenmedien führen gerne auf ihren Webseiten Umfragen durch, die natürlich nicht repräsentativ sind. Trotzdem kann man davon ausgehen, dass der grobe Trend die Meinung der Mehrheit der Bürger widerspiegelt. Fällt bei einer derartigen Umfrage das Ergebnis aber nicht wie gewünscht aus, verschwindet es sehr schnell wieder von der Seite. N-TV führte beispielsweise am 30. August 2010 eine Umfrage durch, bei der nach der Zustimmung zu dem Buch von Thilo Sarrazin „Deutschland schafft sich ab!" gefragt wurde. 96 Prozent der Zuschauer votierten dafür, dass Sarrazin recht hätte. Innerhalb weniger Minuten wurde dann das Umfrageergebnis entfernt.

In der Talkshow „Hart aber fair" wurde am 6. Mai 2013 zum Thema Euro in der Sendung die Umfrage gestartet: „Wünschen Sie sich die D-Mark zurück?" Das Ergebnis von 80 Prozent Ja-Stimmen konnte man auf der Webseite sehen, in der Sendung wurde es natürlich nicht mehr aufgegriffen. Das sind nur zwei Beispiele von vielen. Dann gibt es noch die offiziellen Umfragen von Instituten wie Forsa und anderen. Die behaupten natürlich, dass ihre Umfragen repräsentativ wären. Letztendlich werden zu einem Thema für ganz Deutschland nur etwa 1.000 Personen befragt, die aber durch die repräsentative Auswahl die Meinung der gesamten Bevölkerung in Deutschland ab 14 Jahren (so Forsa) wiedergeben sollen. Grundsätzlich ist das nicht verwerflich, es gibt wissenschaftliche Untersuchungen, dass man damit tatsächlich brauchbare Ergebnisse erreichen kann. Ich gehe auch nicht davon aus, dass diese Institute vorsätzlich Ergebnisse fälschen, das könnten sie sich eigentlich nicht leisten. Es gibt dann aber zwei Möglichkeiten, wie die Massenmedien oder andere Interessengruppen die Ergebnisse durchaus erheblich beeinflussen können. Zunächst einmal kommt es sehr stark auf die Frage und die Auswahlmöglichkeiten an.

Bleiben wir doch einmal bei der o.g. Frage: „Wünschen Sie sich die D-Mark zurück?" Wird diese so gestellt und muss mit Ja oder Nein beantwortet werden, dann ist das Ergebnis ziemlich klar, wie wir gehört haben. Man könnte die Frage aber auch wie folgt stellen: „Möchten Sie Frieden in Europa und eine stabile finanzielle Situation, oder wünschen Sie sich die D-Mark zurück?"

Bei dieser Frage würde sich die Mehrheit, nehmen wir einmal 65 Prozent an, wohl für die erste Variante entscheiden. In den Massenmedien würden wir dann nur hören oder lesen: „65 Prozent der Deutschen möchte nicht die D-Mark zurück!"

Es hat keiner gelogen, das Institut hat die Umfrage nach bestem Wissen und Gewissen durchgeführt, man hat nur eine Kleinigkeit verschwiegen, nämlich die konkrete Frage, die gestellt wurde. Internetumfragen sind deshalb viel ehrlicher, denn dort kann jeder die Frage zumeist lesen.

Einen konkreten Fall einer sehr manipulativen Frage hat Forsa bzw. der Auftraggeber, das Magazin *Stern*, zum Thema Griechenland geliefert. Er titelte am 14. Juli 2015: „Deutsche zufrieden mit Krisenmanagerin Merkel." Die Nachrichtenagentur AFP machte daraus sogar die Schlagzeile: „Merkels Griechenland-Politik gefällt Grünen-Anhängern." Die zugrunde liegende Frage war aber nicht etwa, ob man nun mit der Politik Merkels zufrieden sei, sondern es wurden nur die Alternativen „Sind sie zufrieden mit der Griechenlandpolitik Merkels, oder hätte sie Griechenland aus dem Euro zwingen sollen?" plus „Weiß nicht" angeboten. Viele Menschen hatten Angst vor einem GREXIT, und wenn man den nicht wollte, war man also automatisch zufrieden mit der Politik Angela Merkels. Nach heftiger Kritik in den Internetforen hat der Auftraggeber der Umfrage, der *Stern*, wenigstens Fehler bei der Fragestellung eingeräumt. Der zusätzliche Schluss, den AFP dann noch zog, dass ausgerechnet die Anhänger der Grünen in besonders großer Mehrheit mit der Politik Merkels zufrieden wären, setzte der Sache natürlich noch die Krone auf. Diese sind sicher besonders gegen einen GREXIT, was sie auch bei der Umfrage zu Ausdruck brachten. Das hat aber nichts mit der Zufriedenheit mit Merkel zu tun, eine Möglichkeit ihre eventuell zu harte Haltung zu kritisieren, gab es ja nicht.[149]

Die Schlagzeilen aufgrund der herausgegebenen Agenturmeldungen wurden aber natürlich nicht mehr korrigiert. Sie sehen also, wie man mit der „richtigen" Fragestellung problemlos gewünschte Ergebnisse erzielen kann. Natürlich wurde auch im *Stern* in diesem Artikel mit anderen Umfragen ganz klar festgestellt: „Deutsche zweifeln nicht am Euro."[150] Die Richtigkeit dieser Aussagen bei derartigen Fragestellungen dürfte nicht das Papier wert sein, auf dem sie gedruckt werden. Während vor ein paar Jahren eurokritische Aussagen in den Massenmedien auch einmal erlaubt waren, scheint der aktuelle Spin den Euro als „alternativlos" darzustellen. Deshalb muss die Bevölkerung auch dafür sein.

Natürlich kann man aber das Ergebnis einer Umfrage auch in der Berichterstattung, durch den Zusammenhang oder durch die Darstellung verfälschen. Ein besonders unverschämtes Beispiel dafür konnten wir im Vorfeld der Bundestagswahl 2013 im ZDF Heute Journal bewundern. Definitiv sehr plump hatte man damals das dortige Politbarometer manipuliert. Der normale Zuschauer sieht zunächst auf die Balken, nicht auf die Zahlen. In diesem Chart, das am Donnerstag vor der Wahl im Heute Journal gezeigt wurde, haben die Balken mit den Zahlen nur sehr wenig zu tun, insbesondere bei FDP/AfD und Linke/Grünen.

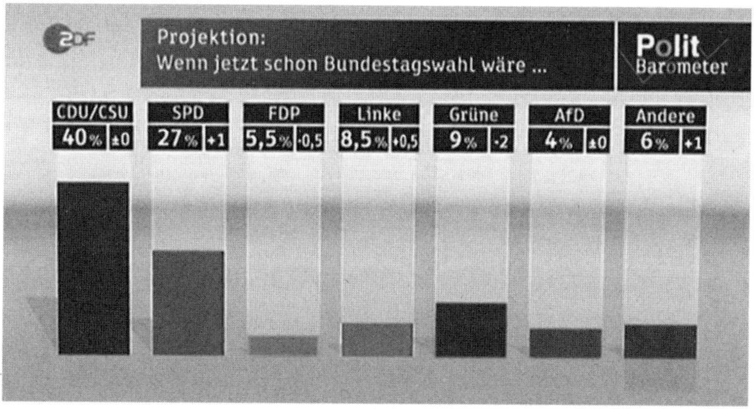

Ich hätte diese Grafik auch in dem Kapitel „Die Macht der Bilder" bringen können, denn man machte sich hier zunutze, dass die Menschen zunächst einmal eher die grafischen Balken wahrnehmen und sich behalten, als den zugehörigen Text mit den konkreten Zahlen. Die FPD sollte bei dieser Wahl offensichtlich aus dem Bundestag verschwinden, was dann ja auch geschah. Der Balken der AfD ist bei 4 Prozent deutlich größer als derjenige der FDP mit 5,5 Prozent. Der Balken der Grünen ist fast doppelt so groß wie derjenige der Linken, obwohl beide nur 0,5 Prozent auseinander liegen. Dafür ist der Balken „Andere" mit 6 Prozent fast identisch hoch wie bei der Linken mit 8,5 Prozent. Ich kann diese gezielte Manipulation – und einen Zufall oder „ein Versehen" lasse ich keinesfalls gelten, zu klar passen die Verfälschungen zu den damaligen Spins – nur als rotzfrech bezeichnen. Normalerweise erzeugt ein Computerprogramm diese Balken automatisch und natürlich auch richtig. Hier muss also jemand ganz gezielt manipuliert haben. So kann man natürlich auch mit einer eigentlich neutral durchgeführten Umfrage ganz andere Reaktionen der Zuschauer hervorrufen. Die Botschaft lautet also: Trauen Sie keiner Umfrage, die Sie nicht selbst gefälscht haben!

Viele Umfragen sind auch sicher nach bestem Wissen und Gewissen durchgeführt worden und spiegeln tatsächlich die Meinung der Bevölkerung wieder, nur können Sie von außen leider kaum verlässlich abschätzen, ob das so ist. Wenn Sie und die meisten Ihrer Bekannten in einer Frage aber völlig anders denken als angeblich die Mehrheit der deutschen Bevölkerung, dann ist unmittelbar Zweifel angebracht.

Ich möchte nun noch das Zitat einer Aussage des von mir hoch geschätzten Peter Scholl-Latour anführen, die dieser zur Situation bei den Massenmedien kurz vor seinem Tod in dem Internet-Magazin Telepolis gemacht hatte. Ähnlich äußerte er sich auch noch auf Russia Today. Es spricht Bände, dass er diese Aussage nur dort und im Internet machen konnte, denn natürlich hatte er in den hiesigen Massenmedien trotz seines Namens keine Chance dazu. Er war jemand, der die Bezeichnung „Reporter" tatsächlich in vollem Umfang verdiente. Er kannte natürlich auch die Grenzen, in denen er Aussagen machen durfte, aber in vielen Bereichen sprach er Klartext und hat aufgrund seiner umfangreichen Erfahrungen und Kenntnisse auch zumeist recht behalten. Er war vielfach sehr kritisch gegenüber den Aktionen der USA und der NATO eingestellt, was natürlich diametral den Jubelrufen der Massenmedien widersprach.

„Wir leben in einem Zeitalter der Massenverblödung, besonders der medialen Massenverblödung. Wenn Sie sich einmal anschauen, wie einseitig die hiesigen Medien, von taz bis Welt, über die Ereignisse in der Ukraine berichten, dann kann man wirklich von einer Desinformation im großen Stil berichten, flankiert von den technischen Möglichkeiten des digitalen Zeitalters, dann kann man nur feststellen, die Globalisierung hat in der Medienwelt zu einer betrüblichen Provinzialisierung geführt. Ähnliches fand und findet ja bezüglich Syrien und anderen Krisenherden statt."

Auf die Frage, ob er die Entwicklung in der Ukraine für gefährlich halte, antwortete er:

„Ja, vor allem auch für die EU. Ich frage mich, was sich die EU von einer Annäherung der Ukraine erhofft. In Brüssel sollte man sich besser auf eine Konzentration und Konsolidierung ausrichten, statt die Ausweitung nach Osten voranzutreiben. Schon mit der Aufnahme Rumäniens und Bulgariens haben sich die Kommissare in Brüssel übernommen. Käme nun noch die Republik von Kiew hinzu, wo von den Tataren die Wurzeln des heutigen Russlands gelegt wurden und die Bekehrung zum Christentum stattfand, dann würde das aufgeblähte Territorium der fragilen Europäischen Union bis rund dreihundert Kilometer an jenes Schlachtfeld heranrücken, das unter dem Namen Stalingrad berühmt wurde. Haben die Deutschen jedes Gespür für die Tragik der eigenen Geschichte verloren?"[151]

Scholl-Latour zitierte auch den Publizisten und Gründungsherausgeber der FAZ Paul Sethe, welcher am 5. Mai 1965 in einem Leserbrief im *Spiegel* schrieb:

„Pressefreiheit ist die Freiheit von zweihundert reichen Leuten, ihre Meinung zu verbreiten."

Weiter schrieb er noch in fast prophetischer Weise:

„Da die Herstellung von Zeitungen und Zeitschriften immer größeres Kapital erfordert, wird der Kreis der Personen, die Presseorgane herausgeben, immer kleiner. Damit wird unsere Abhängigkeit immer größer und immer gefährlicher."

Er wisse, dass es im deutschen Pressewesen Oasen gebe,

„in denen noch die Luft der Freiheit weht, [...] aber wie viele von meinen Kollegen können das von sich sagen?"

Heute ist von diesen Oasen durch die Konzentration bei den Medien nichts mehr übrig geblieben, wie wir gesehen haben.

Drastischer formulierte es bereits 1880 der Redaktionschef (1860 – 1870) der *New York Times* John Swinton auf einer Abendveranstaltung, welche die Führer der Zeitungszunft ihm zu Ehren ausrichteten:

„So etwas gibt es bis zum heutigen Tage nicht in der Weltgeschichte, auch nicht in Amerika: eine unabhängige Presse. Sie wissen das, und ich weiß das. Es gibt hier nicht einen unter Ihnen, der es wagt, seine ehrliche Meinung zu schreiben. Und wenn er es täte, wüsste er vorher bereits, dass sie niemals im Druck erschiene. Ich werde wöchentlich dafür bezahlt, dass ich meine ehrliche Meinung aus dem Blatt, mit dem ich verbunden bin, heraushalte. Andere von Ihnen erhalten ähnliche Bezahlung für ähnliche Dinge, und wenn Sie so verrückt wären, Ihre ehrliche Meinung zu schreiben, würden Sie umgehend auf der Straße landen, um sich einen neuen Job zu suchen. Wenn ich mir erlaubte, meine ehrliche Meinung in einer der Papierausgaben erscheinen zu lassen, dann würde ich binnen 24 Stunden meine Beschäftigung verlieren.

Das Geschäft der Journalisten ist, die Wahrheit zu zerstören, schlankweg zu lügen, die Wahrheit zu pervertieren, sie zu morden, zu Füßen des Mammons zu legen und sein Land und die menschliche Rasse zu verkaufen zum Zweck des täglichen Broterwerbs. Sie wissen das, und ich weiß das, also was soll das verrückte Lobreden auf eine freie Presse? Wir sind Werkzeuge und Vasallen von reichen Männern hinter der Szene. Wir sind Marionetten. Sie ziehen die Strippen, und wir tanzen an den Strippen. Unsere Talente, unsere Möglichkeiten und unsere Leben stehen allesamt im Eigentum anderer Männer. Wir sind intellektuelle Prostituierte."

Diese Aussage hat bis heute nur wenig von ihrer Gültigkeit eingebüßt, eher im Gegenteil. Natürlich gibt es wieder ganz „aufgeklärte" Menschen, die diese Aussage als „braune Verschwörungstheorie" abtun und behaupten, einen Herausgeber John Swinton hätte es bei der *New York Times* nicht gegeben.[152] Das stimmt, Herausgeber war er auch nicht. Dabei würde selbst ein Blick in Wikipedia genügen, um dort den Link zu dem Artikel der *New York Times* zu finden, der zu seinem Tode 1901 geschrieben wurde.[153] Dort steht, dass er von 1860 bis 1870 aber tatsächlich für das Blatt gearbeitet hat. Seine Position wurde auch dadurch unterstrichen, dass diese Abendveranstaltung von den führenden Zeitungsleuten dieser Zeit für ihn ausgerichtet wurde. Einem kleinen Redakteur hätte man das wohl kaum zukommen lassen. John Swinton war nachweisbar ein bekannter Mann zu seiner Zeit. Die Aussage selbst ist auch unstrittig, man wollte nur mit dem angeblichen Herausgebertitel die komplette Aussage ins Reich der Märchen verweisen.

Ich bringe dieses Beispiel an dieser Stelle noch einmal, um zu zeigen, wie versucht wird, gezielt mit kleinen falschen Details komplette Sachverhalte zu negieren. Letztendlich war Swinton lange und tief genug im Pressegeschäft, um als bekannter Insider zu gelten. Deshalb ist seine Aussage so wertvoll. Diese Methode der Diskreditierung wird aber auch gerne in den Massenmedien angewendet, um unliebsamen Aussagen und Sachverhalten zu schaden. Immer wieder kann man beispielsweise Dokumentationen sehen, die am Anfang durchaus neutral, zum Teil sogar positiv einen kritischen Sachverhalt zu beleuchten scheinen. Die wirklich harten Pro-Argumente werden aber zumeist nicht gebracht. Im Verlauf erfährt man dann meist nebensächliche Details, und diese werden gekonnt widerlegt. Als Fazit kommt am Ende schließlich heraus, dass an der gesamten Sache nichts dran sein kann. Diese Methode ist natürlich sehr gut ausgeklügelt, um die Menschen zu täuschen und einen gewollten Spin zu erzeugen. Bei einem oberflächlichen Leser oder Zuschauer funktioniert das auch leider häufig.

Kommen wir jetzt zu der finalen Frage, ob auf unsere Massenmedien der Begriff „Lügenpresse" nun zutrifft oder nicht. Ich denke, nach der Lektüre dieses Buches können Sie sich eine Antwort darauf selbst geben. Ganz frech gelogen wird nicht ständig, man lässt auch einfach Dinge weg, zeigt nur einen ganz bestimmten Ausschnitt, diskreditiert gezielt Andersdenkende und deren Argumente und schafft somit eine falsche Wirklichkeit.

Natürlich werden das die meisten Verantwortlichen weit von sich weisen und das Gegenteil behaupten. Ich stelle aber an dieser Stelle nur noch einmal fest: „An ihren Taten werdet ihr sie erkennen!" und immer mehr Menschen tun dies auch.

Nachtrag:

Nach Redaktionsschluss des Buches haben sich weitere Entwicklungen ergeben, die ich kurz noch beleuchten möchte. Ich hatte ja ausführlich zu dem Bild des toten kleinen syrischen Jungen am Strand Stellung genommen. Zunächst einmal kamen noch weitere Informationen über den Vater ans Tageslicht, die natürlich von den Massenmedien vollständig ignoriert wurden. Er selbst soll das Schiff als Schlepper gesteuert haben, wie Augenzeugen berichteten. Wie sich nun aber vor allem herausgestellt hat, wurde der kleine Aylan an einer ganz anderen Stelle angespült und dort geborgen. Es war ein felsiger Abschnitt und es gibt auch Bilder, die zeigen, wie er dort von einem Beamten untersucht wurde.[1] Demnach muss er also definitiv später noch einmal zum „Fototermin" auf dem Strand platziert worden sein. Zwischen den Felsen war wohl kein so eindrückliches Foto zu machen. Das sagt alles über diese Kampagne aus und bestätigt nur noch einmal eindrucksvoll, dass jedes Mittel recht ist, um einen bestimmten Medienspin zu generieren.

Dann hatte der bekannte Kabarettist und Komiker Dieter Hallervorden anlässlich seines achtzigsten Geburtstages ein hörenswertes Lied aufgenommen, das sich mit unseren Massenmedien beschäftigt.[2]

Es trägt den Titel: „Ihr macht mir Mut (in dieser Zeit)".

1 http://www.cnbc.com/2015/09/03/12-migrants-drown-off-turkey-others-halt-eurostar-in-eu-crisis.html
2 https://youtu.be/emS66UBx7bs

Die Politik und vor allem die Massenmedien kommen darin nicht besonders gut weg, hier einige Zitate:

„Israel macht Mauerbau, SED-Ideenklau.
Waffenhandel, Drohnenmord – sind der Schlager im Export"

„So steht's in der Zeitung drin, was glauben die, wie doof ich bin?"

Dieter Hallervorden wollte einen Ausschnitt dieses Stückes in einer Benefizsendung zur Hilfe für Flüchtlinge des ZDF präsentieren, denn er stellt 100% der Einnahmen dieses Songs als Spende für die Flüchtlingshilfe zur Verfügung. Das ZDF weigerte sich natürlich, denn wenn es um Medienkritik geht, sind die Flüchtlinge auf einmal zweitrangig. Die Vorstellung des Liedes in der Sendung würde natürlich die Verkaufszahlen und somit auch die Geldsumme für die Hilfsaktion massiv steigern. Es zeigt einmal mehr die Doppelmoral der Massenmedien auf und selbst so bekannte und beliebte Stars wie Hallervorden haben keine Chance, diese Kritik dort unterzubringen, selbst wenn es für einen guten Zweck ist.

Quellenverzeichnis

1 www.unwortdesjahres.net
2 www.zeit.de/2014/01/zensur-geschichte-zeitung-presse
3 History Channel U.S. www.fernsehserien.de/der-grosse-aufbruch-die-pioniere-amerikas/folgen/geld-macht-politik-478832
4 www.zeit.de/2009/21/D-Souveraenitaet
5 youtu.be/S53sVBt1pq8
6 de.wikipedia.org/wiki/Brutkastenl%C3%BCge
7 youtu.be/IdP0Qqb_SYs
8 youtu.be/XHdNLzD6KWM
9 youtu.be/2UHhBcZxYqY
10 www.sueddeutsche.de/politik/fluechtlinge-in-europa-warum-vor-allem-maenner-asyl-suchen-1.2584201
11 www.t-online.de/nachrichten/ausland/eu/id_75284300/toter-junge-am-strand-von-bodrum-ein-foto-geht-um-die-welt.html
12 youtu.be/QZUuoaq1MLM
13 www.faz.net/aktuell/politik/fluechtlingskrise/toter-fluechtlingsjunge-die-traurige-geschichte-des-aylan-kurdi-13783344.html
14 www.aerotelegraph.com/germanwings-409525-kampfjet-begleitung-not-signal-cockpit
15 www.derwesten.de/media/9195770-6997/kambouri.pdf
16 www.krone.at/Nachrichten/Anrainer_Unvorstellbar._was_sich_hier_abspielt%21-Causa_Traiskirchen-Story-465386
17 youtu.be/irbllkEHPJs
18 www.info-direkt.at/insider-die-usa-bezahlen-die-schlepper-nach-europa/
19 de.sputniknews.com/politik/20150728/303491977.html#ixzz3hAONQVsC
20 www.aynrand.org
21 krisenfrei.de/cia-prophezeit-buergerkrieg-in-deutschland-und-eu/
22 www.destatis.de/DE/PresseService/Presse/Pressemitteilungen/2015/08/PD15_277_122.html

23 www.t-online.de/nachrichten/deutschland/gesellschaft/id_74971140/anja-reschke-sorgt-mit-fluechtlings-kommentar-fuer-facebook-debatten.html
24 www.netzplanet.net/antifa-ruft-zur-finalen-schlacht-gegen-pegida-auf-auch-mit-waffengewalt/19457/
25 www.tagesspiegel.de/berlin/chaoten-oder-heilsbringer-danke-liebe-antifa/9382378.html
26 www.bild.de/regional/dresden/fluechtling/auslaenderbeauftragter-ermittelt-wer-zwaengte-fluechtlinge-in-diese-hass-shirts-41819808.bild.html
27 www.facebook.com/TilSchweiger?fref=nf
28 twitter.com/fhomburger/status/626323492510769152
29 www.zeit.de/kultur/2015-07/asylkritiker-fluechtlinge-kommentar
30 www.mmnews.de/index.php/politik/52227-asyllbrand1
31 www.krisenrat.info/newsletter.html
32 www.welt.de/politik/ausland/article143186475/Das-naechste-grosse-Schlachtfeld-ist-Europa.html
33 www.focus.de/politik/deutschland/helmut-schmidt-ii_aid_95473.html
34 www.mediadb.eu/rankings/deutsche-medienkonzerne-2014.html
35 mdbkekonline.www1.vision-connect.de/db/sender/?view=media-details&id=46&style=kek
36 www.kek-online.de/no_cache/information/mediendatenbank.html?&c=3360&
37 www.kek-online.de/no_cache/information/mediendatenbank.html?&c=269&
38 de.wikipedia.org/wiki/Deutsche_Druck-_und_Verlagsgesellschaft
39 de.wikipedia.org/wiki/ZDF-Verwaltungsrat
40 www.mediadb.eu/rankings/intl-medienkonzerne-2014.html
41 www.nasdaq.com/de/symbol/cmcsa/ownership-summary
42 www.axelspringer.de/artikel/Grundsaetze-und-Leitlinien_40218.html
43 Udo Ulkotte „Gekaufte Journalisten", S. 154Ff, / youtu.be/Teu57_cbkAE

44 de.wikipedia.org/wiki/Vernon_A._Walters#Botschafter_in_Deutschland
45 Wisnewski, Landgraeber, Sieker – Das RAF-Phantom
46 www.gmfus.org/
47 youtu.be/gfZWDUBeOek

48 youtu.be/7BNqgNvUhRQ
49 web.archive.org/web/20150526190132/http://www.krone.at/Welt/Ex-CIA-Pilot_zweifelt_an_offizieller_911-Version-Ist_unmoeglich-Story-455032
50 terrorexperte.blogspot.de/2010/02/terrorexperte-vs-zdf-ist-bin-laden-tot.html
51 youtu.be/zNEeHd6kY3I
52 youtu.be/5ptM21HTRTg
53 www.heise.de/newsticker/meldung/Kanada-beschliesst-neue-Antiterror-Gesetze-2636353.html
54 deutsche-wirtschafts-nachrichten.de/wp-content/uploads/2015/05/Final-ReportoftheHighLevelGrouponMediaFreedomandPluralism.pdf
55 www.heise.de/tp/artikel/45/45321/1.html
56 www.politaia.org/terror/nwo-die-gesinnungspolizei-ectr/
57 www.sueddeutsche.de/politik/propaganda-aus-russland-putins-trolle-1.1997470
58 www.spiegel.de/netzwelt/netzpolitik/kolumne-von-sascha-lobo-die-kriminellen-vom-geheimdienst-a-952675.html
59 www.techdirt.com/articles/20140224/17054826340/new-snowden-doc-reveals-how-gchqnsa-use-internet-to-manipulate-deceive-destroy-reputations.shtml
60 www.telegraph.co.uk/news/worldnews/europe/eu/9845442/EU-to-set-up-euro-election-troll-patrol-to-tackle-Eurosceptic-surge.html
61 www.heise.de/tp/artikel/44/44596/1.html
62 www.morgenpost.de/politik/article205581993/Russische-Aktivistin-bringt-Kreml-Trolle-in-die-Oeffentlichkeit.html
63 team29.org
64 old.svobodainfo.org/en
65 www.rferl.org/content/how-to-guide-russian-trolling-trolls/26919999.html
66 meedia.de/2015/04/20/ivw-blitz-analyse-spiegel-stern-und-focus-im-plus-bild-sz-faz-und-welt-stark-im-minus/
67 meedia.de/2015/06/17/kuendigungen-nicht-ausgeschlossen-spiegel-verkuendet-15-mio-euro-sparprogramm/
68 meedia.de/2014/09/30/dr-kai-gniffke-die-ukraine-und-die-arroganz-der-tagesschau/

69 www.heise.de/tp/artikel/42/42784/1.html
70 meedia.de/2014/09/18/programmbeirat-rueffelt-ard-berichterstattung-zur-ukraine-krise-als-einseitig-und-mangelhaft/
71 www.zeit.de/politik/2014-12/aufruf-russland-dialog
72 www.journal-frankfurt.de/journal_news/Kultur-9/FAZ-Buergergespraech-zur-Luegenpresse-Die-Macht-und-Ohnmacht-der-Medien-24397.html
73 www.zeit.de/gesellschaft/2015-06/medienkritik-journalismus-vertrauen
74 medianet.at/article/medienfoerderung-ist-mehr-segen-als-fluch-3870.html
75 www.opinion-club.com/2015/04/warum-subventioniert-der-rbb-einen-privaten-verlag/
76 www.welt.de/sport/fussball/article144393301/Skandal-vor-der-WM-Auslosung-in-Russland.html
77 de.fifa.com/worldcup/news/y=2015/m=7/news=hulk-vervollstandigt-die-liste-der-assistenten-2666697.html
78 www.spiegel.de/sport/wintersport/olympische-winterspiele-die-eroeffnungsfeier-in-sotschi-a-952209.html
79 www.zeit.de/kultur/film/2014-01/olympia-sotschi-fernsehen-kommentar
80 www.welt.de/debatte/kommentare/article125162790/Thomas-Bachs-peinliche-Lobhudelei-fuer-Putin.html
81 staseve.wordpress.com/2014/02/08/sotschi-eroffnungsfeier-proteststurm-gegen-zdf-moderatoren/
82 www.zdfsport.de/rassismus-budgetkuerzungen-nationalteam-im-formtief-drei-jahre-vor-der-fussball-wm-in-russland-sind-stadien-und-der-fussball-eine-riesige-baustelle.-39418994.html
83 www.taz.de/Der-sonntaz-Streit/!5036626/
84 www.zeit.de/sport/2015-06/russland-wm-2018-fifa
85 www.taz.de/!5037747/
86 www.taz.de/!5215634/
87 www.faz.net/aktuell/politik/angebliche-bildmanipulation-fachleute-kritisieren-bellingcat-analyse-zu-russland-13629383.html
88 www.journalism.co.uk/news/new-bellingcat-project-to-investigate-cross-border-corruption/s2/a562610/
89 leaks.sea.sy/vandyke-leaks/

90 www.welt.de/politik/ausland/article119713217/Ein-koordinierter-Angriff-aus-mehreren-Richtungen.html
91 cryptome.org/2014/08/postol-debunks-kaszeta.pdf
92 http://www.tagesschau.de/multimedia/video/video369772.html
93 http://www.tagesschau.de/multimedia/video/video369772.html
94 youtu.be/j3Zxl8Lu3mY
95 web.archive.org/web/20080906210913/http://www.tagesschau.de/interaktiv/chat/chatprotokoll430.html
96 web.archive.org/web/20080904045034/http://blog.tagesschau.de/?p=1380&cp=1
97 www.sueddeutsche.de/politik/pussy-riot-schuldig-gesprochen-russlands-ungenierter-abschied-vom-rechtsstaat-1.1443790
98 plucer.livejournal.com/266853.html
99 medien-luegen.blogspot.de/2012/09/pussy-riot-und-nawalny-wer-die-helden.html
100 www.focus.de/politik/ausland/punk-gebet-von-pussy-riot-im-wortlaut-mutter-gottes-vertreibe-putin_aid_790159.html
101 www.spiegel.de/video/jagd-auf-homosexuelle-in-russland-video-1329148.html
102 web.archive.org/web/20090227021840/http://www.sodomylaws.org/world/qatar/qatar.htm
103 www.welt.de/sport/fussball/article11689197/Blatter-entschuldigt-sich-bei-Homosexuellen.html
104 youtu.be/MSxaa-67yGM
105 openukraine.org/en/about/partners
106 pit-hinterdenkulissen.blogspot.de/2014/03/legal-illegal-scheissegal.html
107 www.focus.de/politik/ausland/ukraine-krise-kiew-panzerkolonne-dringt-von-russland-in-die-ukraine-ein_id_4257371.html
108 www.welt.de/debatte/kommentare/article137213151/Deutschland-spielt-die-Fuehrungsrolle.html
109 www.faz.net/aktuell/feuilleton/medien/tv-kritik/tv-kritik-anne-will-unbehagen-und-blindstellen-russland-und-die-ukraine-13579317.html
110 propagandaschau.wordpress.com/2015/07/08/ard-propaganda-machwerk-zerrissene-ukraine-die-marchenwelt-der-golineh-atai/

111 www.spiegel.de/politik/ausland/russland-wladimir-putin-laesst-lebensmittel-vernichten-kommentar-a-1047103.html
112 propagandaschau.wordpress.com/2015/02/26/phoenix-die-irre-welt-des-boris-reitschuster/
113 youtu.be/R-CWpcGuXP4
114 www.focus.de/politik/ausland/ukraine-krise/gruenen-politiker-gegen-russland-versteherin-schulz-nach-talkshow-zoff-krone-schmalz-ist-fuer-putin-eine-nuetzliche-idiotin_id_4501303.html
115 youtu.be/kx9Et4dKO5c
116 www.pravda-tv.com/2014/02/zdf-staatsfernsehen-antirussische-propaganda-fur-kinder-in-deutschland-video/
117 www.taz.de/was-fehlt-/!5007991/
118 www.bildblog.de/64953/die-antirussische-ente-vom-verbotenen-oktoberfest/
119 youtu.be/ZUXTzVj5-uE
120 www.faz.net/aktuell/politik/ausland/passagierflugzeug-ueber-ukraine-abgeschossen-biden-bestaetigt-abschuss-verraeterische-aeusserungen-13051123.html
121 youtu.be/PrFCqQvBzf4
122 slavyangrad.org/2014/07/18/spanish-air-controller-kiev-borispol-airport-ukraine-military-shot-down-boeing-mh17/
123 alles-schallundrauch.blogspot.de/2014/07/video-mit-raketentransporter-ist-eine.html
124 de.wikipedia.org/wiki/Buk_M1
125 info.kopp-verlag.de/hintergruende/geostrategie/eric-zuesse/-ermittlungen-zum-absturz-des-malaysischen-passagierflugzeugs-mh-17-geheimabkommen-vom-8-august-e.html
126 www.anderweltonline.com/wissenschaft-und-technik/luftfahrt-2015/schockierende-analyse-zum-abschuss-der-malaysian-mh-17/
127 epochtimes.de/OSZE-Beobachter-bestaetigt-Maschinengewehr-Beschuss-von-MH-17-VIDEO-a1171802.html
128 www.anderweltonline.com/wissenschaft-und-technik/luftfahrt-2015/mh-17-abschuss-durch-ukrainische-su-25-ist-bewiesen/
129 www.manager-magazin.de/koepfe/anders-fogh-rasmussen-heuert-bei-goldman-an-a-1046845.html

130 youtu.be/oQRvINebeok
131 www.welt.de/politik/ausland/article130814052/Russischer-Kaempfer-fotografiert-sich-in-Ukraine.html
132 www.spiegel.de/spiegel/spiegel-titel-zu-putin-in-eigener-sache-a-983484.html
133 web.archive.org/web/20150414235240/http://wdrblog.de/aks/archives/2014/07/21/
134 propagandaschau.wordpress.com/2014/07/22/wdr-gorillas-und-teddybaren/
135 www.rtdeutsch.com/26569/inland/nato-militaertransporte-durch-deutschland-unmut-der-db-lokfuehrer-waechst/
136 www.welt.de/regionales/mecklenburg-vorpommern/article144102539/Polen-und-Deutsche-verzahnen-gepanzerte-Einheiten-von-2016-an.html
137 youtu.be/bmWWlkFImU8
138 www.anderweltonline.com/wissenschaft-und-technik/luftfahrt-2015/mh-17-die-ard-als-sprachrohr-der-cia/
139 pit-hinterdenkulissen.blogspot.de/2013/02/demokratie-demokratur-diktatur-wo.html
140 www.contra-magazin.com/2015/08/deutschland-auf-dem-weg-in-die-gesinnungsdiktatur/
141 www.zeit.de/digital/internet/2015-08/facebook-kommentare-hass-hetze-anzeige
142 www.t-online.de/nachrichten/deutschland/gesellschaft/id_75190016/joachim-gauck-hass-und-gewalt-erzeugen-dunkeldeutschland-.html
143 www.epochtimes.de/deutschland/einseitige-berichterstattung-im-zusammenhang-mit-heidenau-krawallen-a1265273.html
144 www.parldok.thueringen.de/ParlDok/dokument/55347/zusch%C3%BCsse-f%C3%BCr-fahrten-zu-gegendemonstrationen-bei-rechten-aufm%C3%A4rschen.pdf
145 www.welt.de/print-wams/article129161/Angela-Merkels-zweierlei-Welten.html
146 sustainabledevelopment.un.org/post2015/transformingourworld
147 youtu.be/ZzwDg9KtX2k
148 www.hartgeld.com/medien-und-propaganda.html – propagandaschau.wordpress.com/ - www.bildblog.de/

149 www.stefan-niggemeier.de/blog/21473/wer-gegen-den-grexit-ist-muss-fuer-merkel-sein-wie-der-stern-und-forsa-stimmung-fuer-die-union-machen/

150 www.stern.de/politik/deutschland/angela-merkel-managt-die-griechenlandkrise-gut-laut-stern-umfrage-6345314.html

151 www.heise.de/tp/artikel/41/41168/1.html

152 jungle-world.com/artikel/2009/34/37597.html

153 query.nytimes.com/mem/archive-free/pdf?res=9F05E2DA1E39EF32A25755C1A9649D946097D6CF

Internetseiten des Autors

www.krisenrat.info

Wenn Sie daran interessiert sind, weitere Publikationen von dem Autor dieses Buches zu lesen, dann finden Sie Informationen dazu u.a. auf den Webseiten. Die primäre Webseite ist www.Krisenrat.info, auf der ausführliche Informationen und Tipps gegeben werden, wie Sie sich auf die kommende Krise bestmöglich vorbereiten können. Dort finden Sie auch die Liste der anderen Bücher und eBooks des Autors. Sie können sich auf dieser Webseite bei dem kostenlosen Newsletter des Autors anmelden, der im Schnitt alle zwei Wochen Kommentare zu aktuellen Ereignissen bereitstellt. Auch die aktuellsten Verfehlungen der Massenmedien werden dort regelmäßig behandelt. Es ist somit die aktuelle Forstsetzung dieses Buches. Zudem erhalten Sie auch kostenlos das eBook „der Krisenratgeber" dieses Autors, in dem auf über 200 Seiten die wichtigsten Informationen zur Krisenvorbereitung gegeben werden.

www.zeitprognosen.de

Die Seite www.zeitprognosen.de beschäftigt sich primär mit der Frage, was in naher und ferner Zukunft auf uns zukommen könnte? Dort wird der Infobrief Zeitprognosen des Autors angeboten, der regelmäßig die neusten Ergebnisse der Trendforschungen des Autors exklusiv liefert. In jedem Infobrief werden auch Insider-Informationen exklusiv an Sie weitergegeben, die Sie momentan so in keinem anderen Medium, auch nicht im Internet finden können.

www.krise-naund.com

Die Seite www.krise-naund.com zeigt Wege auf, wie Sie im nichtmateriellen Bereich die Krise überwinden können. Es ist die Webseite zu dem gleichnamigen Buch von Peter Denk. In diesem Buch finden Sie Vorschläge, Ideen und auch sehr praktische Übungen, wie Sie positiver werden können. Das wird Ihnen nicht nur in der Krise helfen und dort vielleicht sogar überlebenswichtig sein, sondern auch Ihre Lebensqualität steigern. Es wird unter anderem anhand von Beispielen bekannter Persönlichkeiten, die Außergewöhnliches geleistet haben, gezeigt, was man aus deren Leben für sich lernen kann. Zwei sehr bekannte Menschen haben sogar exklusiv für dieses Buch eine Reihe von Aussagen gemacht, die Sie für sich selbst sehr gut nutzen können. Es sind Hunter „Patch" Adams (über den der gleichnamige Hollywood-Film gedreht wurde) und „Sir Vival" Rüdiger Nehberg, der für dieses Buch dankenswerterweise ein sehr ausführliches Interview gegeben hat. Das Buch „Die Krise – na und?" ist unter ISBN 978-3-732-29458-9 erhältlich.